列国汉学史丛书

意大利早中期
汉学史研究

张永奋 著

学苑出版社

图书在版编目（CIP）数据

意大利早中期汉学史研究／张永奋著. -- 北京：学苑出版社, 2024.6. -- （列国汉学史丛书）.
ISBN 978-7-5077-6988-3

Ⅰ. K207.8

中国国家版本馆 CIP 数据核字第 2024E0J982 号

出　版　人：	洪文雄
责任编辑：	杨　雷
出版发行：	学苑出版社
社　　　址：	北京市丰台区南方庄 2 号院 1 号楼
邮政编码：	100079
网　　　址：	www.book001.com
电子信箱：	xueyuanpress@163.com
经销电话：	010-67601101（销售部）　67603091（总编室）
印　刷　厂：	廊坊市印艺阁数字科技有限公司
开本尺寸：	787mm × 1092mm　1/16
印　　　张：	19.75
字　　　数：	283 千字
版　　　次：	2024 年 6 月第 1 版
印　　　次：	2024 年 6 月第 1 次印刷
定　　　价：	98.00 元

总序一

经过近30年多位学者的辛劳努力，现在我们可以说，国际汉学研究确实已经成长为一门具有特色的学科了。

"汉学"一词本义是对中国语言、历史、文化等的研究，而在国内习惯上专指外国人的这种研究，所以特称"国际汉学"，也有时作"世界汉学""国际中国学"，以区别于中国人自己的研究。至于"国际汉学研究"，则是对"国际汉学"的研究。中外都有学者从事国际汉学研究，我们在这里讲的，是中国学术界的国际汉学研究。

自从改革开放以来，国际汉学研究改变了禁区的地位，逐渐开拓和发展。其进程我想不妨划分为三个阶段：一开始仅限于对国际汉学界状况的了解和介绍，中心工作是编纂有关的工具书，这是第一个阶段。到了20世纪90年代，出现国际汉学研究的专门机构，大量翻译和评述汉学论著，应作为第二个阶段。在这两个阶段里，学者们为深入研究国际汉学打好了基础，准备了条件。新世纪到来之后，进入全面系统地研究国际汉学的可能性应该说业已具备。

今后国际汉学研究应当如何发展，有待大家磋商讨论。以我个人的浅见，历史的研究与现实的考察应当并重。国际汉学研究不是和现实脱离的，认识国际汉学的现状，与外国汉学家交流沟通，对于我国学术文化的发展以至于多方面的工作都是必要的。我曾经提议，编写一部中等规模的《当代国际汉学手册》，使我们的学者便于使用；如果有条件的话，还要组织出版《国际汉学年鉴》。这样，大家在接触外国汉学界时，不会感到隔膜，阅读外国汉学作品，也就更容易体味了。必须指出的是，国际汉学有着长久的历史，因此现实和历史是分不开的，不了解各国汉学的历史传统，终究无法认识汉学的现状。

我们已经有了不少国际汉学史的著作及论文。实际上，公推为中国最早的汉学史专书，是1949年出版的莫东寅《汉学发达史》，尽管是通史体裁，也包含了分国的篇章。这本书最近已有经过校勘的新版，大家容易看到，尽管只是概述性的，却使读者能够看到各国汉学互相间的关系。由此可见，有组织、有系统地考察各国汉学的演进和成果，将之放在国际汉学整体的背景中来考察，实在是更为理想的。

这正是我在这里向大家推荐阎纯德教授、吴志良博士主编的这套"列国汉学史书系"（即"汉学研究大系"）的原因。

阎纯德教授在北京语言大学主持汉学研究所工作多年，是我在这方面的同行和老友，曾给我以许多帮助。他为推进国际汉学研究，可谓不遗余力，所作出的重要贡献是学术界周知的。在他的引导之下，《中国文化研究》季刊成为这一学科的园地，随之又主编了《汉学研究》，列入《中国文化研究汉学书系》，有非常广泛的影响。其锲而不舍的精神，我一直十分敬服。特别要说的是，阎纯德教授这几年为了编著这套"列国汉学史书系"所投入的心血精力，可称出人意想。

在《汉学研究》第八集的《卷前絮语》中，阎纯德教授慨叹："《汉学研究》很像同人刊物，究其原因，是从事这个领域研究的学者太少，尤其是专门的研究者更是少之又少，所以每一集多是读者相熟的面孔。"现在看"列国汉学史书系"，作者已形成不小的专业队伍，这是学科进步的表现，更不必说这套书涉及的范围比以前大为扩充了。希望"列国汉学史书系"的问世成为国际汉学研究这个学科在新世纪蓬勃发展的一个界标。让我们在此对阎纯德教授、这套书的各位作者，还有出版社各位所作出的劳绩表示感谢。

李学勤

2007年4月8日

于清华大学国际汉学研究所

总序二

汉学历史和学术形态历史是既抽象又具体的存在,是浩瀚无边的过去、现在和未来。历史会让我们兴奋,也会使我们悲哀,有时还会觉得它仿佛是一个梦。但是,当我们梦醒而理智的时候,便会发现——太阳、地球、人类社会,一切的一切,不管是曾经存在过的恐龙,还是至今还在生生不息的蚂蚁社群,天上的,地下的,看得见的,看不见的,一切都有自己的历史。一切都有过发生,一切都还在发展,可能还会灭亡。

任何事物的发生都有一个有形或无形的孕育过程,"汉学"(Sinology)也是这样,其孕育和成长,就是中国文化与异质文化相互交媾浸淫的历史。这个历史,始于公元1世纪前后汉代所开通的丝绸之路,接下来是七八世纪的大唐帝国、十四五世纪的明代、清末的鸦片战争和五四新文化运动,这种文化的碰撞和交流之潮时起时伏直到今天,还会发展到永远。这是历史,是汉学的昨天、今天和未来,是其孕育、发生和成长的过程显现出的文化精神。但是,昨天有远有近,我们可以寻着蛛丝马迹探讨找回其真;而今天,只是一个过渡,一俟走过,便成为昨天的陈迹。

写作汉学史是一件艰难的劳作,尤其对象是遥远的昨天,尤其是"遗失"在异国他乡的昨天,更非一件易事。时至今日,朦胧面纱下的汉学还不完全为一些学人所认识,因此有必要取下面纱,让人们看个究竟。

中华人民共和国成立最初的30年，对于"汉学"讳莫如深，因为"它"被认为是个有害于中国的"坏东西"；从20世纪70年代中期之后，尤其90年代以降，"汉学"便逐渐成为学术界耳熟能详的学术名词。中国大陆重提"汉学"至今，汉学就像隐藏在深山里的小溪，经过30年的艰辛跋涉，才终于形成一条奔腾的水流，并成为中国文化水系不可或缺的组成部分；尤其是到了21世纪10年代之后，国家领导人也提出倡导研究汉学（中国学）。这是天翻地覆的文化壮举。这个变化是时代和历史变迁带来的结果，也是文化自己发展的规律。

那么，究竟什么是汉学呢？首先，这里的汉学非指汉代研究经学注重名物、训诂——后世称"研究经、史、名物、训诂考据之学"的"汉学"，而是指外国人研究中国历史、语言、哲学、文学、艺术、宗教、考古及社会、经济、法律、科技等人文和社会科学领域的学问，这起码是近300来年世界上的习惯学术称谓。李学勤（1933—2019）教授多次说："'汉学'，英语是Sino-logy，意思是对中国历史文化和语言文学等方面的研究。在国内学术界，'汉学'一词主要是指外国人对中国历史文化等的研究。有的学者主张把它改译为'中国学'，不过'汉学'沿用已久，在国外普遍流行，谈外国人这方面的研究，用'汉学'比较方便。"[①] Sinology一词来自外国，它不是汉代的"汉"，也不是汉族的"汉"，不指一代一族，其词根Sino源于秦朝的"秦"（Sin），所指是中国。为了弄清Sinology的真正含义和译义，我曾向西方多位汉学家征求其看法。他们几乎毫无疑义地认为：Sinology的词根"Sino"，意思是"秦"，所指是中国，源自拉丁词语"Sina"（China，中国），"logia"为希腊词语，其意为"科学"，或含有考古学或哲学的部分意思；前者所示是"中国"，后者所示是"科学"或"研究"，两者相加，Sinology就是"中国的科学研究"。Sinology一词的诞生，最早应是始于后利玛窦时代，出自某个传教士的智慧——借用汉代和清代的"汉学"。从那时起，西方传教士就将对中国的文化研究称为Sinology（汉学），研究者称为Sinologist（汉学家）。

[①] 李学勤《国际汉学漫步》序，石家庄：河北教育出版社，1997年。

如果我们将 Sinology 在学术上称为"汉学"和"中国学",名字虽异,但实质上它们是"异名共体",所表述的内涵完全一样。高利克在回信中说:"我认为 Sinology(汉学)或 Sinologist(汉学家)是用以指称我们所从事的事业之恰当的词语。"

在历史长河里,汉学由胚胎逐渐发育成长。当汉学走过少年时代,在西学东渐和中学西传互示友情之后,中学开始影响西方而成为人类文明史上的伟大事件。中世纪以来,欧洲视中国为"修明政治之邦",对中国充满了好奇与好感,18 世纪"中国热"蜂起欧洲,19 世纪初期法国便成为西方汉学的中心,巴黎成为"汉学之都"。戴密微(Paul Demiéville,1894—1979)曾说汉学的先驱是葡萄牙、西班牙和意大利。但是,汉学作为学术研究和一种文化形态,举大旗的则是法国人。1814 年 12 月 11 日,雷慕沙(Jean Pierre Abel Rémusat,1788—1832)在法兰西学院首开"汉语和鞑靼—满语语言与文学讲座",开启了西方真正的汉学时代。但指代汉学的"Sinologie"(英文"Sinology")一词则出现在 17 世纪末,应该早过雷慕沙主持第一个汉学讲座 100 年的时间。从此之后,"Sinology"便成为主导汉学世界的图腾、约定俗成的学术"域名"。在世界文化史和汉学史上,外国人把研究中国的学问称为"汉学",研究中国学问的造诣深厚的学者称为"汉学家"。因此,我认为,我们不必要标新立异,根据西方绝大部分汉学家的习惯看法,"Sinology"发展到如今,这一学术概念有着最广阔的内涵,绝不是汉代和清代独有的"汉学",更不是什么"汉族文化之学",它涵盖中国的一切学问,既有以儒释道为核心的传统文化,也包含"敦煌学""西夏学""突厥学""满学"以及"藏学"和"蒙古学"等领域。由于汉学的发展、演进,以法国为首的"传统汉学"(Sinology)和以美国为首的"现代汉学"("中国学",Chinese Studies),到了 20 世纪中叶之后,研究内容、理念和方法,已经出现兼容并包状态,就是说 Sinology 可以准确地包含 Chinese Studies 的内容和理念;从历史上看,尽管 Sinology 和 Chinese Studies 所负载的传统和内容有所不同,但现在却可以互为表达、"雌雄同体"于同一个学术概念了。话再说回来,对于这样一个负载着深刻而丰富历史内涵的学术"域名",我以为还是叫它"汉学"(Sinology)为好,因为Sinology不仅承继了汉学的传统,而且也容纳了 Chinese Studies 较为广阔而现代的内容。另外,中国人对中国文化的研究应该称为国学,而外国学者研究中国文化的那种学问则称为汉学。汉学是国学有血有肉有灵魂的"影子",而汉学不是国学,是介于中学与西学两者之间、本质上更接近西学的一种文化形态。说它与国学同根而生,说它们是"一条藤上的两个瓜"(许嘉璐语),都不为过,然而瓜的形象与味道却不相同,一个是"东瓜",一个是"西瓜"。我认为这样认识汉学,既符合中国文化的学术规范,又符合世界上的历史认同与学术发展实际。

汉学的历史是中国文化与异质文化交流的历史,是外国学者阅读、认识、理解、研究、阐释中国文明的结晶。汉学是中国文化和外国文化撞击后派生出来的学问,实际上也是中国文化另一种形式的自然延伸。但是,汉学不是纯粹的中国文化,它与中国文化有着密不可分的血缘关系,它既是中外文化的"混血儿",又是可以照见"中国文化"的镜子,是可以攻玉的"他山之石";"'Sinology'是一门在国际文化中涉及双边或多边文化关系的近代边缘性的学术,它以'中国文化'作为研究的'客体',以研究者各自的'本土文化语境'作为观察'客体'的基点,在'跨文化'的层面上各自表述其研究的结果,它具有'泛比较文化研究'的性质。"[①] 以上两种表述虽有不同,但学理一致,基本可以厘清我们对于 Sinology 的学术定位。

法国汉学家马伯乐(Henri Maspero,1883—1945)说过:"中国是欧洲以外仅有的这样的一个国家:自远古起,其古老的本土文化传统一直流传至今。"法国哲学家弗朗索瓦·于连(François Jullien)也说:"中国文明是在与欧洲没有实际的借鉴或影响关系之下独自发展的、时间最长的文明……中国是从外部审视我们的思想——由此使之脱离传统成见——的理想形象。"[②] 他在《为什么我们西方人研究哲

[①] 严绍璗《我对 Sinology 的理解和思考》,载《世界汉学》2006 年第 4 期。
[②] [法]弗朗索瓦·于连(François Jullien)《迂回与进入》,香港:香港三联书店,1998 年。

学不能绕过中国》中提出："我们选择出发，也就是选择离开，以创造远景思维的空间。人们这样穿越中国，也是为了更好地阅读希腊。"为了获得一个"外在的视点"，他才从遥远的视点出发，并借此视点去"解放"自己。这便是一个未曾断流、在世界上仅存的几种古老文化之一的中国文明的意义。中国文明是一道奔流不息的活水，活水流出去，以自己生命的光辉影响世界；流出的"活水"吸纳异国文化的智慧之后，形成既有中国文化的因子，又有外国文化思维的一种文化，这就是"汉学"。也就是说，汉学是以中国文化为原料，经过另一种文化精神的智慧加工而形成的一种文化。从某种意义上说，汉学既是外国化了的中国文化，又是中国化了的外国文化；抑或说是一种亦中亦西、不中不西，有着独立个性的文化。汉学作为一门独立的具有跨文化性质的学科，是外国文化对中国文化借鉴的结果。汉学对外国人来说是他们的"中学"，对中国人来说又是西学，它的思想和理论体系仍属"西学"。

我们的汉学研究，是指对外国汉学家及其对中国文化研究成果的再研究，是中国学者对外国学者研究中国文化的反馈，也是对外国文化借鉴的一个方面。凡是对历史或异质文化进行研究，都有一个价值判断和公正褒贬的问题。因此，对于汉学家对中国文化的研究，必得有我们自己的判断，然后作出公正的褒贬。我们说汉学是可以攻玉的"他山之石"，但是这句箴言并非只适用于中国人，对外国人也是一样。汉学也像外国的本体文化一样，对我们来说有借鉴作用，对西方来说有启迪作用——西方学者以汉学为媒介来了解中国，汲取中国文化的精华，完善自己的文明。人类由于文化背景差异和文化语境的不同，思维方向和方式也会不同，因而就会得出不同的结论，讲出不同的道理。"西方学者接受近现代科学方法的训练，又由于他们置身局外，在庐山以外看庐山，有些问题国内学者司空见惯，习而不察，外国学者往往探骊得珠。如语言学、民俗学、考古学、人类学、社会学诸多领域，时时迸发出耀眼的火花。"[1] 汉学的学术价值往往不被国人

---

[1] 季羡林《汉学研究》第七集·序，北京：中华书局，2003年。

重视，并利用汉学家对于中国文化的一些误读而贬低汉学的价值。其实，这并不公平，有些汉学家对于中国文化确实有其独到的见解，能发中国人未发之音。法国汉学家马伯乐对中国上古文化和上古宗教的研究就有独到的贡献，中国学者称赞他对中国宗教研究有开"先河"之功。他研究中国宗教的宗教社会学之方法，促进和推动了中国学者采用宗教社会学来研究中国宗教，被称为"中国宗教社会学研究的真正创始人"。

踏着地理学家和探险家斯文·赫定（Sven Hedin，1865—1952）的足迹来到中国的瑞典地质学家、考古学家安特生（John Gunnar Andersson，1874—1960），他对中国的贡献足以说明他也是一位汉学家。1914年，他被中国北洋政府农商部聘任为矿政顾问，他先是从事地质调查，写出《中国的铁矿和铁矿工业》和《华北马兰台地》的调查报告，然后致力于古生物化石的收集和研究。1921年10月，在河南渑池发现仰韶文化，因此被誉为"仰韶文化之父"。他的研究揭开了中国田野考古工作的序幕，改变了中国近代考古的面貌。他有《甘肃考古记》、《中国远古之文化》（An Early Chinese Culture，1923）、《黄土的女儿：中国史前史研究》（Children of the Yellow Earth：Studies in Prehistoric China）等著作。

瑞典汉学家高本汉（Bernhard Karlgren，1889—1978）的最高成就是根据研究古代韵书、韵图和现代汉语方言、日朝越诸语言中汉语借词译音构拟汉语中古音，以及根据中古音和《诗经》用韵、谐声字构拟古音，写出著名的学术专著《中国音韵学研究》《汉语中古音与古音概要》《古汉语字典重订本》《中日汉字形声论》《论汉语》《诗经注释》《尚书注释》和《汉朝以前文献中的假借字》等。他对汉语音韵训诂的研究是不少中国学者所不及的，并深刻影响了对于中国音韵训诂的研究。20世纪日本学者津田左右吉（Tsuda Soukichi，1873—1961）关于中国文化的研究著述甚丰，他认为中国文化是一种"人事本位文化"，其核心是"帝王文化"，其他认识上尽管有偏颇，但也有其独异性和深刻之处。这就是"他山之石"的意义和价值。

当然，不可否认，汉学家对于中国文化的误读或歪曲也是常见的。美国现代汉学（中国学）的奠基人费正清对中国历史尤其近代史的研究独具风采，为美国人民认识中国搭建了一座桥梁；但他在研究上的所谓"冲击—回应"模式，却近乎荒谬，认为是西方给中国带来了文明，是西方的侵略拯救了中国。

综上所述，对于汉学成果的研究，只有冷静、公正、客观、全面，才能在沙中淘得真金，发现真正的"他山之石"。

在中国，汉学的接受与命运，诚实地说，在20世纪80年代初期之前，基本上是无视它的学术价值，更没人把它看作是中国文化的延伸。此外，由于民族心理上的历史"障碍"，我们还曾视汉学为洪水猛兽，甚至觉得它是仇视中国、侮辱中国的一个境外的文化"孽种"。这种"观点"，虽嫌偏颇，当然也不是空穴来风。因为自19世纪"鸦片战争"前后，直至20世纪40年代，偌大的中国曾经惨遭践踏，其间也不乏为列强殖民政策服务的少数传教士、"旅行家"和"学者"深入中国腹地，以旅行、探险、考古之名而实行社会情报的搜集、盗窃和骗取中国文物。

人类思想的飞翔，是受社会和历史禁锢的，山高水远的阻隔也使得人类互相寻找的岁月特别漫长。交流是人类文化选择的自然形态，汉学就发生在这种物质交流和文化交流之中。

人类在互相寻找的初级阶段，中国和西方试探性的商业交往还很原始，那时的人类，不同的国家、民族和族群处于相对落后和封闭的状态，人类各个角落的不同文化还处于相对不自觉或是相对蒙昧的历史时期。在人类最早的沟通中，中国人走在最前边。公元前139年，张骞奉汉武帝之命，越过葱岭，亲历大宛、康居、大月氏、大夏、乌孙、安息等地，直达地中海东岸，先后两次出使中亚各国，历时十多年，开创了古代和中世纪贯通欧亚非的陆路"丝绸之路"，为人类交往开了先河，也为汉学的萌发洒下最初的雨露。

在文化史上，以孔孟儒家学说为核心的中国文化最先影响朝鲜半岛，然后才是日本和越南等周边国家。这些周边国家与中国的关系复杂，甚至被说成同种同文，因此可以说它们的文化与中国文化有着很深的"血缘"关系。公元522年，中国佛教渡海东传日本，从那时开始，中国典籍便大量传入日本；但这只是一种"输入"，只是日本创建自己文化的借鉴，并没有形成对于中国文化的深层研究。及至唐代，由于文化上承接了汉朝的开放潮流，那时与异质文化的交流相对更加频繁，商贸往来和文化沟通有了发展，西方和中国周边国家或地域的人士通过陆路和水路进入中国腹地，有的经商，有的留学，长安（今西安）、洛阳、扬州、广州、泉州等城市，都是中外贸易和文化交汇的重要都会。尤其是长安（今西安），是当时世界最大的商业文化之都；而扬州、广州、泉州等，由于东南沿海经济崛起、人口增多、手工业发达、农田水利的改善，为海外贸易发展创造了条件，再由于唐代中期"安史之乱"切断了陆路"丝绸之路"的缘故，曾称为"鲤城""温陵""刺桐城"的泉州，便成为联结亚洲、欧洲和非洲的海上丝绸之路的"东方第一大港"，是那时以丝绸、金银、铜器、铁器、瓷器为主的国际贸易之都。通过频繁的往来和交流，外国人对中国文化的认识越来越多、越来越深，汉学也便在这种交流中不知不觉慢慢衍生。

但是，源远流长的汉学，人们习惯地认为其洪流和网络在西方，西方是汉学的形象代表。这种看法，一是源自近代以来西方强势文化和中国人的崇洋心理；二是西方汉学的某些特征也确实有别于朝鲜半岛、日本和越南的汉学。其实，如果我们从世界汉学历史发展的角度看，日本、朝鲜半岛和越南的汉学要早于西方的汉学，比如日本在十四五世纪已经初步形成了汉学，而那时西方的传教士还没有进入中国。因此，对于汉学的研究，无论是西方还是东方（朝鲜半岛、日本和越南），我们都不能顾此失彼，要以同样的关注和努力而探讨之。当然，汉学的历史藏在文献里，而隐性源头却可能在文献之外。

文化往往伴随经济流动，其交流也会在不自觉或无意识状态下发生。到了明代初年，郑和于1405年，率200多艘舰船的庞大舰队出使西洋，前后7次，历经28年，到过30多个国家，最远抵达非洲东岸和红海口，真正拓展了海上"丝绸之路"。

在公元八九世纪至十六七八世纪期间，关于中国，多见于西方商人、外交使节、旅行家、探险家、传教士、文化人所写的游记、日记、札记、通信、报告之中，这些文字包含着重要的汉学资源，因此这些文献被称为"旅游汉学"。这些人的东来源于文艺复兴，因为思潮的开放影响了欧洲人的思想和生活，他们或通商，或传教，或猎奇，但了解和研究中国文化却是一致的，于是汉学便在葡萄牙、西班牙、意大利、法国、荷兰、英国、德国、俄罗斯等主要的西方国家逐步发展起来。

这类游记和著作较早的，有约在公元 851 年成书的描述大唐帝国繁荣富强的阿拉伯帝国（大食国）旅行家苏莱曼（Sulayman）的《中国印度见闻录》（又译《苏莱曼东游记》）、威廉·吕布吕基斯（1215—1219）的《远东游记》（1254）、意大利雅各布·德安克纳的《光明城》（The City of Light）；这类"旅游汉学"著作中，最著名且影响至今的当属《马可·波罗游记》（The Travels of Marco Polo，又译《东方见闻录》）。马可·波罗（Marco Polo，1254—1324）于 1275 年随父亲和叔父来中国，觐见过元世祖忽必烈，1295 年回国后出版了这本书，它以美丽的语言和无穷的魅力翔实地记述了中国元朝的财富、人口、政治、物产、文化、社会与生活，第一次向西方细腻地展示了"唯一的文明国家""神秘中国"的方方面面。

大航海凯旋不久，欧洲传教士最初到世界各地传教，在美洲和日本等许多地方遭遇不顺。但是，他们唯独在中国这个以德仁待人的文明国度得到了善待。庞迪我（Diego de Pantoja，1571—1618）在 1602 年写给西班牙主教的信里说："中国那么强大，为什么不去征服那些周边小的国家，甚至一任那些小国给它制造麻烦呢？因为中国不想用自己的威力征服别人。这一事实，对欧洲人来说是不可理解的；中国人与他们的皇上并不寻求或梦想超过他们目前的国土疆界来扩大他们的帝国。"利玛窦（Matteo Ricci，1552—1610）说："在这样一个几乎具有无数人口和无限国土幅员辽阔、各种物产丰富的国家，虽然它有装备精良的陆军和海军，很容易征服临近的国家，但他们的皇上和人民却从来没想过要发动侵略战争，他们很满足于自己已有的东西，没有征服别人的野心。在这方面，他们与欧洲人很不相同，欧洲人常常不满意自己的政府，并贪婪祈求别人享有的东西……我仔细研究了中国四千多年的历史，我不得不承认，我从未见过这类征服的记载，我也没有听说过他们对外侵略、扩张国界。"

从16世纪到十八九世纪，在数以千计的散布在中国各地的传教士中，有不少人成为名载史册的汉学先驱，他们为汉学的发展作出了重大贡献。自1540年圣伊纳爵·罗耀拉（St. Ignatins de Loyola, 1491—1556）、圣方济各·沙勿略（St. Francisco Xavier, 1506—1552）等人来华，开始了以葡萄牙、西班牙、意大利传教士为主的第一波耶稣会的传教活动。接着，意大利的范礼安（Alexandre Valignani, 1539—1606）、罗明坚（Michel Ruggieri, 1543—1607）等著名传教士来华。明朝万历十一年（1583年），罗明坚又将利玛窦神甫带到中国，从此，耶稣会传教士在中国的宗教活动无论是对于西方还是东方，都开始了一个新的历史时期。

西方众多旅行家、探险家、商人和耶稣会士来华，他们笔下的许多记载和著译，催生了汉学。葡萄牙贝尔西奥（P. Belchior, 1519—1571）的《中华王国的风俗与法律》（1554）、葡萄牙多明我会传教士加斯帕尔·达·克鲁斯（Gaspar da Cruz, 1520—1570）全面介绍中国的《中国情况详介专著》，最著名的是1585年在罗马出版的西班牙胡安·冈萨雷斯·德·门多萨（Juan Gonsales de Mendoza, 1545—1618）编著的《中华大帝国史》（Dell'historia della China，又译《大中国志》）。这位没有来过中国的传教士汉学家，却根据自己所掌握的有关中国文献写出了第一部真正的汉学著作，名副其实地对中国的政治、历史、地理、文字、教育、科学、军事、矿产、物产、衣食住行、风俗习惯等作了百科全书式的介绍，具有相当的学术价值，以七种文字印行，风靡欧洲。

在这个一百多年的岁月里，前后出版的有金尼阁（Nicolas Trigault, 1577—1629）根据利玛窦日记的整理，加上自己的中国见闻合著为《利玛窦中国札记》（Regni Chinensis Descriptio，又译《基督教远征中国史》）、亚历山大·德·罗德（Alexandre de Rhodes, 1591—1660）的《在中国的数次旅行》（1666），比利时南怀仁（Ferdinand Verbiest, 1623—1688）的《中国皇帝出游西鞑靼行记》（1684），葡萄牙费尔南·门德斯·托平的（Fernão Mendes Pinto，1509—1583）的《远游记》，法国李明（Louis-Daniel Le Comte，1655—1728）的《关于中国现状的新回忆录》（*Nouveau mémoire sur l'état présent de la Chine*，1696，又译《中国近事报道》）和《中华帝国全志》（《中国通志》），等等。

这些包罗万象的文献，不仅记录了不同时代的中国，还以自己的文化视角开始了中西文化最初的碰撞。作为文献，这些游记、日记、札记、通信和报告，有赞美，有误读，也有批评，但因为其中包含大量中国物质文化及政治、经济、历史、地理、宗教、科举等多方面的文化记载，而成为汉学的重要组成部分，在学术史上有重要价值。

汉学的发生、发展与经济、政治、交通以及资讯分不开。有学者把汉学的历史分为"萌芽""初创""成熟""发展""繁荣"几个时期，也有的分为"游记汉学时期""传教士汉学时期"和"专业汉学时期"三个阶段。但汉学的真正形成是在明末清初兴起的"西学东渐"和"中学西传"的互动之中。

以利玛窦为核心的耶稣会士的历史意义在于他们开始了对中国文化的全面开垦，不仅著书立说，还把《大学》《中庸》《论语》《孟子》等中国文化经典译成西文，不仅开西学东渐之先河，也推动了中学西传，使中国文化对西方科学与哲学产生重要影响，因此这位思想家当仁不让地被视为西方汉学的鼻祖。与其先后到达中国的著名的传教士大都曾著书立说、传播中国文化，对推动西学东渐和中学西传作出了贡献。

在世界汉学史上，除了以上提及的，还有许多汉学家的名字十分响亮，如曾德照、柏应理、卫匡国、殷铎泽、南怀仁、汤若望、龙华民、罗如望、熊三拔、张诚、白晋、马若瑟、宋君荣、钱德明、翟理斯、安特生、雷慕沙、儒莲、德理文、安东尼·巴赞、蒙田、冯秉正、尼·雅·比丘林、巴拉第·卡法罗夫、瓦西里耶夫、沙畹、伯希和、马伯乐、葛兰言、马礼逊、斯坦因、理雅各、李约瑟、韦利、霍克斯、卫礼贤、福兰阁、孔拉迪、高本汉、卫三畏、费正清、拉铁摩尔、孔飞力、史景迁、狄百瑞、傅高义、齐赫文斯基、季塔连科、戴密微、谢和耐、石泰安、汪德迈、施寒瑞、施舟人、顾彬、宇文所安，等。他们对中国文化的独特理解，铸造成汉学史上的思想学术之碑，开垦了汉学成长的沃土。

"西方的汉学是由法国人创立的。"但是，在欧洲全面研究中国文明的问题上，"法国的先驱是葡萄牙、西班牙和意大利"[①]。戴密微把以上三个国家誉为汉学的先锋，"他们于16世纪末叶，为法国的汉学家开辟了道路，而法国的汉学家稍后又在汉学中取代了他们"，真正建立了作为学术的汉学传统。就传统汉学而言，法国是汉学家最多的国家之一，还有英国、俄罗斯、美国、日本等国，有许多汉学界的学术巨擘，不断为汉学大厦的崇高而添砖加瓦。

中外文化交流的结果不仅意味着中国文化"外化"的传播，也意味着异质文化对中国文化"内化"的接受。汉学家作为中外文化交流的桥梁和使者，在异质文化的交流中，也是人类和谐与进步的推动者。

汉学诞生在与异质文化碰撞、交流和相互浸淫之中。这个结果无异于一枚果子的成熟，只有"风调雨顺"才能生长得好。和谐、宽容、理解与尊重，是异质文化彼此借鉴的保证。作为文化形态的汉学，其生存和成长离不开良好的国际语境。就中国而言，历史上凡是开放的时代，文化交流就多，汉学就发展；反之，汉学就停滞，这似乎成为一种规律。

作为学术公器的汉学，文化上有其自己的成长过程。汉学是发展的，这一植根于中国文化土壤，生存于异国他乡的文化，同样深受不同时代语境的极大影响。这里所说的语境，既包括中国的历史演变，也包括异国和世界的历史变化；就是说，不同的历史时期，不同的社会、政治、经济、文化背景，在很大程度上左右着汉学的发展方向和内容；换句话说，汉学的形成和发展，不仅受制于中国历史的更迭，也受制于他者社会的变化。这就是以历史悠久的中国文化为研究对象

[①] [法]戴密微《法国汉学研究史》，耿昇译，载《法国当代中国学》，北京：中国社会科学出版社，1998年。

的汉学发展的基本轨迹。

传统汉学以法国为中心,现代汉学兴显于美国。20世纪中期以来,在西方其他国家葆有传统汉学的同时,现代汉学也很繁荣。这个时期的"汉学"涂满了政治色彩,以法国为代表的汉学较多地保持着传统汉学的学术精神,而美国的"中国学"却成了充满政治意识的现代汉学的代表。

19世纪末至20世纪初,美国汉学悄然嬗变为中国学,并以自己独有的个性特点和极强的生命力出现在世人面前。美国的"中国学"所关心的不是中国文化,更不是中国的传统文化,而是中国的政治、经济、军事、教育和社会生活各个层面的问题。这种政治特征,是那个时期美国中国学的基础,这一特征也影响了其他国家汉学的研究方向和内容。

人类文化包含了物质文化和观念文化。物质文化表现在衣食住行生活方面,是一种看得见、摸得着又极易变化的"具象"文化,例如饮食、服饰、住房、音乐、舞蹈等;观念文化是一个民族精神的核心,表现在人的价值观、道德观、家庭观、宗教观等诸多方面,以及对自由、平等、民主的理解,观念文化是一个民族的思维经过高度抽象后形成的思想、观念和精神,它是通过文化的灵魂——哲学、文学、语言、宗教、历史等来表达的。[①] 观念文化,一俟进入汉学家的研究视野,他们的研究也就进入了对中国文化核心的深层研究。

汉学家从对中国物质文化到观念文化的研究,其研究领域越来越广阔,越来越深厚。现在,汉学不仅包括对中国的哲学、文学、宗教、历史领域的研究,还包括对社会学、政治学和自然科学的研究。传统汉学和现代汉学,它们已经亲密到"异名共体"的地步。二者的差异在于前者是以文献研究和古典研究为中心,包括哲学、宗教、历史、文学、语言等;而以美国为中心的现代汉学(中国学)则以现实为中心,以实用为原则,其兴趣根本不在那些负载着古典文化资源的"古典文献",而重视正在演进、发展着的信息资源。但是,汉学发展

---

① 任继愈《汉学发展前景无限》,《中华读书报》,2001年9月19日。

到21世纪，其研究内容和方式已经出现了融通这两种形态的特点。这种状况既出现在欧洲的汉学世界，也出现在美国的中国学研究之中，可以说世界各国汉学家的研究，都兼有以上两种汉学形态。

汉学（Sinology）对中国研究者来说，被尘封得太久，所以它的空白很多，浩如烟海的资源还有待于深入开掘。这种开掘，不仅可以收获汉学，还可以于无意中发现被历史"放逐"和"遗失"在异国他乡的中国文化。编撰"汉学研究大系"的目的和宗旨，不仅是为了梳理已有的汉学资源，在世界范围内追踪中国文化的传播与研究的历史状况、经验及影响，同时探究汉学的产生、成长、发展与繁荣，还要尽可能厘清这块"他山之石"对于中国文化的作用。当然，"汉学研究大系"还期望对推动中国文化与世界文化当下的交流有所裨益。

"汉学研究大系"包括"列国汉学史丛书""中国文化经典与名人传播与研究丛书""汉学家研究丛书""外国文学与中国丛书""西学中医丛书"等多个"丛书"。作为一个文化工程，其撰写的难度非一般学术著作所能比拟。严绍璗教授谈到Sinology的研究者的学识素养时提出四个"必须"：第一，必须具有本国的文化素养（尤其是相关的历史、哲学素养）；第二，必须具有特定对象国的文化素养（同样包括历史、哲学素养）；第三，必须具有关于文化史学的基本学理素养（特别是关于"文化本体"理论的修养）；第四，必须具有两种以上语文的素养（很好的中文素养和对象国的语文素养）。这几点确实都是汉学研究者必须具备的文化和语文素养，否则很难高效进入汉学研究的学术境界。

"列国汉学史书系"的启动始于20世纪90年代，但它的诞生经历了千难万险，如果稍微松懈，必定会死于胎中。2018年10月13日，在北京语言大学校长刘利教授和北京语言大学语言资源高精尖创新中心领导李宇明教授的支持下，开了一次"'汉学研究大系'专家咨询会"。来自北京、天津和南京的学者、在京的汉学家，以及多家新闻媒体的记者参加了本次咨询会。从那时开始，我们将"汉学史书系"裂变为多个"丛书"，如此变化，完全是为了能将书系编撰得更科学、更广阔。这个"大系"就像一个"汉学研究超市"，如此分法，就是为了便于更多的学者能将自己的作品加入这个"超市"之中，也便于更多的读者走进这个"超市"选购自己需要的精神食粮。

冬天到了之后是春天，接着便是收获的季节。这套富有创意和价值的书系工程几乎涵盖了汉学研究的一切领域，它将对中外文化交流和汉学的发展以及比较研究产生深远影响。

在人类的文化长廊里，无论是中国还是外国，各种书写异国文化的著作琳琅满目，这其中有外国人写中国各类历史的，也有中国人写外国的各类著作。历史，是往事，是记录，是选择，并有相对独立的评论和褒贬。但是，事实上任何一部历史都不是最后的历史，历史随着时光的流逝而演进，修史很难一步到位，它需要一代代的学者"积跬步"才能"至千里"，只有"积土成山，积水成渊"，才会有"风雨兴""蛟龙生"。学问之事非一夕之功，非得有前赴后继者敢于赴汤蹈火"流血牺牲"，才会达至光明顶峰。

开拓者也许会在某个时候将自己的真诚劳作化为欢乐，因为在以后的岁月里，定会有人踏着自己的肩膀攀上高峰，以鸟瞰美丽风光。21世纪是经济的大空间，对汉学来说也是一个"大空间"。但是，要探索这个"大空间"，需要有个和谐的"太空站"，需要大家联袂共建。当然，世界需要多元文化和谐相处的历史语境，共同创造彼此接近、认识、理解、尊重、沟通、借鉴与融合的机会，这个机会，就是汉学研究发展的机会。

时间在行走，历史在行走。人类创造过历史，书写过历史，但这尚不是最后的历史。汉学有历史，而且还正在创造新的历史，汉学及其研究将以自己的品格和个性在人类文化的世界里放出异彩。

阎纯德
2019年3月3日
于北京半亩春秋

序言

倘若以阐释学的观念和视角来观照汉学，或可较为深刻地认识和把握汉学活动的实质。汉学的实质是在非汉文化环境中成长起来的异域有识之士自觉不自觉地进入汉文化领域，通过各种方式和渠道对汉文化诸多方面进行"二度创造式"的学习研究，然后把带着浓重创作色彩的汉文化"影像"传播到本土文化领域中，与本土文化产生信息互换与思想碰撞、价值交汇，为本土文化的繁荣发展注入有益滋养。因此，许多异域人士的汉学活动往往带有浓重的主观色彩和创造性，注重我之所知所好，注重为我所用，有时甚至不惜对中国文化作断章取义式的理解，构建并非客观状态的汉文化，而且这一二度创造或构建往往具有很强的功利色彩。特别是早中期许多汉学活动，这种特点尤为突出，绝大多数是为其政治和宗教等某一明确目的服务的。

自1978年改革开放以来，中国逐步走向世界中心，汉学研究的热度也逐渐与日俱增。我国学界大量翻译、介绍和研究了海外各种汉学著作。可以说，汉学已然成为一门显学。不仅是当前的汉学被越来越多的有识之士所探讨，而且对汉学史的挖掘和研究也越来越深入，成果也越来越丰硕。阎纯德教授主编的列国汉学史丛书就出版了大量的汉学研究成果，如耿昇的《法国汉学史论》、严绍璗的《日本中国学史稿》、熊文华的《英国汉学史》、阎国栋的《俄罗斯汉学三百年》和刘顺利的《朝鲜半岛汉学史》等。

笔者对汉学史也有所涉猎，在学界学者们对汉学史所作分期的基础上，综合自己长期的研究和观察形成了独创性的分期，把意大利汉学史分为五个时期，即萌芽时期、初创时期、转向时期、停滞时期以及恢复和繁荣时期。以此为脉络，形成了2016年与意大利罗马大学白桦老师合作出版的《意大利汉学史》一书。这既吸收了学界许多前辈和同人们的研究成果，同时也有我们自己在广泛搜集资料基础上形成的独到见解。在今天看来，这个分期基本上还是立得住的。

认识万事万物往往追本溯源才能看得更为清楚、更为透彻。此后多年，笔者在对意大利汉学史的持续接触和钻研过程中，发现意大利汉学发展的有些阶段值得再进行深入探讨。有时候，需要对某些关键的部分，包括关键的人物和时间节点进行聚焦式研究，才能更深刻地理解历史人物的所作所为及其背后所蕴藏的深意，从而不致浮于面上、只知其大略。故而笔者把更多的精力和着力点聚焦于决定历史走向的关键人物和关键时间点上，发现意大利汉学最核心的部分在于其萌芽时期和初创时期，即意大利汉学史上的早中时期。

经过对意大利汉学史的梳理研究，总结起来看，这个关键人物和关键时间点对整个意大利汉学发展史的研究来说意义无疑是重大的。

首先，无论是马可·波罗还是利玛窦，他们所创立的汉学起点是如此之高，以至于至今无人可以超越。他们是意大利汉学的起点，也是基点。几百年来，他们创造了这个难以逾越的至高平台，吸引了无数汉学研究者们的目光，但其探究和阐释的空间至今仍是无限的。

其次，马可·波罗也好，利玛窦也好，他们都无可争辩地成为强大的汉学之源，而且是一种具有极强生命力和极大生发能力的源头，创造出一种巨大的"场"的效应，与许多其他学科形成繁密的交叉关系，如历史、地理、宗教、探险、航海等与其关系皆十分密切。

最后，在马可·波罗和利玛窦之前，汉学本身是没有范式的，而他们在特定的历史时期，以极强的创造力，既能完美地开展信息传递，同时又能够给后来者以极大的研究、诠释和表达方式上的创造空间。

由此可见，马可·波罗、利玛窦等人物不仅是历史的关键时间点上的关键人物，而且正是他们决定了某些历史的走向，也正是他们奠定了意大利汉学乃至世界汉学的坚实根基。任何人若要探寻世界汉学的源头，或梳理世界汉学的发展脉络，都无法回避马可·波罗和利玛窦。可以说，他们的存在，使得意大利汉学在世界汉学的版图上，变成了一块不可或缺的重要拼图。

因职业和个人经历的关系，笔者对意大利汉学发展史的一些情况比较感兴趣，强烈感受到其中有意义、有价值的人和事，及其清晰的轮廓和走向，觉得有义务有责任对此进行挖掘、整理和研究。在这个过程中，笔者深深认识到意大利汉学的历史之久远，涉及面之广泛，有很多大人物大事件，可以说历史绵长、博大精深。从中可以看到意大利的"中国通"和汉学家们对中国文化的复杂情感，有认同、赞赏甚至迷恋，也有误解、曲解甚至偏见，有时还带着欧洲中心主义的优越感居高临下地贬低我们的优秀文化。因此，笔者希望通过对意大利汉学的进一步探索，以使人们对意大利汉学和汉学家们的活动形成比较清晰的整体观，对中意两国文化交流的历史有一个比较客观公允的评价，从而站在"他者"的角度对各自文化产生别具生面的、有深度的认知。这是笔者写作本书的一个基本缘起。

文化交流伴随着物质层面的交流而产生，但比后者更为持久更为深沉，也更具社会发展推动力。中国发展进入了新时代，"一带一路"开启了中国对外开放的新纪元，也开启了中国与外国文化交流的新纪元，其中自然也包括中国和意大利文化交流的新纪元。本书作为整个意大利汉学早中期历史的一本"存照"，希望能给中意文化的深度交流交融提供一个初步的基础和一些有价值的线索。这也许是写作本书的一个深层次考量吧。

张永奋
2024 年春

目录

第一章　意大利汉学萌芽时期重大事件及其人物概览　/ 1

第一节　意大利汉学萌发　/ 4
第二节　柏朗嘉宾艰难蒙古行　/ 5
第三节　马可·波罗震惊欧洲　/ 10
第四节　孟高维诺大都传教　/ 41
第五节　鄂多立克东游　/ 43
第六节　马黎诺里出使元廷　/ 54

第二章　意大利汉学初创时期多维视角叙述　/ 58

第一节　传教士汉学　/ 59
第二节　罗明坚开创西方汉学　/ 71
第三节　利玛窦东西文化双向传输　/ 96
第四节　艾儒略西学东传　/ 177
第五节　卫匡国钻研中国文史地　/ 194
第六节　殷铎泽全面译介儒家学说　/ 215
第七节　四书承载多重意义　/ 224
第八节　叶尊孝编纂《汉字西译》　/ 240
第九节　德西德里探索西藏　/ 244

第三章　意大利汉学巅峰时期转向之研究　/ 255

　　第一节　意大利汉学的多重转向　/ 255

　　第二节　处于转向节点的马国贤　/ 257

结语　意大利汉学的贡献　/ 274

附录　人名译名对照　/ 278

后记　/ 288

第一章

意大利汉学萌芽时期重大事件及其人物概览

因为马可·波罗（Marco Polo，1254—1324）和利玛窦（Matteo Ricci，1552—1610）的存在，意大利早中期的汉学在世界汉学史上的独特地位几乎无人可以质疑。近年来，学者们通过不断掘发新史料而取得的汉学研究成果，也越发说明了意大利早中期汉学贡献之突出。

作为伊特拉斯坎文明及罗马文化的孕育地，意大利这个国家颇具传奇色彩。我们熟知的但丁、达·芬奇、米开朗琪罗、拉斐尔、伽利略、普契尼、法拉利等是不同时代的意大利人。他们出色的创造力、想象力，独具的韧性以及极强的灵活性，为这个面积只有30多万平方千米（比我国云南省小四分之一）的南欧国家，展现了其在人类文化史上的独特风格和魅力。在汉学方面，意大利也同样赢在了起跑线上。

马可·波罗等人的游记算不算真正意义上的汉学呢？学界对此存在严重分歧。已故意大利当代汉学家白佐良（Giuliano Bertuccioli，1923—2001）虽然肯定马可·波罗在汉学方面的一定作用："在全意大利对中国一无所知之时，以第一手资料写一部有关中国的书，可算是开山之作，产生了重大影响，激发了对中国的兴趣，即使大学刊物上被旁征博引的文章也无法做到这一点。"① 但他认为,马可·波罗不通汉语,而且"更糟的是,甚至现在还有人怀疑他是否到过中国"。仅凭此两条,白佐良就否定了马可·波罗的汉学家资格。② 而张西平教授把《马可·波罗游记》视为西方游记汉学的奠基之作,认为它是整个西方游记汉学的集大成者。③ 显然是承认其汉学价值的。笔者认为这样的认识是合理的。首先,汉学家是否都必须通晓汉语呢?实际上,直至今日,国外也还有许多研究中国历史、艺术等非语言文学学科的汉学家不懂汉语。阎纯德教授的看法较为宽容,他不认为汉学家必须懂汉语,他认为:"外国人对于汉语言文化的学习、研究和传播的途径是多元的,相当一部分根本不懂汉语的汉学家也同样做出了卓越的成就。"④ 的确,从成果及其影响力的角度来鉴定和评价汉学家是相对客观的态度。如果我们能公允地以此看待现当代的汉学家,自然没有理由以更为严苛的标准来衡量七百多年前的马可·波罗。至于马可·波罗是否真正来过中国,著名的历史学家、南开大学杨志玖教授已经通过大量的研究分析作出了肯定的回答,学界主流认识日渐趋于统一,下文将作详细阐述。

从另一个角度而言,人物活动及其事件的发生都处在一定的历史环境之中,而历史一直在前行中演化。在此过程中,人类的知识学问随着研究的深入而不断细化和系统化。在今天看来,真正意义上的汉学应该是有意识、有系统并有一定深度地对中国文化某些方面作深入研习,并得出判断见解。以这种严苛的标准来看,真正意义上的汉学应以专业汉学的创立为标志。在这一点上,马可·波罗,甚至利玛窦

---

① [意]白佐良:《意大利汉学:1600—1950》,李江涛译,载朱政惠主编《海外中国学评论》第3辑,上海:上海辞书出版社,2008年,第258页。
② [意]白佐良:《意大利汉学:1600—1950》,李江涛译,载朱政惠主编《海外中国学评论》第3辑,上海:上海辞书出版社,2008年,第258页。
③ 张西平:《西方汉学游记简述》,载张西平主编《欧美汉学研究的历史与现状》,郑州:大象出版社,2006年,第44、55页。
④ 阎纯德:《汉语教学与汉学的形成与发展》,载张西平、张晓慧主编《国际汉语教学动态与研究》第三辑,北京:外语教学与研究出版社,2006年,第16页。

等人的记述或报告在对中国文化认识的深度和系统性等方面都存在天然的欠缺,很难称得上是真正的汉学。但从历史的、辩证的、发展的眼光来看,马可·波罗、鄂多立克(Odorico da Pordenone,1265—1331)和利玛窦等人在还没有"汉学"概念、甚至还没有中西方文化交流概念的时代,在当时还是鲜有人迹的中西文化交流之路上筚路蓝缕,艰辛跋涉,把中国文化传播到西方,同时给东方世界带来西方文明的讯息,开辟出一条贯通东西方文化的羊肠小道。这些早中时期意大利人对于世界文化交流史以及世界汉学史的贡献是显而易见的。阎纯德教授充分认识和肯定了早中期意大利汉学活动的学术价值,他认为诸如《马可·波罗行纪》之类的文献,不仅记录了不同时代的中国,还以自己的文化视角开始了中西文化最初的碰撞。这些游记、日记、札记、通信和报告,既有赞美,有误读,也有批评,但因为其中包含大量中国物质文化及政治、经济、历史、地理、宗教、科举等多方面的文化记载,而成为汉学的重要组成部分,在学术史上有重要价值。[①]我们认为,这样的认识和观点是符合历史发展观的。的确,正是这些先驱式人物,也即俗称的"中国通",开创了世界汉学之先风,不仅推动了东西方文化的接触碰撞、交流互通,甚至还从一定程度上改变了东西方政治、地理和文化的整个演进趋势及格局。他们的贡献和价值或许难以估量。

除了马可·波罗以外,能够代表意大利汉学发端的还有柏朗嘉宾(Giovanni de Piano Carpini,1182—1252)、孟高维诺(Giovanni da Montecorvino,1247—1328)、鄂多立克和马黎诺里(Giovanni de Marignolli,约1290—1357?)等教会人员的活动。他们的游记、报告等也是意大利汉学史上的重要文献,为汉学研究提供了宝贵的史料,从各自的角度夯实了世界汉学的基础。因此,如果将他们称为"民间汉学家"或"传教士汉学家"的话似乎也未尝不可。历史往往从原始的、自发的地方开始。他们以及他们的活动共同构成了意大利汉学萌芽时期的蓬勃景象。

[①] 阎纯德:《汉学历史和学术形态》,载江岚著《唐诗西传史论·序二》,北京:学苑出版社,2009年,第10页。

第一节　意大利汉学萌发

由于交通不便、信息阻隔，意大利与中国两个古老的国家虽然很早即有商贸往来，但基本上曾长期处于互相隔绝、互不了解的状态。丝路东端，汉军驱逐匈奴后，西域安定发展；丝路西端，罗马人从公元前2世纪迅速崛起，征服了希腊，成为地中海霸主。至公元1世纪，罗马帝国版图不断扩大，领土横跨欧亚非三洲。中国商人习惯称其为"大秦"。在商旅口中，在"大秦"，中国的丝绸像西方的珠宝一样昂贵。由于丝路商旅的频繁往来，中意双方都知道对方的存在，也都有意建立正式外交关系。《后汉书·西域传》记载："（大秦）王常欲通使于汉，而安息欲以汉缯采与之交市，故遮阂不得自达。"大秦王安敦即罗马王马可·奥里略·安敦尼（Marcus Aurelius Anonius，前82—前30年）；安息位于今伊朗高原东北部。从此条记载我们可以知道，当时的安息人作为连接汉朝与罗马商贸往来的中间商，为保住商贸中介的巨大利润而想方设法干扰汉朝与罗马的联系。《后汉书·西域传·安息传》还有如下记载：

> 和帝永元九年，都护班超遣甘英使大秦。抵条支，临大海欲度。而安息西界船人谓英曰："海水广大，往来者逢善风，三月乃得度。若遇迟风，亦有二岁者。故入海人皆赍三岁粮。海中善使人思土恋慕，数有死亡者。"英闻之乃止。

这是安息商人从中作梗使得东汉使者甘英无法抵达罗马的一个例证。甘英望而却步的结果是东汉与罗马帝国的交往失之交臂。不过，从上述《后汉书》的记载来看，随着丝绸之路的通达，中意两国一直有着间接的交往。但从汉学史的角度来看，这种间接的商旅交往并不具有汉学史价值，直至柏朗嘉宾出现。

从13世纪开始，到中国的意大利人陆陆续续多了起来，当时来华意大利人主要以使者、商人、旅行家和天主教传教士为主。传教士以柏朗嘉宾、孟高维诺和鄂多立克为代表,其中最早出使中国的是教皇特使柏朗嘉宾。他于 1245 年被派往蒙古,回到欧洲后写就《蒙古行纪》以报告他的蒙古之行始末。不过相对而言,其影响力远不如鄂多立克。当然,鄂多立克的影响力再大也无法与商人代表马可·波罗相提并论。这位闻名世界的商人和大旅行家以一本令人瞠目结舌的游记打开了西方人遥望东方这个老大帝国的窗口,激发起无数欧洲人的财富梦想。

由于距离遥远、交通不便等客观原因及人为阻隔,13 世纪的中国和意大利交流不多,但这些宗教人士及商旅先驱长途跋涉,往来于东西方之间,留下了许多根据亲眼所见、亲耳所闻的事件和事物记录而成的游记。他们的记述不可避免地掺入了自己复杂的个人经历及情感,掺杂着异域身份者强加于中国的许多主观色彩,加上意大利人独有的语言表达方式,使得记述中不乏夸饰之风和道听途说之辞,因而在真实性和客观性方面难免有所欠缺。但无论如何,他们描绘的中国形象激起了中世纪欧洲人对中国的热切向往之心,他们所涉及的许多历史地理等方面的内容也为史学、地理学等研究提供了珍贵的史料,这是无可否认的,其价值也是不能低估的。

第二节　柏朗嘉宾艰难蒙古行

柏朗嘉宾,也有人译作普兰·迦尔宾,于 1182 年出生于意大利中部佩鲁贾(Perugia)的一个贵族家庭,从小接受过良好的教育,学识渊博,是方济各会(又名小兄弟会)创始人方济各(San Francesco d'Assisi,1182—1226)的挚友,也是方济各会的创始人之一。从 1221 年到 1239 年,他受方济各教会派遣,在德国担任萨克森修道院院长及省教长的职务,其间有三年时间他以同样的身份侨居西班牙。1245 年 4 月 16 日复活节那一天,65 岁高龄的他被教皇英诺森四世

（Innocent IV，1243—1254 在位）任命为特使派往蒙古，成为第一个到达蒙古宫廷的欧洲人，亲眼见证了蒙古大汗贵由的即位大典。

柏朗嘉宾出使蒙古有着特别的背景和使命。1236 年成吉思汗长孙拔都带领所谓的蒙古"长子军"西征。他们入侵俄罗斯，占领莫斯科，攻下波兰和匈牙利，势如破竹，一路打到威尼斯边境，直至 1241 年底因元太宗窝阔台酗酒离世才撤兵回到蒙古。蒙古大军一路狂飙突进的扩张态势引起欧洲社会的极度震惊和恐慌。1245 年，教皇在里昂召集全欧主教大会，商讨如何防止和抵御蒙古军队进一步入侵等问题，会议决定派柏朗嘉宾等三人携教皇的亲笔信前往蒙古帝国，试图去说服蒙古统治者皈依基督教并停止攻击和杀戮。柏朗嘉宾等受命后从里昂出发，次年 4 月 4 日，到达伏尔加河边的西蒙古拔都幕帐。不日，受到蒙古统帅拔都接见，当面向拔都阐明了反对蒙古西征和规劝蒙古人信仰基督教两个意图。拔都决定将柏朗嘉宾作为大汗贵由即位大典的献礼之一奉呈贵由，于是派人陪护柏朗嘉宾等人快马加鞭疾速东行。一行人马不停蹄，有时每天需换 5 至 7 匹马，终于在 7 月 22 日及时赶到当时的蒙古首都和林（蒙古上都）。8 月 24 日他们参加了新皇帝贵由大汗（元定宗）的登基大典。8 月底柏朗嘉宾觐见贵由，呈交了教皇致蒙古大汗和臣民的信函。信中详细阐述了基督教的教义，劝蒙古君王和臣民信奉基督教，并谴责了蒙古士兵滥杀无辜的行为。信中所用语气极为强硬倨傲，引起元定宗的极大反感，直接导致了柏朗嘉宾的使命以失败而告终。

1247 年 11 月 24 日，柏朗嘉宾回到里昂。后来他还曾作为教皇使节出使法国。回到欧洲的柏朗嘉宾将当年沿途留心记下的所见所闻用拉丁文记录下来，作为出使报告进呈给教皇，名为《蒙古史》(*L'Ystoria Mongalorum*)，全名为"被我们称为鞑靼的蒙古人的历史"(*Historia Mongalorum quos nos Tartaros appellamus*)。该书手稿现存于大英博物馆,是迄今为止发现的欧洲人关于东方和中国的最早记录。耿昇等翻译家根据 1965 年法国巴黎的美洲和东方书店出版的贝凯(Dom Jean Becquet)和韩百诗(Louis Hambis,1906—1978)译注的法文版本翻译了该书,并按中国学者的习惯把书名译作《柏朗嘉宾蒙古行纪》。①

全书共分九章,详细介绍了蒙古的地理位置、资源、气候条件、衣食住行、宗教信仰、习俗习惯、帝国起源、皇帝权力、军队结构及武器、战略战术等情况,着重介绍了怎样与蒙古人作战以及如何对付他们的韬略、堡寨和城市的防御工事、如何处置战俘等问题。

作为最早出使东亚的罗马教皇使节,柏朗嘉宾在蒙古生活了三年之久,十分熟悉蒙古的地理风貌、生活习俗,且亲眼见证了许多重要历史事件的发生和经过,掌握了大量的第一手资料。他的《蒙古行纪》向欧洲展示了一幅较为真实的东方画卷,在相当长的时间内成为欧洲人关于东方知识的最重要来源之一,也成为欧洲第一部关于蒙古人的著作,为研究蒙古史、中国北方地区历史及东西方文化交流史提供了重要的史料。因而该书在几个世纪以来被反复转抄、翻译和重版。

对于 1246 年 8 月 24 日所亲身参与的大汗登基典礼,柏朗嘉宾作了生动的情景再现式描写:"他们面对南方而立,彼此之间相隔投掷石之距,他们一边跪拜祈祷,一边逐渐离开,始终面向南方。……这样做完了很久,他们又回到幕帐,扶贵由登上皇帝宝座,首领们对他参拜,全体庶民都向他跪拜。"② 他非常用心地观察了新皇帝贵由,从年龄到身高,从习惯举止到内在性格,得出贵由聪明过人、遇事善深思熟虑、举止严肃矜持的结论。③

不过,柏朗嘉宾对蒙古人的总体评价颇低,他认为蒙古人"行凶

---

① [意]柏朗嘉宾:《柏朗嘉宾蒙古行纪 鲁布鲁克东行纪》,耿昇、何高济译,北京:中华书局,1985 年,《中译者序言》第 6、7 页。
② [意]柏朗嘉宾:《柏朗嘉宾蒙古行纪 鲁布鲁克东行纪》,耿昇、何高济译,北京:中华书局,1985 年,第 98 页。
③ [意]柏朗嘉宾:《柏朗嘉宾蒙古行纪 鲁布鲁克东行纪》,耿昇、何高济译,北京:中华书局,1985 年,第 104 页。

杀人、入侵他人的领地、以各种不正当的手段巧取豪夺他人的财产、私通、破口漫骂他人、逆神的戒律和意志行事，所有这一切对他们来说根本不算犯罪造孽。"① 在第四章，他又讲到蒙古人性格暴躁易怒、性情暴烈、爱说谎行骗、为人狡黠、善于欺生等，可以说罄竹难书。他写道："总而言之，列举他们的陋俗恶习则太费笔墨，我们确实无法将之一一记录下来！"② 看来，三年蒙古旅居生活给这个欧洲老基督徒留下了难以言尽的负面印象。耿昇对此进行了原因分析。他认为，柏朗嘉宾写书的目的是千方百计让罗马教廷深信蒙古人意欲西征，要求进行战备，并呼吁先发制人发动对蒙古人的战争。所以，他有意过分渲染了蒙古人的残暴与各种陋习，极力进行歪曲和丑化。③ 笔者认为，这是很符合当时形势客观分析。另外，柏朗嘉宾之所以对蒙古人印象如此之差，也跟他三年在蒙古听到的、看到的、经历到的许多匪夷所思的事情及其由此生发的感受与感想是分不开的。

但与此相对，柏朗嘉宾对"契丹人"的印象较为正面。在《蒙古行纪》第五章，写到成吉思汗带领军队向契丹发动了进攻。在契丹国的部分领土上取得了胜利，甚至还将契丹的皇帝围困于京师，围攻了许久，以至于使他们自己军队的给养消耗殆尽而只能吃人。最后成吉思汗挖掘了一条长长的隧道，从其军营一直通到城中央，然后内外夹攻，攻破了城门，进入城内，皇帝和大批居民惨遭杀戮，蒙古军队将城内的金银财宝洗劫一空。"于是，契丹的强大皇帝被击败了，这位成吉思汗便被拥立为帝。"④ 这里说的应该是 1234 年蒙宋联军与中国北方金哀宗完颜守绪的战争终局。早在 1215 年，成吉思汗便攻占了

---

① [意]柏朗嘉宾:《柏朗嘉宾蒙古行纪 鲁布鲁克东行纪》，耿昇、何高济译，北京：中华书局,1985 年,第 34 页。
② [意]柏朗嘉宾:《柏朗嘉宾蒙古行纪 鲁布鲁克东行纪》，耿昇、何高济译，北京：中华书局,1985 年,第 41 页。
③ [意]柏朗嘉宾:《柏朗嘉宾蒙古行纪 鲁布鲁克东行纪》，耿昇、何高济译，北京：中华书局,1985 年,《中译者序言》第 6 页。
④ [意]柏朗嘉宾:《柏朗嘉宾蒙古行纪 鲁布鲁克东行纪》，耿昇、何高济译，北京：中华书局,1985 年,第 48 页。

金中都燕京（今北京），皇帝完颜守绪一路逃亡，1234 年终于在蔡州（今河南汝南）被蒙宋联军彻底打败，完颜守绪自杀。他还写道："但一直到现在，他们尚未征服契丹国的另外半壁江山，因为它位于海面。"① 结合南宋历史，我们不难确定，这里所谓的"契丹国的另外半壁江山"指的就是南宋。因此，柏朗嘉宾紧接着所写的"契丹人"自然指的就是中国人。他写道：

> 我们上文所提到的契丹人都是异教徒，他们拥有自己特殊的字母，似乎也有《新约》和《旧约》，同时也有神徒传、隐修士和修建得如同教堂一般的房舍，他们经常在其中进行祈祷。他们也声称拥有自己的圣人，崇拜唯一的一尊神，敬重我主耶稣——基督，信仰永恒的生命，但却从不举行任何洗礼。他们敬重和崇拜我们的《圣经》，爱戴基督徒，经常大量施舍。他们表现为通融之士和近乎人情。他们不长胡须，面庞形状非常容易使人联想到蒙古人的形貌，但却没有后者那样宽阔。他们所操的语言也甚为独特。世界上人们所习惯从事的各行业中再也找不到比他们更为娴熟的精工良匠了。他们的国土盛产小麦、果酒、黄金、丝绸和人类的本性所需要的一切。②

虽然柏朗嘉宾对中国人及其生活和生产描述得并不十分清晰具体，但我们还是能从这些片段中获得关于中国人在语言、信仰、性格、容貌特征、物产等方面的珍贵信息。这就确立了《蒙古行纪》在早期汉学史上的重要地位。韩百诗指出："柏朗嘉宾对契丹人所做的描述在欧洲人中是破天荒的第一次；同样，他也是第一位介绍中国语言和文献的人，但由于其中所涉及的都是寺庙和僧侣，所以他所指的很可能是汉文佛经。对其他情况相当含糊不清，唯有对汉人性格和体

---

① ［意］柏朗嘉宾：《柏朗嘉宾蒙古行纪 鲁布鲁克东行纪》，耿昇、何高济译，北京：中华书局，1985 年，第 48 页。
② ［意］柏朗嘉宾：《柏朗嘉宾蒙古行纪 鲁布鲁克东行纪》，耿昇、何高济译，北京：中华书局，1985 年，第 49 页。

形的描述除外。"① 英国学者道森（Christopher Dawson）则评价柏朗嘉宾的《蒙古行纪》是中世纪最流行的百科全书式的著作之一，留下了西方基督教世界和远东之间第一次接触的第一手绝对可信的记载。② 但客观地说，对任何游记作出"绝对可信"的评价需要更多的谨慎。

尽管柏朗嘉宾的《蒙古行纪》里有许多不尽详备的记述，有些评价也有失公允客观，但我们不得不承认在东西方交流和汉学史发端之初，这些内容已经弥足珍贵了。

第三节 马可·波罗震惊欧洲

2000年，美国《生活》（Life）杂志评选出1000至1999年之间对中国历史进程及中外关系产生过重大影响的4位外国人，其中有两位意大利人，一位是马可·波罗，还有一位是利玛窦。同年，在北京为迎接21世纪新千年而兴建的中华世纪坛，中央大厅内有一组巨型浮雕壁画《中华千秋颂》，雕刻着几千年来对中华文明作出贡献的杰出人物，其中只有两个外国人，一位是马可·波罗，还有一位是利玛窦。这绝非只是一个历史的巧合，而是一个历史的共识。

马可·波罗像

马可·波罗是中世纪最为著名的旅行家之一，与鄂多立克、伊本·白图塔（Abu Abdullah Muhammad Ibn Battuta，1304—约1377）和尼哥罗·康梯（Nicolo Conti，1395—1469）并称为中世纪四大旅行

---

① [意]柏朗嘉宾：《柏朗嘉宾蒙古行纪 鲁布鲁克东行纪》，耿昇、何高济译，北京：中华书局，1985年，第129页。

② [英]道森编：《出使蒙古记》，吕浦译，周良霄注，北京：中国社会科学出版社，1983年，第1页。

家。他的《马可·波罗游记》是中世纪最著名、影响力最大同时也是极具争议的东方游记。可以说，他在所有向西方人介绍中国的旅行家中是最伟大的一位。正如前文所述，学界对他的汉学家身份是有争议的。的确，如果汉学家专指狭义上的汉学研究专家的话，马可·波罗确实算不上真正的汉学家，但他的游记涉猎面广，读者多，传播影响力巨大，至今七百多年没有其他汉学家可以超越。可以说，马可·波罗是当之无愧的"民间汉学家"。他的《游记》，对于中国政治、经济、金融、地理、历史以及中国民间风俗等方方面面的细致描绘和介绍，在西方世界产生了重大而深远的影响，这种影响尤其突出地体现在世界地理和政治格局等方面。可以说，《马可·波罗游记》不是向西方世界吹去一缕裹挟中国及东方世界诸多信息的微风，而是掀起了震天撼地的飓风。有些人看了他的游记后大呼"不可能"，但却激起了包括哥伦布（Cristoforo Colombo，1451—1506）、迪亚士（Bartholmeu Dias，1450—1500）、达·伽马（Vasco da Gama，1469—1524）、麦哲伦（Fernando de Magallanes，1480—1521）以及利玛窦在内的众多年轻人对东方世界的强烈向往和探索冲动，甚至世界著名的考古学家、敦煌学开山鼻祖之一的斯坦因（Mark Aurel Stein，1862—1943）在大漠旅行中，也随身携带着《马可·波罗游记》。从马可·波罗在世界历史、地理、文学、政治等领域所产生的影响来看，我们都不难看出他身上所独具的泛文化领域的耀眼光芒。因此，我们认为，马可·波罗在汉学史上顺理成章地应该有重要的一席之位。

一、马可·波罗是否真的到过中国？

马可·波罗的汉学家地位备受质疑，如果他没有真正来过中国，其游记只是胡编乱造而成，那么其汉学家身份就根本无从谈及。因此，有必要对他是否真的来过中国这个问题认真加以探析。

《马可·波罗游记》是马可·波罗在狱中口述其东方之行的见闻并由其狱友鲁斯蒂恰诺（Rusticiano）用当时流行最广的法语笔录而成的一部书，于1299年出版。该书面世后很快就风靡整个欧洲，被称为"世界一大奇书",据说当时知识界人士以阅读该书、谈论该书为时尚,几乎人手一册。这本游记塑造了一个令欧洲人难以置信的美丽神奇、繁华富庶、天堂般的东方国度。马可·波罗出色的记忆力、叙事能力和执笔者鲁斯蒂恰诺的文学化表达方式,使得人们一方面深深地被吸引,但另一方面又对他游记的真实性普遍产生了怀疑:书中描述的东方真的存在那么繁华美丽的城市和先进的文化吗?很多人将《马可·波罗游记》当作一部天方夜谭式的小说来看,有些人则对该书进行了严厉的指责。18世纪有一位法国作家说过这样的话:

> 我们关于中国的最初知识,来自著名的威尼斯人马可波罗。他谈到了这个国家的悠久历史,优秀的法律和政府,肥沃的土地,富足的生活,繁荣的商贸,众多的居民,等等。他描绘了中国人的礼节,他们对艺术和科学的喜爱以及发展艺术和科学的热情。所有这些记述都被视为虚妄的奇谈。人们认为,这种无稽之谈与其说是事实的真实记述,不如说是善意的想象结果。人们觉得,如果相信数千里外有一个强大的国家,它胜过治理得最好的欧洲国家,那简直就是荒谬。什么!在许许多多的野蛮国家那边,在世界的尽头,会有如那位威尼斯人所说的那样一个古老、聪慧和文明的民族?纯粹是痴人说梦,除了头脑简单的人和傻瓜,谁也不会相信。[1]

当时不相信马可·波罗的大有人在,很多人甚至怀疑他是否真正到过中国,认为他可能是靠着杜撰和想象才完成的《马可·波罗游记》,从而"被轻蔑地看作是虚假的幻想"[2]。这不难理解。毕竟280多年后的1583年,利玛窦在致帕多瓦耶稣会马尔第诺·德·弗尔纳里(Martino de Fornari)神父的信中谈起中国的财政收入数额巨大时,

---

[1] 参阅许明龙:《欧洲18世纪"中国热"》,北京:外语教学与研究出版社,2007年,第1、2页。
[2] [美]邓恩:《从利玛窦到汤若望》,余三乐、石蓉译,上海:上海古籍出版社,2003年,《著者前言》第2页。

直言欧洲人不会相信。他写道：

> 中国的财政收入数额巨大，据推测中国皇帝每年要有上亿两白银的收入。如果您觉得欧洲人会把这当成一个弥天大谎的话（我觉得他们可能会这样想），那么请您把这段话从信中抹去，以免在给别人看时，以为我们是在夸大事实。但是，您无论如何要相信我们，我认为这是千真万确的。①

连几百年后身为耶稣会传教士的利玛窦都担心他关于中国财富的说法会被人严重质疑，作为商人的马可·波罗受到的那些批判便很容易理解了。他只能一次次地向人保证所言并非妄语，但人们还是无法相信。最后一次是在他临终之际，亲友"为解救他的灵魂"起见，曾哀求他忏悔并否认其游记的真实性，至少也要对世人所认为纯属虚构的部分进行否认。他却郑重声明，自己不但没有言过其实，而且"所见的异事尚未说到一半"②。

然而，长期以来，因《马可·波罗游记》而引发的争议仍持续不断。围绕他是否到过中国这一焦点可分为两种：一种是认为马可·波罗确实到过中国的肯定派，另一种是怀疑派。1966 年德国著名蒙古学家傅海波（Herbert Franke，1914—2011）在《蒙古帝国时期的中西接触》（Sino-Western Contacts under the Mongol Empire）③一文中列举了游记中的一些可疑之处，如扬州为官、献投石机攻陷襄阳等以及书中未提及茶叶和汉字书法等问题。他认为："这些事倒使人们对波罗一家长期住在中国一说产生怀疑。"但怀疑归怀疑，在举出疑点后他又紧接着说："但是，不管怎样，在没有举出确凿证据证明波罗的书（只）是一部世界地理志，其中有关中国的几章是取自其他的、也许是波斯的资料（他用了一些波斯词汇）以前，我们只好作善意解释，

---

① ［意］利玛窦：《利玛窦书信集》，文铮译，北京：商务印书馆，2018 年，第 25 页。
② ［意］马可波罗：《马可波罗行纪》，冯承钧译，北京：东方出版社，2011 年，第 34 页。
③ Herbert Franke, Sino-Western Contacts under the Mongol Empire, Journal of the Royal Asiatic Society, Hong Kong Branch, 6. 1966. Hong Kong, pp. 49—72.

假定（姑且认为）他还是到过中国。"到了19世纪70年代，英国汉学家亨利·玉尔（Henry Yule，1820—1889）在其《马可·波罗游记·导言》中指出马可·波罗书中有关中国的记载有多处遗漏。如万里长城、茶叶、妇女缠足、用鸬鹚捕鱼、人工孵卵、印刷书籍、中国文字以及其他奇技巧术、怪异风俗等。另外，《游记》里还存在不少不确之处，如地名多用鞑靼语或波斯语、成吉思汗之死及其家族谱系有误等。玉尔认为最难解释的是攻陷襄阳城事件，但是他并未怀疑马可·波罗来华的真实性。法国东方学家伯希和（Paul Pelliot，1878—1945）也基本承认马可·波罗到过中国。我国著名元史专家、南开大学历史系教授杨志玖从20世纪40年代开始，就不断地撰文与怀疑论者进行论战。

美国学者海格尔（J. W. Haeger）是持怀疑论者的一位代表。1979年，他撰写了《马可·波罗到过中国吗——从内证中看到问题》一文对马可·波罗来华提出质疑。1982年英国学者克雷格·克鲁纳斯（Craig Clunas）引用傅海波的文章，在英国泰晤士报（*The Times*）4月14日《中国增刊》（*China Supplement*）上发表了《探险者的足迹》（The Explorer's Tracks）一文，提出四条质疑，认为马可·波罗曾看过波斯的某种导游手册。英国不列颠图书馆中国部的弗朗西斯·伍德（Frances Wood，中文名吴芳思）于1995年出版了《马可·波罗到过中国吗？》（*Did Marco Polo Go to China?*）一书，全面否定了马可·波罗到过中国。她认为，在中国史籍中没有一件关于《马可·波罗游记》可供考证的材料。茶叶、筷子、汉字、印刷术、妇女裹足、长城以及用鸬鹚捕鱼等这些具有中国特色的事物在书中都未曾提及。反之，书中却有不少夸大失实或错误之处，如献炮攻襄阳、蒙古王室谱系混乱不清等。所以，她得出的结论是："我倾向于认为马可·波罗自己可能从来没有到比他家在黑海沿岸和君士坦丁堡的贸易站更远的地方旅行……"① 她设想《马可·波罗游记》是马可·波罗根据他

---

① ［英］弗朗西斯·伍德：《马可·波罗到过中国吗？》，洪允息译，北京：新华出版社，1997年，第198页。

的家庭"为了便于旅行和贸易而收集有包括边远地区的波斯文导游手册、地图和历史书籍在内的材料"而编出的中国指南式手册。①

但是从多方面来看，马可·波罗来过中国，这是毋庸置疑的。

首先，马可·波罗到过中国这件事情并非没有历史佐证。1983年，杨志玖教授通过研究史书《站赤》作了突破性发现：

> 1941年，本文著者在一本讲元代释站的官书（书名《站赤》，在残存的《永乐大典》）中，发现了一段材料，讲的是元廷派遣兀鲁得、阿必失呵、火者三使臣往波斯阿鲁浑大王处的事。这三位使臣的名字在《马可波罗游记》中也有记载，他们是阿鲁浑派来的，马可波罗就是陪伴他们三人护送一位蒙古公主到波斯去，从而离开中国的。《站赤》中虽然没有提马可波罗的名字和护送公主的事，但事实是一致的。《站赤》记这一事的日期是元世祖至元二十七年八月十七日，即公元1290年9月21日，当时三使臣还在泉州待命出发。由泉州出海，因季候关系，须在阴历十一月、十二月或次年正月几个月内。所以他们至迟应在至元二十七年之末或二十八年之初起程，二十七年之末以公历计为1291年初，这即是马可波罗离华之年。
>
> 这在波斯人当时写的历史上也可以得到印证。波斯人拉施特（或译拉施都丁）所著《史集》中，有一段记阿鲁浑之子合赞在波斯阿八哈耳城遇见阿鲁浑派往中国的使臣火者及蒙古公主事，时间据上下文推算，应在1293年7、8月间。据马可波罗说，他们从泉州到波斯费时二年两个月。假若1292年初出发，那他们到达波斯时间最早应在1294年2月以后，与《史集》所记年代不合。如在1291年初出发，则到达波斯的时间应在1293年2月间。这是到达波斯湾港口忽里模子的时间，登陆后因移交公主又走了许多路，费了许多时间，最后在阿八哈耳城见到合赞，在

---

① ［英］弗朗西斯·伍德:《马可·波罗到过中国吗?》,洪允息译,北京:新华出版社,1997年,第197页。

1293年7、8月间,即登陆半年后才完成护送和移交公主的使命,完全可能。因而,从波斯史料来考证,马可波罗在1291年初离开中国的推算比起来也是合理的。①

在文中,杨志玖以《站赤》所记载的三使者护送公主一事与《马可·波罗游记》里护送一位皇族少女之事相互印证,并将马可·波罗离开中国时间推算为1291年。杨还找到了波斯人所记载的历史作为这一事件及发生时间的佐证。之后,伯希和也根据西方的史料推算,得出和杨志玖相同的结论。②

另外,忽必烈时代发生的阿合马被杀事件也是一个有力例证。《二十四史》里详细记载了1282年3月,益都千户王著与一个自称有秘密法术的高和尚等人设计用大铜锤杀了足智多谋、位高权重,但专权任性、贪婪残暴的阿合马。③《元史》的《裕宗传》和《安童传》对此事均有所记载,而《马可·波罗游记》第八十四章也详细记载了这一事件,并指出马可·波罗当时正在那里。④ 这正可与《元史》互相补充、互为印证。马可·波罗也提到王著的名字(冯译本用的是"王箸")。(冯承钧译本原文:"其中有一契丹人名陈箸(Tchen-tchou)者,身为千户,母及妻女并为阿合马所辱。愤恨已极,遂与别一契丹人身为万户名称王箸(Wang-tchou)者同谋杀之。"⑤

以上仅为两个小小的例子,至少可以说明,马可·波罗在这两个事件上并非胡编乱造。

马可·波罗游记所述的许多内容在中国其他史书或不同时代不同

---

① 杨志玖:《马可波罗离开中国在1291年的根据是什么?》,载《历史教学》1983年第2期。

② 杨志玖:《马可波罗离开中国在1291年的根据是什么?》,载《历史教学》1983年第2期。

③ 廖盖隆主编:《文白对照二十四史精华 元史》(3),长春:吉林人民出版社,2006年,第287页。

④ [意]马可波罗:《马可波罗行纪》,冯承钧译,北京:东方出版社,2011年,第216—218页。

⑤ [意]马可波罗:《马可波罗行纪》,冯承钧译,北京:东方出版社,2011年,第217页。

作者的游记里也可以得到印证。如马可游记第一五一章关于杭州的记载相当详细：

> 自强安城发足，骑行三日，经行一美丽地域，沿途见有环墙之城村甚众，由是抵极名贵之行在（Quinsay）城。行在云者，法兰西语犹言"天城"，前已言之也。既抵此处，请言其极灿烂华丽之状，盖其状实足言也，谓其为世界最富丽名贵之城，良非伪语。
>
> ……………
>
> 城中有一大湖，周围广有三十哩，沿湖有极美之宫殿，同壮丽之邸舍，并为城中贵人所有。亦有偶像教徒之庙宇甚多。湖之中央有二岛，各岛上有一壮丽宫室，形类帝宫。城中居民遇有大庆之事，则在此宫举行。中有银制器皿、乐器，举凡必要之物皆备，国王贮此以供人民之用。凡欲在此宫举行大庆者，皆任其为之。
>
> 此城尚有出走的蛮子国王之宫殿，内有世界最美丽而最堪娱乐之园囿，世界良果充满其中，并有喷泉及湖沼，湖中充满鱼类。中央有最壮丽之宫室，计有大而美之殿二十所，其中最大者，多人可以会食。全饰以金，其天花板及四壁，除金色外无他色，灿烂华丽，至堪娱目。①

他对杭州的这些描述相当详尽。"行在"这一名称，也出现在鄂多立克的《东游录》里，后者用的名称是"Cansay"②。在意大利语里，元音 a 前的声母 c 发音为［k］，声母 q 的后面必定带着 u，qu 的发音为［ku］，所以《马可·波罗游记》中的"Quinsay"发音为［kuinsai］，鄂多立克《东游录》中的"Cansay"发音为［kansai］。

---

① ［意］马可波罗：《马可波罗行纪》，冯承钧译，北京：东方出版社，2011 年，第 371—373 页。
② ［意］鄂多立克等著，何高济译：《海屯行纪 鄂多立克东游录 沙哈鲁遣使中国记》，北京：中华书局，1981 年，第 67 页。

这两者稍有差别，可能与方言有关。① 因为鄂多立克从广州进入中国，然后往北走，听到的"杭州"多是南方发音。而马可·波罗大部分时间生活在北京，偶尔出使杭州，听到的多是北方人口里"杭州"的发音。但无论如何，[kansai] 与 [kuinsai] 两者发音还是比较接近的，对杭州的印象也大致相同，如鄂多立克在《东游录》也把杭州称为"天堂之城"，认为它是全世界最大的城市，方圆百英里以上，到处都住满了人等等。② 另外，两人在各自回忆录里所说的"行在"，也符合中国史书上有关"行在"的记载。"行在"古指天子所在之地，如《汉书·武帝纪》中有"谕三老孝弟以为民师，举独行之君子，徵诣行在所"。颜师古注释道："天子或在京师，或出巡狩，不可豫定，故言行在所耳，不得亦谓京师为行在也。"后来"行在"专指天子巡行所到之地。1127 年宋高宗赵构即位后，为躲避金兵，以巡幸为名，先后流亡到扬州、平江府（今江苏苏州）、杭州、建康府（今江苏南京）、绍兴府（今浙江绍兴）等地，这些地方后来都有"行在"之称。1129 年宋高宗下诏将杭州改为临安府，1138 年将临安府正式定为"行在"。当时的杭州分为内城和外城。内城即皇城，方圆九里，殿堂楼阁林立，还有多处行宫及御花园。到元朝，杭州的这一名称继续通行，就是马可·波罗游记里所说的"极名贵之行在（Quinsay）城"。他所说的"城中有一大湖"，根据其描述，应该就是杭州西湖。

可能出于其商人的身份本能，马可·波罗对商贾百工尤为关注。如关于杭州城的行业、从业人数等情况他打听得很清楚：

> ……此城有十二种职业，各业有一万二千户，每户至少有十人，中有若干户多至二十人、四十人不等。其人非尽主人，然亦有仆役不少，以供主人指使之用。诸人皆勤于作业，盖其地有不少城市，皆依此城供给也。③

---

① 此处分析得到意大利语专家赵秀英教授的帮助，谨表谢意。
② [意]鄂多立克等著，何高济译：《海屯行纪 鄂多立克东游录 沙哈鲁遣使中国记》，北京：中华书局，1981 年，第 67 页。
③ [意]马可波罗：《马可波罗行纪》，冯承钧译，北京：东方出版社，2011 年，第 371 页。

他留意到杭州的商业发达,商人众多:"城中有商贾甚众,颇富足,贸易之巨,无人能言其数。应知此职业主人之为工厂长者,与其妇女,皆不亲手操作,其起居清洁富丽,与诸国王无异……"①,极言杭州之富裕。紧接着他又补充道:

> ……此种商店富裕而重要之店主,皆不亲手操作,反貌若庄严,敦好礼仪,其妇女妻室亦然。妇女皆丽,育于婉娩柔顺之中,衣丝绸而带珠宝,其价未能估计。其旧王虽命居民各人子承父业,第若致富以后,可以不必亲手操作,惟须雇用工人,执行祖业而已。其家装饰富丽,用巨资设备饰品、图画、古物,观之洵足乐也。②

杭州商人生活之富足景象跃然纸上。

此外,杭州集市很多,既有大市,也有无数沿街小市,频繁的隔日集市,每每有四五万人挈消费之百货到集市进行贸易。在市集之日,"见买卖人充满于中,车船运货络绎不绝,运来之货无不售者……"③ 这些与南宋吴自牧所著《梦粱录》第十三卷中关于杭州商贸的描述十分相符。吴自牧将杭州的商贸繁荣归结为宋室南渡的结果:"南渡以来,杭为行都二百余年,户口蕃盛,商贾买卖者十倍于昔,往来辐辏,非他郡比也。"④ 因此出现了市场繁忙热闹的景象:"杭城大街,买卖昼夜不绝,夜交三四鼓,游人始稀;五鼓钟鸣,卖早市者又开店矣。"⑤ 如果马可·波罗不是亲自去过杭州,对杭州市场有过实际的接触和了解,很难想象仅凭臆想能有如此生动深刻的印象。

---

① [意]马可波罗:《马可波罗行纪》,冯承钧译,北京:东方出版社,2011年,第372页。
② [意]马可波罗:《马可波罗行纪》,冯承钧译,北京:东方出版社,2011年,第378页。
③ [意]马可波罗:《马可波罗行纪》,冯承钧译,北京:东方出版社,2011年,第377、378页。
④ (南宋)吴自牧:《梦粱录》第十三卷,杭州:浙江人民出版社,1980年,第114页。
⑤ (南宋)吴自牧:《梦粱录》第十三卷,杭州:浙江人民出版社,1980年,第119页。

《马可·波罗游记》第六十九章《鞑靼人之神道》中有一段关于元朝法律的记载:

  有窃一微物者,杖七下,或十七,或二十七,或三十七,或四十七,而止于一百零七,视其罪大小而异。有时被杖至死者。设有盗马一骑或其他重要物品者,则为死罪,处以腰斩之刑。然应附带言及者,其罪可以买赎,偿窃物之九倍则免。①

  这段叙述与《元史·刑法志》中《名例》所解释的"笞刑"(用小竹板打)及"杖刑"(用大竹板或木棍打)基本一致:"其五刑之目:凡七下至五十七,谓之笞刑;凡六十七至一百七,谓之杖刑。"② 另外,《元史·刑法志》还有"诸盗驼马牛驴骡,一赔九"的规定。这都表明,马可·波罗关于元朝法律的叙述并非随口胡诌。

  另外,孟高维诺在 1305 年的信中曾说:"余在大汗廷中有一职位……大汗以教皇专使视余,其待余礼貌之崇,在所有诸教官长之上。大汗陛下虽已深知罗马教廷及拉丁诸国情形,然仍渴望诸国有使者来至也。"③ 由此可知,忽必烈对欧洲来使是欢迎且盼望的,这与《马可·波罗游记》中关于马可父亲和叔叔觐见忽必烈时的情形相符:"他弟兄二人抵大汗所以后,颇受优礼。大汗颇喜其至,垂询之事甚多,先询诸皇帝如何治理国土,如何断决狱讼,如何从事战争,如何处理庶务。复次询及诸国王、宗王及其他男爵。"④ 可以说,这两处基本可以互相印证,至少说明忽必烈对待西方客人一贯持有热情、开放的态度。

  还有最主要的,从判定某游记真伪的标准来看,我们能否从其所未记载的某些内容,进而就否定它的真实性呢?这在逻辑上是难以成立的。对于历史上的人物行迹的考证,仅凭他没有说过什么而对他说

---

① [意]马可波罗:《马可波罗行纪》,冯承钧译,北京:东方出版社,2011 年,第 161 页。
② (明)宋濂等撰:《元史》,阎崇东等校点,长沙:岳麓书社,1998 年,第 1488 页。
③ 参阅于漪:《青青子衿域外传播》,太原:山西教育出版社,2016 年,第 77 页。
④ [意]马可波罗:《马可波罗行纪》,冯承钧译,北京:东方出版社,2011 年,第 13 页。

过什么却置若罔闻,这是一种科学的方法吗?一个历史人物,在一个特定的历史时期,他所关注的、感兴趣的、想记述的、想表达的东西很大程度上是根据其经历、兴趣等很多因素决定的,而不是为了满足后人的考证需要而取舍的。这就注定了他所记述的一定不会是面面俱到、包罗万象的。也正因为这个原因,杨志玖教授对伍德的做法表示了不满:"要求一部旅行记或地理志事无巨细、小大不弃,一一记录下来,是一种不切实际的苛求。以此为标准判断一本书的真伪,未免过于轻率。伍书却恪守傅海波教授的成规并加以发展,写出专章,指责马可·波罗所漏记的事物。"① 的确,任何游记作者,都只会记录其所认为值得记录的东西。比如,对于女子缠足问题,晚于马可·波罗来华的鄂多立克曾有过提及,说这是中国南部妇女的一个习俗,而《马可·波罗游记》却未曾提到。伍德对此就非常不解,"因为这几乎是后来的旅行者首先看得入迷的习俗"②。实际上,对某一旅行者来说会"首先看得入迷"的事物是不是一定也是其他旅行者最感兴趣的呢?这样的"推己及人"完全是没有逻辑且不合常理的推断。同样还有印刷术问题。伍德认为马可·波罗提到过纸币,却未提及印刷术;又认为马可·波罗曾去过当时中国的刊印中心福建及书商云集的杭州等,也未提及印刷术,这也是不可理解的。我们则认为,即使对一段路线相仿的游历,不同的游记作者会根据自己的兴趣爱好或情感表达需要而对游记内容作出不同的取舍,这也使得不同的游记各具自己的特色和风采,并使得其互相补充和印证成为可能。

伍德又说,传教士鲁布鲁克曾提及汉字的写法,但马可·波罗书中却从未提及汉字。这可能与马可·波罗自身文化水平有关。马可·波罗不懂拉丁文,本身就是个文化修养不高的意大利商人。他所关心的大部分是与财富相关的事物,以及一些奇风异俗。再从当时的社会背景来看,在元朝统治时期,汉人被归为末等公民(一等为蒙古

---

① 杨志玖:《马可波罗在中国》,天津:南开大学出版社,1999年,第137页。
② [英]弗朗西斯·伍德:《马可·波罗到过中国吗?》,洪允息译,北京:新华出版社,1997年,第99页。

人,二等为色目人),地位很低,不能学习当时的官方语言蒙语。蒙古统治者从根本上蔑视汉文化,官吏们多为蒙人和色目人,文化程度普遍较低,大部分不懂汉语,学习读写的蒙古人更少,在需要签名时往往画个花押代替,也因此衙门里出现了一批翻译官。试问,在这样的大环境下,一个本身文化程度不高的外国商人会对汉字产生兴趣吗?

对游记中没提到中国人普遍爱喝的茶叶,伍德也认为难以想象。关于这一点,傅海波早于20世纪60年代即已设想,这可能与马可·波罗不爱喝茶或蒙古人没有招待过他喝茶有关。杨志玖教授则解释:"马可·波罗书中没有提到中国的茶,可能是因他保持着本国的习惯,不喝茶。当时蒙古人和其他西域人也不大喝茶,马可·波罗多半和这些人来往,很少接触汉人,因而不提中国人的饮茶习惯。"① 实际上,目前还没有资料证明蒙古人当时已经有普遍饮茶的习惯。当时蒙古人最普遍的饮料是马奶酒,他们认为马奶酒能养生治病。傅海波和杨志玖教授的猜测应该是有道理的。

伍德还认为马可·波罗漏掉了长城。姑且不论当时"长城"之名是否存在,即使存在,马可·波罗是不是就非得提及它呢?马可·波罗作为一个商人是不是会对这些事物感兴趣呢?实际上,元代还无"长城"之称,见于史者只有"边堡"和"界壕"。据王国维考证,"界壕"是"掘地为沟堑以限戎马之足","边堡"是"于要害处筑城堡以居戍人"②。杨志玖分析:"秦朝以后,除唐、北宋、辽和元朝以外,历代都有修筑。但就其规模之宏大、城垣之坚固、气象之雄伟,使见之者叹为奇观,攻之者踌躇不前的,恐怕只有明朝修筑的至今仍然屹立的万里长城了。"③ 他认为,伍德心目中的长城是明长城,元代当然不会有。即使如伍德设想,从西安到敦煌的火车线上仍可以看到泥土筑的城墙遗址,但学识不高的马可·波罗不一定会对断壁残垣或

---

① 杨志玖:《元史三论》,北京:人民出版社,1985年,第130页。
② 王国维:《金界壕考》,载孙文政主编《金长城研究论集》(上),长春:吉林文史出版社,2009年,第257页。
③ 杨志玖:《马可波罗在中国》,天津:南开大学出版社,1999年,第145、147页。

突起的碉楼感兴趣。因此，杨志玖认为："无论从客观环境或主观素养，马可·波罗之不提长城，并不值得人们大惊小怪。"① 这是很有道理的。总而言之，如果单凭一些主观感受上的所谓"漏写"而否定一部游记的真实性，那么世界上的任何游记的真实性都值得怀疑。所以伍德的逻辑是讲不通的。

当然，游记里所述的确有不少矛盾夸张、张冠李戴以及令人匪夷所思之处，这可能有几方面的原因。第一，游记是在马可·波罗离开中国 8 年左右后写成的，根据他在狱中口述其事来看，当时身边应该没有可供参考的书面记录，他所口述的，是对几年前的经历的回忆，事实上是对过往经历的一种重新梳理。在这样的情况下，一般人纵然有再好的记忆力也难免产生纰漏和偏差，马可·波罗可能也不例外；第二，马可·波罗从来没有以历史学家自居，游记也并非历史记录，人们无法要求其内容完全真实无误。《马可·波罗游记》第十六、十七章里有些很有意思的记述，大概意思是马可·波罗自诩有极好的语言天赋，也很能揣摩人的心理。与别的"愚蠢、无知"的使臣无法给忽必烈汗讲述所到地区的其他趣闻不同，马可·波罗很了解忽必烈的心思，每次外出当差，都会仔细记下沿途的所见所闻，以便回朝后生动详细地讲给大汗听，使得"大汗及其左右闻之咸惊异不已"②。他对自己的这一才能颇为自得。要使一件事被描述得生动活泼很容易会牺牲事件本身的一部分客观真实性，马可·波罗可能有意无意牺牲了后者。第三，笔录者鲁斯蒂恰诺没有到过东方的经历，对马可·波罗一路所遇毫无所知，那么他把马可·波罗的口述转写为不同语言的书面文字时也难免会在表述上产生一定的偏差。第四，《马可·波罗游记》问世后，不断被传抄转录，在此过程中也难免会产生一些错误以及以讹传讹等情况。第五，世界之大，无奇不有。特别是神秘而古老的东方国度，人们在漫长的历史长河中创造了大量神奇物事，完全是正常的。别的地方的人认为匪夷所思之事，其实并非不存在。比如

---

① 杨志玖：《马可波罗在中国》，天津：南开大学出版社，1999 年，第 145、147 页。
② [意]马可波罗：《马可波罗行纪》，冯承钧译，北京：东方出版社，2011 年，第 28 页。

《马可·波罗游记》第一一九章里所记的云南某地妇女生孩子后,丈夫坐月子的风俗,① 就算在网络发达的今天也令人愕然。但实际上,这种"产翁"风俗在中国云南、贵州、广西等地区的一些少数民族地区都曾有过。如云南西双版纳地区傣族妇女生完孩子三天后就得干活,由丈夫卧床照顾婴儿。过去獠族妇女生完孩子也即起身干活,《太平广记》引尉迟枢的《南楚新闻》记载:"南方有獠妇,生子便起。其夫卧床褥,饮食皆如乳妇。……又云:越俗,其妻或诞子,经三日,便澡身于溪河。返具糜以饷婿,婿拥衾抱雏,坐于寐榻,称为产翁。"冯梦龙批注道:"奇极。"② 直到清末,贵州威宁一带的仡佬族仍保留着这一产翁习俗。广西的越族也同样有这种产翁遗俗。

如果说马可·波罗的东方游历是孤例的话,那或许还多一份可以质疑的可能性,问题是他并非"前无古人、后无来者"。在他之前,有柏朗嘉宾、鲁布鲁克等先行者,在他之后,有孟高维诺、鄂多立克等后人,他们的经历和记录实际上也为《马可·波罗游记》里的某些内容提供了有力的佐证。他与鄂多立克在中国的活动时间相距三四十年,对杭州的印象却基本一致。

至于马可·波罗在游记里用了一些波斯词汇,应该不难理解。当年柏朗嘉宾受教皇派遣,送信给贵由,贵由的回信用的就是波斯语,加盖有蒙古帝国玉玺印文。该国书至今仍藏于梵蒂冈档案馆,可见波斯语也应该是当年蒙古帝国使用的官方语言之一。

这些年笔者反复阅读、研习《马可·波罗游记》,越读越觉得这是一部千古奇书,直觉感受是他一定来过中国。主要有三个理由。

第一,单从文本本身来看,如果《马可·波罗游记》完全出于虚构,对一些人物、事件及场景的描述不可能如此翔实,而且多处细节能与史书记载映照相吻合。从文学角度来看,任何一部虚构作品都无法做到。

第二,《马可·波罗游记》是一部口述作品,不是日记,也不是

---

① [意]马可波罗:《马可波罗行纪》,冯承钧译,北京:东方出版社,2011年,第305页。
② 参阅(明)冯梦龙:《太平广记钞》下卷,北京:中华书局,1996年,第1271页。

随身携带的笔记。从游记体现出的言之真、识之实、述之详，不难看出马可·波罗是一个记忆力极强、心智超群的人。他应该在头脑中反复回忆和复盘过他的经历，他叙述的事情应该都是在他大脑中留下了比较深的印痕的。不仅如此，这些讲述还可能糅杂着他父亲和叔叔在带着他游历时各种场合交谈时的记忆。有这些经验基础，加上马可·波罗的亲历，所以他的记忆才如此深刻。从认识论的角度而言，若非亲身经历，仅凭捏造，实难有如此真切的回忆。

第三，记录他人口述，实质而言，是一种转述。转述过程中，一般都会丢失一部分原始信息，而非相反。照理说，鲁斯蒂恰诺所记录的文本从完整性和完善性而言都难以超越马可·波罗的本人口述。而目前看《马可·波罗游记》，信息量巨大，信息的完整性及完善性基本可以通过与史料及其后出现的游记吻合。可以想见当时马可·波罗本人的讲述又该是多么的丰富而又生动啊，由此更让我们可以认定马可·波罗必然亲自来过中国。

目前已有更多学者通过谨慎而严肃的研究，肯定了《马可·波罗游记》的真实性。如张西平教授就认为："笔者认为从学术上来看，这本书基本是属实的。"[1] 他认为《马可·波罗游记》奠基了西方的"游记汉学"。[2]《马可·波罗游记》的内在价值得到了越来越多的承认和发掘。

二、马可·波罗的生平与主要经历

1254年马可·波罗出生于威尼斯的一个贵族家庭。在那个时代，人们普遍觉得旅行是一项费时费力又危险的活动。但威尼斯人的观念则不同。小小的威尼斯当时是欧洲最重要的商业文化中心之一，海上

---

[1] 张西平:《西方汉学游记简述》，见《欧美汉学研究的历史与现状》，郑州：大象出版社，2006年，第62页。

[2] 张西平:《西方汉学游记简述》，见《欧美汉学研究的历史与现状》，郑州：大象出版社，2006年，第44页。

军事实力强大，经济发展迅猛，旅游业发达，几乎家家经商，很多威尼斯人都梦想成为旅行家或者大商人。在这种背景下，商人贵族阶层崛起，其中就有波罗家族。马可·波罗的祖父安德利亚·波罗（Andrea Polo）有三个儿子，大儿子老马可·波罗（Marco Polo）是马可·波罗的伯父，二儿子尼柯罗·波罗（Nicolo Polo）是马可·波罗的父亲，三儿子马菲奥·波罗（Mafio Polo）是马可·波罗的叔叔，他的父亲和叔叔都是商人。当时他们在威尼斯地位显赫，但拥有的声望尚未能比肩芝诺、奎尔尼斯和丹多洛等家族，那些家族都出过总督和威尼斯舰队司令。1253年，也就是马可·波罗出生的前一年，他的父亲和叔叔离开威尼斯去君士坦丁堡寻求财富和机会。他们在君士坦丁堡做了6年生意，买了很多宝石。后来，城中发生战乱，波罗兄弟决定带着宝石离开。他们本来想取道今乌克兰境内的苏达克返回威尼斯，但是那条路很危险。于是便改道沿着后来被称为"丝绸之路"的通道向东而行。当时丝绸之路由蒙古人管辖，相对来说比较安全。兄弟俩一边做着生意一边赶路，到了今乌兹别克斯坦的布哈拉。没想到那里也是战事不断，他们无法继续前行，也无法返回家乡，只好就地滞留三年。在那里他们遇到一个正要去觐见蒙古大汗忽必烈的使臣。使臣同意带两人同去中国觐见大汗。1265年波罗兄弟到达忽必烈位于上都的夏宫。根据《马可·波罗游记》里的记述，忽必烈向波罗兄弟了解有关教皇、教会以及欧洲国王们的情况，对波罗兄弟非常满意。当时的元帝国任用了大量外国人担任官员帮助朝廷处理事务，如热那亚人、威尼斯人、犹太人、俄罗斯人、波斯人等等。波罗兄弟很快学会了蒙古语，在那儿生活了一年。后来他们思乡情切，忽必烈就派他们作为使臣去欧洲，觐见教皇并请他遣学识渊博并能言善辩的教士到中国，帮助他教化子民。他还让兄弟俩带一些耶路撒冷著名的圣慕教堂的特制圣油回蒙古。于是波罗兄弟带着一块忽必烈赐予的通行金牌启程，在蒙古帝国境内都可以一路畅通无阻且食宿无忧。

1269年，兄弟俩终于回到了阔别16年的威尼斯，此时尼柯罗的妻子早已去世，他的儿子马可已经长成15岁的少年。他很喜欢听父亲和叔叔讲他们的旅途见闻和东方生活。他们所讲述的一切对他来说不啻于天方夜谭，神奇的东方世界令他心驰神往。他梦想自己有一天也能成为一个旅行家去闯世界、见大世面。

1271年父亲和叔叔带着马可·波罗离开威尼斯，随一支威尼斯船队踏上了东行的旅程。当时新教皇还未产生，波罗兄弟先去取了特制圣油。等新教皇格列高利十世（Gregory X，1020—1085）即位后，他们拿到教皇给忽必烈的回信，与教皇派遣的两个教士一起东行。在路上，两名教士听说途中其他路段上爆发了战争就被吓跑了。波罗一家只好继续沿着漫长的丝绸之路，从地中海东岸阿迦城出发，穿过叙利亚、伊拉克、伊朗，翻过帕米尔高原，经过新疆的喀什、于阗、罗布泊和甘肃的敦煌，终于在1275年5月到达上都开平，向忽必烈面呈了教皇致忽必烈的信函。忽必烈隆重接待了他们。马可·波罗年轻而聪明，机敏的他很快就熟悉并习惯了蒙古生活，学会了蒙古语，并且凭借着极高的情商、极强的办事能力和极佳的口才，博得了忽必烈的信任和赞赏，很快成为他的宠臣被派往全国各地办事。

忽必烈第一次派马可外出办事的时候，马可·波罗只有21岁。马可知道首次出行意义重大，因此他用心记录沿途所见的一切人和事、各种建筑和各个地方。回来后他把旅途见闻绘声绘色地讲给忽必烈听，忽必烈非常满意。

在接下来的日子里，马可·波罗为忽必烈效力，成为朝廷重臣，被派往昆明、济南、南京、九江、镇江、常州、苏州、杭州、泉州等地采购货物，并自称在扬州任过三年总管，还出使过南洋一些国家，到过今天的缅甸和越南。从商入仕，得心应手。

在中国生活了17年之久，拥有了大量财富的马可·波罗以及他年老的父亲和叔叔越来越想念家乡。而且当时忽必烈已是77岁高龄，作为忽必烈的宠臣，他们在元廷树敌颇多。马可·波罗在回忆录里说过："每次奉使归来，报告祥明。所以大汗颇宠爱之。凡有大命，常派之前往远地，他每次皆能尽职。所以大汗尤宠之。待遇优渥，置之左右，致有侍臣数人颇妒其宠。"① 如果忽必烈驾崩，他们有可能会遇

---

① ［意］马可波罗：《马可波罗行纪》，冯承钧译，北京：东方出版社，2011年，第28页。

到意想不到的麻烦。于是马可·波罗他们多次请求回乡。"数请于大汗，并委婉致词。然大汗爱之切，欲置之左右，不许其归。"① 波罗一家只好继续留下。

机会终于来了。有一天，忽必烈的侄孙、蒙古在波斯的汗国可汗阿鲁浑派遣兀刺台、阿卜思哈、火者（前述杨志玖论文中提到的兀鲁得、阿必失呵、火者）三位使臣前来禀报，说阿鲁浑妻子去世，留下"非其族人不得袭其位为阿鲁浑妃"的遗嘱。② 阿鲁浑于是派使臣去请求忽必烈"请赐故妃卜鲁罕之族女为阿鲁浑妃"③。忽必烈便将17岁的卜鲁罕族少女阔阔真许配给他。但启程出发后，阔阔真跟三位波斯使臣在路上遇到了战争，他们只好折返。

返回后，三个使臣秘密会见了波罗一家。他们知道波罗一家都是很有声望的旅行家，有非常丰富的旅行经验，希望他们能同行。这正中波罗兄弟下怀。这次忽必烈也只好恩准，"兹不得已割爱，许他们偕使者三人护送赐妃前往。"④

1291年，马可一行人乘坐14艘大船从泉州出发。船队途径爪哇岛、苏门答腊岛、斯里兰卡岛以及印度部分地区，航行长达两年，600多个乘客死于各种事故、海上风暴和营养不良。最终，波罗一家、阔阔真和幸存的一位波斯使臣抵达了霍尔木兹。但那时阿鲁浑已经去世。后来阔阔真公主嫁给了阿鲁浑的儿子合赞。

接着，波罗一家继续踏上回威尼斯的旅途，途中他们得知忽必烈驾崩。波罗一家也就不用再回中国了。1295年冬天的一个黄昏，马可·波罗一行终于回到阔别20多年的威尼斯。

当时，威尼斯与热那亚两个城邦之间经常为争夺地中海上的贸易航线而发生海战。1298年，热那亚海军进攻威尼斯。马可·波罗作为威尼斯舰队的舰长参加了战争，与热那亚舰队激战。结果威尼斯舰队

---

① ［意］马可波罗:《马可波罗行纪》,冯承钧译,北京:东方出版社,2011年,第29页。
② ［意］马可波罗:《马可波罗行纪》,冯承钧译,北京:东方出版社,2011年,第29页。
③ ［意］马可波罗:《马可波罗行纪》,冯承钧译,北京:东方出版社,2011年,第29页。
④ ［意］马可波罗:《马可波罗行纪》,冯承钧译,北京:东方出版社,2011年,第29页。

大败，马可·波罗被俘。在热那亚人的监狱里，马可·波罗经常向人们讲起在中国的经历和见闻，引起了狱友、比萨作家鲁斯蒂恰诺的极大兴趣。鲁斯蒂恰诺曾客居法国，写过小说，精通骑士文学，用法语写了许多传奇故事，他的骑士传奇集《梅里亚杜斯》(*Meliadus*，约1270年)在意大利流传很广，影响很大。[①] 这位作家狱友就用当时流行欧洲的法语，将马可·波罗所述内容认真地记录在羊皮纸上。有些人认为，在马可的描述中可能有一些片段是鲁斯蒂恰诺自己添油加醋写上去的。同年，马可·波罗获释，他随身携带着狱中回忆录回到威尼斯。1299年《马可·波罗游记》出版，这本书也被称为《东方见闻录》，很快就被争相传阅、风靡欧洲。

1300年，马可娶了一位富商女儿为妻，生了三个女儿。自此一直在威尼斯经商，再也没有出过远门。1324年，马可·波罗因病去世，享年70岁，葬于圣劳伦佐教堂。[②]

三、《马可·波罗游记》的内容和影响力

《马可·波罗游记》共四卷，分为229章。第一卷讲述了马可·波罗等人自地中海岸到蒙古上都沿途所经之地及见闻；第二卷讲述了马可·波罗担任元朝官员，游历中国各地的经历；第三卷是他出使日本、南洋各国及非洲东部等地的情况；第四卷记录了自成吉思汗以来蒙古各王公之间的争斗以及亚洲北部各国情况。

游记内容丰富、视角独到，涉及面极广。以中国生活经历为重点，站在商人的角度和观察视点讲述中国经历，向读者呈现了东方国度的城市乡村、百姓生活、经济、商业、物产、交通、地理地貌、政治军事等，传递了元代中国社会的各种信息。马可·波罗非常自信，曾自称："无论什么种族，什么时代，从没有人看见过或观察过本书

[①] 吕同六：《意大利中世纪文学——联结古希腊罗马文学和文艺复兴的桥梁》，载陆国俊、孟庆龙编《永远的吕同六》，合肥：安徽文艺出版社，2008年，第133页。
[②] 黄时鉴：《元朝史话》，北京：北京出版社，1985年，第191页。

中所描述的如此多、如此伟大的事情。"① 若认真反复阅读,必觉此言不虚。

马可·波罗的足迹遍布北京、西安、成都、杭州、苏州、南京、镇江、福州、泉州、昆明等地。他在北京生活时间很久,印象自然很深,他用了整整两章来详述忽必烈的宫殿。从规模大小、武器贮藏、宫门设置、屋顶和房壁的金银绘画,到房屋数量、果树动物、湖山美景、壮丽大殿,美轮美奂。七百多年前的北京与今日之北京布局几乎相同:"全城中划地为方形,划线整齐,建筑屋舍。每方足以建筑大屋,连同庭院园囿而有余。……方地周围皆是美丽道路,行人由斯往来。全城地面规划有如棋盘,其美善之极,未可言宣。"②

马可眼中,作为都城的北京城车水马龙、商业发达、户口繁盛:

> 外国巨价异物及百物之输入此城者,世界诸城无能与比。盖各人自各地携物而至,或以献君主,或以献官廷,或以供此广大之城市,或以献众多之男爵骑尉,或以供屯驻附近之大军。百物输入之众,有如川流不息。仅丝一项,每日入城者计有千车。③

除了北京以外,杭州也是他回忆的重点。马可·波罗数次到过杭州,称它为"天城"和"世界最富丽名贵之城"。他记得这个美丽城市的规模和道路河渠:"据共同之说,此城周围有百哩,道路河渠颇宽展",他对城市的污水排放和空气质量等问题印象颇深:"城之位置,一面有一甘水湖,水极澄清,一面有一甚大河流。河流之水流入不少河渠,河渠大小不一,流经城内诸坊,排除一切污秽,然后注入湖中,其水然后流向海洋,由是空气甚洁。"④ 这里的"甘水湖"当指西湖,"一甚大河流"当为钱塘江。他还提到了西湖周边和湖中的具体情况:"城中有一大湖,周围广有三十哩,沿湖有极美之宫殿,

---

① 参阅杨丹:《最神秘的33个探险故事》,呼和浩特:远方出版社,2008年,第88页。
② [意]马可波罗:《马可波罗行纪》,冯承钧译,北京:东方出版社,2011年,第215页。
③ [意]马可波罗:《马可波罗行纪》,冯承钧译,北京:东方出版社,2011年,第240、241页。
④ [意]马可波罗:《马可波罗行纪》,冯承钧译,北京:东方出版社,2011年,第376页。

同壮丽之邸舍,……湖之中央有二岛,各岛有一壮丽宫室,形类帝宫。"① 另外,西湖周围"偶像教徒之庙宇甚多"。② 这样的西湖格局及景象,古今似乎并无太大不同。

他还忆及杭州民俗:"此地(杭州)之人有下述风习,若有胎儿产生,即志其出生之时生肖,由是每人知其生辰。如有一人欲旅行时,则往询星者,告以生辰,卜其是否利于出行,星者偶若答以不宜,则罢其行,待至适宜之日。人信星者之说甚笃,缘星者精于其术,常作实言也。"③ 可见中国人对生辰生肖的重视亘古不变,择日远行的风俗至今在有些农村仍然保留。

马可·波罗以一个欧洲人的异域视角观察,对杭州的城市面貌、商业、交通、民俗、服饰甚至娼妓④都有记录,有的不乏具体细节描写。

元代极重视交通网建设,陆路、海路、运河等四通八达。在游记里,旅游达人马可·波罗多次提到当时的交通情况。如驿站的设置:

> 应知有不少道路从此汗八里城首途,通达不少州郡。此道通某州,彼道通别州,由是各道即以所通某州之名为名,此事颇为合理。如从汗八里首途,经行其所取之道时,行二十五哩,使臣即见有一驿,其名曰站(lamb),一如吾人所称供给马匹之驿传也。⑤

其后的鄂多立克也提到过驿站:"因为旅客需要供应,所以他(按:大汗)叫在他的整个国土内遍设屋舍庭院作为客栈,这些屋舍叫做驿站(yam)。"⑥

马可·波罗对各地水路交通有不少记述,对桥的数量、材质、规

---

① [意]马可波罗:《马可波罗行纪》,冯承钧译,北京:东方出版社,2011年,第372页。
② [意]马可波罗:《马可波罗行纪》,冯承钧译,北京:东方出版社,2011年,第372页。
③ [意]马可波罗:《马可波罗行纪》,冯承钧译,北京:东方出版社,2011年,第373页。
④ [意]马可波罗:《马可波罗行纪》,冯承钧译,北京:东方出版社,2011年,第377页。
⑤ [意]马可波罗:《马可波罗行纪》,冯承钧译,北京:东方出版社,2011年,第250页。
⑥ [意]鄂多立克等著,何高济译:《海屯行纪 鄂多立克东游录 沙哈鲁遣使中国记》,北京:中华书局,1981年,第77页。

模等也多有提及。如苏州城"有桥六千,皆用石建,桥甚高,其下可行船,甚至两船可以并行"①。杭州则"内有一万二千石桥,桥甚高,一大舟可行其下。其桥之多,不足为异,盖此城完全建筑于水上,四周有水环之,因此遂建多桥以通往来"②。又如瓜州:

> 大汗曾将内河及湖沼连接,自此城达于汗八里,凡川与川间、湖与湖间,皆掘有大沟,其水宽而且深,如同大河,以为连接之用。由是满载之大船,可从此瓜州城航行至于汗八里大城。③

从这些描写中,我们可以想见当年元代陆路、水路网的发达程度和交通的便利程度。

作为商人的马可·波罗有着敏锐的商贸触觉,对所经之处的物产资源,如各地稀缺昂贵或有特色的物产,如黄金、香料、珍珠、宝石、麝香、丝绸、陶瓷,甚至燃料等,都作了重点关注。印度尼西亚、斯里兰卡、印度等国出产的宝石、珍珠与香料,土耳其的深红色丝织品,巴格达的珍珠,中亚的红宝石,畏兀儿的钢铁和石棉织物,以及在欧洲名贵的香料,如胡椒、肉豆蔻、丁香,以及檀香木和龙涎香等,都在他脑海里留下了深深印痕。他对麝与麝香的三处描述极为详尽。如第七十一章,马可·波罗对鹿科动物麝、麝香产地及获取麝的最佳时机、方法等做了如下描述:

> 此地有世界最良之麝香,请言其出产之法如下:此地有一种野兽,形如羚羊,蹄尾类羚羊,毛类鹿而较粗,头无角,口有四牙,上下各二,长三指,薄而不厚,上牙下垂,下牙上峙。兽形甚美。取麝之法如下,捕得此兽以后,割其脐下之血袋。袋处皮肉之间,连皮割下,其中之血即是麝香。其味甚浓,此地所产此兽无算。④

---

① [意]马可波罗:《马可波罗行纪》,冯承钧译,北京:东方出版社,2011年,第368页。
② [意]马可波罗:《马可波罗行纪》,冯承钧译,北京:东方出版社,2011年,第371页。
③ [意]马可波罗:《马可波罗行纪》,冯承钧译,北京:东方出版社,2011年,第362页。
④ [意]马可波罗:《马可波罗行纪》,冯承钧译,北京:东方出版社,2011年,第167、168页。

据说，马可还带了麝的头和足回威尼斯。"其肉可食，味甚佳。马可阁下曾将此兽之头足携回物搦齐亚（按：威尼斯）。"① 在第一一四章，他再次提到吐蕃州的麝香：

  此种产麝香之兽甚众，其味散布全境，盖每月产麝一次。前次（七十一章）已曾言及此兽，脐旁有一胞，满盛血，每月胞满血出，是为麝香。此种地带有此类动物甚众，麝味多处可以嗅觉。②

在第一一六章中，他在谈到建都州（Caindu），即今四川西昌建昌时又一次提及该地境内有许多产麝之兽，所以出产很多麝香。也许因为此地偏僻而且有盐湖，所以有"以盐为币"廉价购买麝香的习俗。他解释道："诸地距城较远而不能常售其黄金及麝香等物者，盐块价值愈重，纵得此价，采金人亦能获利，盖其在川湖可获多金也。"③

中国是世界上最早发明养蚕、缫丝、织绸和印染的国家，包括涿州在内的很多北方地区也盛产丝绸，丝绸是对外贸易中规模最大、价值最高、最负盛名的传统产品，曾经有着硬通货的地位。马可·波罗显然对这丝绸之路上最大宗的商品倍加重视。每到一个地方，如果了解到该地产丝，他几乎都会提及。如涿州、高邮、南京、襄阳、镇江、苏州和杭州等地的丝绸及其特色都在他的回忆录里有所体现。如涿州"织造金锦丝绢及最美之罗"④，高邮宝应县"有丝甚饶，用织金锦丝绢，种类多而美"⑤，南京"有丝甚饶，以织极美金锦及种种绸绢"⑥，襄阳"产丝多，而以制造美丽织物，亦有野味甚众"⑦，镇

---

① ［意］马可波罗：《马可波罗行纪》，冯承钧译，北京：东方出版社，2011年，第168页。
② ［意］马可波罗：《马可波罗行纪》，冯承钧译，北京：东方出版社，2011年，第288页。
③ ［意］马可波罗：《马可波罗行纪》，冯承钧译，北京：东方出版社，2011年，第294页。
④ ［意］马可波罗：《马可波罗行纪》，冯承钧译，北京：东方出版社，2011年，第268页。
⑤ ［意］马可波罗：《马可波罗行纪》，冯承钧译，北京：东方出版社，2011年，第348页。
⑥ ［意］马可波罗：《马可波罗行纪》，冯承钧译，北京：东方出版社，2011年，第353页。
⑦ ［意］马可波罗：《马可波罗行纪》，冯承钧译，北京：东方出版社，2011年，第355页。

江"产丝多,以织数种金锦丝绢,所以见有富商大贾"①,苏州"产丝甚饶,以织金锦及其他织物"②,杭州"多衣丝绸,盖行在全境产丝甚饶,而商贾由他州输入之数尤难胜计"③。

陶瓷是丝绸之路上另一大宗贸易品类,甚至因此丝绸之路也被称为"瓷器之路",是当时中国出口的特色物产之一。马可·波罗在第一五六章刺桐城里说道:"并知刺桐城附近有一别城,名称迪云州(Tiunguy),制造碗及磁器,既多且美。"他对刺桐港亭州城(按:即前文迪云州)的瓷器制作步骤及价格有较为详细的回忆:"制磁之法,先在石矿取一种土,暴之风雨太阳之下三四十年。其土在此时间中成为细土,然后可造上述器皿,上加以色,随意所欲,旋置窑中烧之。先人积土,只有子侄可用。此城之中磁市甚多,物搦齐亚钱一枚,不难购取八盘。"④ 根据当代英国陶瓷史家埃德蒙·德瓦尔的考证,这是西方文献中第一次提到瓷器及其制作过程。

在云南时,他注意到了黄金:"此地亦产金块甚饶,川湖及山中有之,块大逾常,产金之多,致于交易时每金一两值银六两。"⑤

对中国人用山里开采的石炭作为燃料,他也有很深的印象:

> 契丹全境之中,有一种黑石,采自山中,如同脉络,燃烧与薪无异。其火候且较薪为优,盖若夜间燃火,次晨不息。其质优良,致使全境不燃他物。所产木材固多,然不燃烧。盖石之火力足,而其价亦贱于木也。⑥

马可·波罗对于中国人食物的说法符合元代中国人以米、黍、粟为主食而不吃面包的事实。

---

① [意]马可波罗:《马可波罗行纪》,冯承钧译,北京:东方出版社,2011年,第364页。
② [意]马可波罗:《马可波罗行纪》,冯承钧译,北京:东方出版社,2011年,第368页。
③ [意]马可波罗:《马可波罗行纪》,冯承钧译,北京:东方出版社,2011年,第378页。
④ [意]马可波罗:《马可波罗行纪》,冯承钧译,北京:东方出版社,2011年,第394、395页。
⑤ [意]马可波罗:《马可波罗行纪》,冯承钧译,北京:东方出版社,2011年,第300页。
⑥ [意]马可波罗:《马可波罗行纪》,冯承钧译,北京:东方出版社,2011年,第259页。

至若食粮，彼等甚为丰足，盖其主要食物为米稷粟，尤以在鞑靼、契丹、蛮子境内为甚。其处田亩种植此三种谷食，每一容量（setier）足以收获百倍。此种民族不识面包，仅将其谷连同乳或肉煮食，其处小麦产额则不如是之丰，收获小麦者仅制成饼面而食。①

纸币是中国最重要的发明之一。汉代有白鹿皮币，唐代用飞钱，宋朝使用"交子"，元朝继续了纸币制度。马可·波罗作为商人对此自然十分敏感。他描述了汗八里的造币局及造纸材料，并能说出大致的制作过程：

在此汗八里城中，有大汗之造币局，观其制设，得谓大汗专有方士之点金术，缘其制造如下所言之一种货币也。此币用树皮作之，树即蚕食其叶作丝之桑树。……人取树干及外面粗皮间之白细皮，旋以此薄如纸之皮制成黑色，纸既造成，裁为下式。②

他回忆里使用纸币的有泰州、南京、襄阳、镇巢军城、新州、临州、西州、镇江、行在、刺桐、高邮、宝应等诸多城市。纸币使用的广泛性、强制性和便捷性给他留下了深刻的印象。他说：

凡州郡国土及君主所辖之地莫不通用。臣民位置虽高，不敢拒绝使用，盖拒用者罪至死也。兹敢为君等言者，各人皆乐用此币，盖大汗国中商人所至之处，用此纸币以给费用，以购商物，以取其售物之售价，竟与纯金无别。其量甚轻，致使值十金钱者，其重不逾金钱一枚。③

马可·波罗接着又细致地描述了纸币的规格大小及币值等情况，并揭示了纸币的本质："由是君主每年购取贵重物品颇多，而其帑藏

---

① ［意］马可波罗：《马可波罗行纪》，冯承钧译，北京：东方出版社，2011年，第252页。
② ［意］马可波罗：《马可波罗行纪》，冯承钧译，北京：东方出版社，2011年，第243页。
③ ［意］马可波罗：《马可波罗行纪》，冯承钧译，北京：东方出版社，2011年，第243页。

不竭,盖其用此不费一钱之纸币给付也……大汗用此法据有所属诸国之一切宝藏。"① 因而马可·波罗形象地称之为大汗的"点金术"。这与鄂多立克在分析忽必烈如何维持他穷奢极侈的生活有相同之处:"因为在他整个国土内使用的,不过是当作金钱流通的纸钞,同时有无穷的财富到他手里。"②

另外,马可·波罗对元代政治、军事、法律等方面的情况也均有所忆及。如第七九章《大汗之诛乃颜》里对乃颜处死之事记得颇为具体:

大汗知乃颜被擒,甚喜。命立处死,勿使人见,盖虑其为同族,恐见之悯而宥其死也。遂将其密裹于一毡中,往来拖曳,以至于死。盖大汗不欲天空、土地、太阳见帝族之血,故处死之法如此。③

由于内容新奇、引人入胜,该游记面世后即广为流传。15 世纪该书在整个欧洲流行,16 世纪人们很容易就能买到捷克文、丹麦文、爱尔兰文等各种欧洲语言译本。16 世纪意大利著名学者、编辑赖麦锡（Giambattista Ramusio,1485—1557）称在 1299 年马可·波罗完成《游记》后的几个月之后,意大利境内已到处有人在读了。④ 1991 年,我国著名翻译家吕同六先生就做过统计,指出该书面世以来,全世界已有近 300 种手抄本和译本,各国学者作了大量的整理、研究工作,还有专门的研究机构。在我国,1874 年介绍《马可·波罗游记》的文章第一次发表,1913 年《马可·波罗游记》第一个译本出版,国内学者对马可·波罗的一些重要的或者有争议的问题的研究取得了令

---

① [意]马可波罗:《马可波罗行纪》,冯承钧译,北京:东方出版社,2011 年,第 244 页。
② [意]鄂多立克等著,何高济译:《海屯行纪 鄂多立克东游录 沙哈鲁遣使中国记》,北京:中华书局,1981 年,第 80 页。
③ [意]马可波罗:《马可波罗行纪》,冯承钧译,北京:东方出版社,2011 年,第 194 页。
④ 参阅徐淦:《"中"为"洋"用:中国美术对西方的影响》,载张祖英主编《新时期中国油画论文集 1976—2005》,广州:岭南美术出版社,2005 年,第 132 页。

人可喜的成绩。① 可以说,这本书的读者和研究者之多、影响力之巨大是世界上许多著作都难以望其项背的。

国外很多学者也对该书评价极高。英国学者莫里斯·科利思(Maurice Collis,1889—1973)高度评价了《马可·波罗游记》对欧洲的启蒙价值:"这不是一部单纯的游记,而是启蒙式作品,对于闭塞的欧洲人来说,无异是振聋发聩,为欧洲人展示了全新的知识领域和视野,这本书的意义在于它导致了欧洲人文科学的广泛复兴。"② 美国作家拉塞尔·弗里德曼(Russell Freedman)认为,《马可·波罗游记》让欧洲人开眼看到了从前一无所知的一种文明。③ 吕同六先生认为该书在巨大的真实性中蕴含着不可思议的美妙,历史文献的朴实与传奇般的魅力融为一体。不仅具有历史价值,是研究中古时代中国和亚洲的政治社会生活和东西方关系史的一部珍贵的历史文献,而且也是一部真切有趣的文艺作品,在中世纪文学史上也占有重要的地位。鉴于此,他将《马可·波罗游记》定义为"中国和西方、中国和意大利友好交往史上的一座高大的纪念碑"④。

确实,不能把《马可·波罗游记》仅仅作为普通游记作品来看,它的价值是多元的。

第一,它在很大程度上拓宽了欧洲人的视野,向欧洲人展示了较为正面的中国形象。游记对中国及亚洲一些国家和民族的政治、经济、地理、宗教信仰、风俗习惯及奇闻逸事等作了生动描绘。很多描述,欧洲人闻所未闻,更遑论曾亲眼所见,难怪很多人根本不相信马可·波罗所说的是真人真事。但无论如何,这些记述确实使欧洲人大大提高和拓展了对中国及周边国家地区的认识。

---

① 吕同六:《"马可·波罗国际学术讨论会"开幕词》,载陆国俊、孟庆龙编《永远的吕同六》,合肥:安徽文艺出版社,2008年,第387页。
② 参阅宋兴无:《当代西方文化概论》,长春:吉林大学出版社,2007年,第127页。
③ [美]斯蒂芬尼·多伊奇:《〈马可·波罗历险记〉书评》,《纽约时报》2007年1月14日。
④ 吕同六:《"马可·波罗国际学术讨论会"开幕词》,载陆国俊、孟庆龙编《永远的吕同六》,合肥:安徽文艺出版社,2008年,第387页。

第二,《马可·波罗游记》对世界文明史的发展起到了间接而重要的影响。游记里对东方世界的美化,激发了欧洲人的好奇心和财富欲望。有的读者付诸行动,成就了一番伟业。其中最著名的当属意大利人哥伦布。据说,他在阅读该书后,对游记中展示的东方国家文明富裕的形象产生了极大的兴趣,他游说西班牙国王支持他去航海探险,结果偏离航向,无意中发现了美洲新大陆,开辟了人类文明新纪元。马可·波罗的直系第 26 代重孙女说:"哥伦布就是阅读《游记》之后,才产生从另一个方向寻找去中国旅行路线的计划,使用的第一张地图就是根据《游记》的描述绘制的。"① 在致西班牙国王的信中,哥伦布这样写道:"无论如何,我是要去大陆的。我要到杭州,把陛下的国书呈给大汗,并且还要取到复信返回。"② 根据张至善教授实地考证,目前在西班牙塞维利亚市的哥伦布图书馆(Bibliotheca Columbina in Seville)中,仍存有一本 1485 年版的拉丁文《马可·波罗游记》。书上有多达 264 处(共 475 行)边注和批语。据考证,里面有一部分是哥伦布的笔迹。③

除了哥伦布以外,《马可·波罗游记》也影响了当时及后世的很多航海家、旅行家和探险家。葡萄牙的迪亚士、达·伽马、鄂本笃(Bento de Goes,1562—1607)和麦哲伦,英国的京生(Anthony Jenkinson,1529—1610)、弗朗西斯·德雷克爵士(Sir Francis Drake,1540—1596),意大利的亚美利哥·维斯普奇(Amerigo Vespucci,1454—1512)和乔瓦尼·卡博托(Giovanni Caboto,1450—约 1499)等,他们都是在读了这本游记之后,从中得到巨大的精神鼓舞和启示,引发了他们远行的信心和热情。他们以该书为行动指引,从而开始了 15 世纪以来的地理大探索,整个 16 世纪则成为人类历史上最为辉煌的地理大发现的百年。直到 20 世纪,世界著名考古学家和探险

---

① 参阅李希光:《找回中国昨日辉煌》,北京:国际文化出版公司,1996 年,第 414 页。
② 参阅沈定平:《明清之际中西文化交流史》,北京:商务印书馆,2001 年,第 54 页。
③ 张至善:《哥伦布与中国》,载黄邦和等编《通向现代世界的 500 年:哥伦布以来东西两半球汇合的世界影响》,北京:北京大学出版社,1994 年,第 359 页。

家斯坦因在沙漠中还将该游记作为少数的参考书之一。

第三,《马可·波罗游记》对世界地理学的发展也起到了极大的推动作用。它大大丰富了欧洲人的地理知识,拓展了当时欧洲人的地理视野,打破了中世纪宗教谬论和传统的"天圆地方"说。绘于1375年、有"中世纪最有科学价值的地图"之称的西班牙喀塔兰大地图,其中亚和东亚部分即依据马可·波罗的记述绘制而成。其后许多欧洲人绘制的地图也都参考了这部游记。

第四,马可·波罗的游记在欧洲文学、戏剧、绘画、音乐等诸多领域的影响也不可低估。朱谦之指出:"《马哥波罗游记》在给文艺复兴期以一定程度的物质的影响外,更供给欧洲的文学界、科学界以许多丰富的中国题材。……此外即在绘画和美术工艺上面,文艺复兴亦确曾受了中国的影响。"[1]

在文学和戏剧方面,《马可·波罗游记》所产生的影响力不可小觑。一方面,《马可·波罗游记》本身就具有很高的文学价值。马可·波罗有极强的记忆力和表达能力,他自述在大汗麾下任职外务,"奉使归来,谒见大汗,详细报告其奉使之事,言其如何处理一切,复次详述其奉使中之见闻。大汗及其左右闻之咸惊异不已,皆说此青年人将必为博识大才之人"[2],可见他的讲述多么引人入胜。鲁斯蒂恰诺则善于写作,两人合作属于强强联手,使得该书条理清晰、语言生动。另一方面,它给欧洲文学界提供了大量令人耳目一新的东方元素。朱谦之指出:"《游记》中所述之人名及契丹、汗八里之类,在文艺复兴的重要作家里面时常发现。"[3] 这里仅略举几例:意大利文艺复兴运动的先驱、杰出的人文主义者乔瓦尼·薄伽丘(Giovanni Boccaccio,1312—1375)在他被称为"人生百面图"的现实主义小说《十日谈》(*Decameron*)中所描写的宽宏大度和舍己救人的那坦,就是契丹国的一个贵族。意大利文艺复兴时期的宫廷诗人菩雅多(Matteo

---

[1] 朱谦之:《中国哲学对于欧洲的影响》,福州:福建人民出版社,1985年,第26页。
[2] [意]马可波罗:《马可波罗行纪》,冯承钧译,北京:东方出版社,2011年,第28页。
[3] 朱谦之:《中国哲学对于欧洲的影响》,福州:福建人民出版社,1985年,第26页。

Maria Boiardo，1440—1494）在其诗作《恋爱的奥兰多》(Orlando Innarmorato) 中所塑造的英雄形象罗兰，其爱恋的安格莉卡就是契丹的一个女王，这可能是欧洲文学中最早的东方公主形象之一。意大利诗人阿利俄斯托（Lodovico Ariosto，1474—1533）的作品《疯狂的奥兰多》(Orlando Furioso) 也取材于契丹女王安格莉卡和奥兰多的恋爱，也体现出作者对中国文化的向往。英国戏剧家莎士比亚（William Shakespeare，1564—1616）在其1601年及1602年的名剧《温莎的风流娘儿们》(The Merry Wives of Windsor) 和《第十二夜》(Twelfth Night) 中出现了带有贬义色彩的"契丹人"（Cataian）一词。1605年，他在《一报还一报》(Measure of Measure) 中说到上好餐具时直接提到了 China（中国）一词。英国戏剧家艾尔卡纳·塞特尔（Elkanah Settle，1648—1724）在1674年公演的戏剧《中国之征服》(The Conquest of China) 中，第一次出现了中国民间女英雄的形象，剧中题材则部分取材于意大利传教士卫匡国（Martino Martini，1614—1661）的《鞑靼战纪》。1802年，德国戏剧家席勒（Johann Christoph Friedrich von Schiller，1759—1805）的《图兰朵》出现了中国公主的形象。

再从绘画艺术的角度观察，我们也可以发现，《马可·波罗游记》对欧洲许多画家也产生了一定的影响。随着该游记的广泛传播，一些中国元素也开始渗透进了欧洲绘画和工艺美术等领域。美术界有学者指出："意大利13至15世纪的绘画，至少是受到中国游记中详尽细节的影响，或者受在意大利的东方奴隶形象的影响，开始越来越现实主义地描绘东方人形象，显然是蒙古人和中国人的形象也越来越多地在他们的作品中出现。"[①] 这种说法或许可从意大利文艺复兴时期的开创者，有"欧洲绘画之父"美誉的乔托（Giotto di Bondone，1266—1337）以及杜乔（Duccio di Buoninsegna，1255—1319）等画家的作品中得到印证。也有学者从中西文化比较的角度观察到达·芬奇的《蒙娜丽莎》(Mona Lisa) 画作中作为人物背景的幽深风景，与

---

① 徐沚：《"中"为"洋"用：中国美术对西方的影响》，载张祖英主编《新时期中国油画论文集1976—2005》，广州：岭南美术出版社，2005年，第132页。

中国古代山水画有一定的相似之处。

第五,《马可·波罗游记》也为研究中国、蒙古国和中亚等国家和地区的历史学、地理学提供了重要的史料。如马可·波罗对当时上述国家和地区的经济、金融、民族矛盾、战争、宗教信仰及一些历史事件等的描述,以及对一些地形地貌、物产的描写等,不仅有助于普通读者了解当时的社会生活各方面状况,同时也给各领域的学者们提供了宝贵的研究资料。

当然,不可否认的是,马可·波罗跋涉万里来到中国的动力主要还是来自他对物质财富的追求和向往。作为一个文化程度不高的商人,他对物质层面的追求和关注显然强于精神层面,能引起他兴趣的大多是奇闻异事以及丰美的物产、便利的交通等物质化的事物,因此他眼里的中国形象被赋予了浓厚的物质化色彩。直到16世纪末17世纪初罗明坚(Michele Ruggieri,1543—1607)、利玛窦等具有较高文化素养的传教士们,才给西方人带去更多关于中国的精神文化方面的信息。

学者张国刚评价道:"西方人之了解东方,了解中国,马可·波罗功不可没。这位威尼斯人关于东方见闻的绘声绘色的描述,使欧罗巴人将信将疑之际,生出无限幻想。"[①] 的确,马可·波罗作为东西方文化交流史上的先行开拓者和里程碑式的人物,无疑历史性地打开了东西方文化交流的大门,使东西方文明深度对话成为可能,哺育了在汉学研究史上具有重要影响的一大批后来者。让西方了解东方,让西方的冒险家对中国产生好奇和幻想,在世界历史上还具有一个特别的意义,就是催生了航海史上的新时代。

第四节 孟高维诺大都传教

1247年孟高维诺出生于意大利南部萨勒莫省(Salemo)。跟柏朗

[①] 张国刚:《德国的汉学研究》,北京:中华书局,1994年,第3页。

嘉宾一样，他也是一位方济各会修士。1289年他受教皇尼古拉斯四世（Nicholas IV，1288—1292在位）之命，带着教皇玺书，取海路先到达波斯，结束了他在波斯的教务工作，然后经印度、马六甲海峡，登陆广州，于1293年乘船至扬州，然后沿着大运河北上，1294年抵达元大都。他受到元成宗铁穆耳的高规格接见，并被批准在元大都自由传教。他在元大都相继建起了两座天主教堂，发展了六千余名信徒。1307年罗马教皇克莱孟五世（Pope Clemente V，1305—1314在位）得知他在元大都传教所取得的成就，大为欣喜，特设汗八里总主教区，任命孟高维诺为总主教，统辖契丹（北部中国）和蛮子国（南部中国）的教务，同时增派7名方济各会传教士前去协助孟高维诺。1325年，后文将提到的意大利方济各会修士鄂多立克也到达北京，并协助孟高维诺管理教会事务。1328年，鄂多立克离开北京回意大利，不久后孟高维诺在大都去世，享年81岁。

在长达35年的中国生活期间，孟高维诺向罗马寄去了许多报告他传教活动的信件，现仅存三封。苏联著名历史地理学家约·彼·马吉多维奇（J. P. Magidovich，1889—1976）认为："从地理学观点来看，这些信件索然无味，不如他从南印度发出的信件。"① 但其留传的第二、三封信从汉学史的角度看，价值就不同了。比如，1305年1月8日从汗八里发出的信件，报告了他在契丹传教并在都城修建教堂和领洗等具体事务。其中末段有关于元代中国土地人口的描述："我相信在土地之广、人口之众、财富之巨等方面，世界上没有一个国王或君主能与大汗陛下比拟的。"② 1306年2月13日，他又致信罗马，信中再次强调大汗国疆域之广阔："关于东方人的地区，特别是大汗的帝国，我可以断言，世界上没有比它更大的国家了。"③ 他还特别指出京城里有异教的各个宗派，"在这些地区有许多敬拜邪神的教派，各

---

① ［苏］约·彼·马吉多维奇：《世界探险史》，海口：海南出版社，2006年，第72页。
② ［英］道森编：《出使蒙古记》，吕浦译，周良霄注，北京：中国社会科学出版社，1983年，第265页。
③ ［英］道森编：《出使蒙古记》，吕浦译，周良霄注，北京：中国社会科学出版社，1983年，第265页。

派有不同的信仰。也有不同种类的僧侣,各有不同的习尚。他们在遵守教规方面要比拉丁修士严格得多。"① 这些都是孟高维诺对于中国的一些粗略印象。相较而言,孟高维诺对于中国情况的介绍,无论是涉及范围还是影响力,都远远比不上柏朗嘉宾和鄂多立克。但这些关于中国的点滴信息,在意大利早期汉学史上仍然是极为珍贵的。

第五节　鄂多立克东游

在马可·波罗离开中国二十多年后,另一名意大利人从威尼斯出发,长途跋涉来中国。他就是元代最著名的东方传教士、中世纪大旅行家之一的方济各会修士鄂多立克。

鄂多立克,中文名又叫和德理,1286年出生于意大利东北部弗里乌黎区(Friuli)波代诺内市(Pordenone)的一个军人家庭,父母都是虔诚的天主教徒。他年幼时常听父亲讲起中国军队勇敢作战的故事,在这样的家庭环境熏陶下,他慢慢对中国产生了强烈的向往之情。年轻时他就皈依了方济各会,在威尼斯东北部的乌迪内方济各会僧院修道,成

鄂多立克

为灰衣修士,终年赤脚褐衣、面包白水,以苦行著称。为了实现到中国旅行的目标,出发前几年他就开始有意识地从生活、语言、意志等各方面训练自己。② 1316 年,鄂多立克从威尼斯启程开始东游。他先渡过黑海到达土耳其的特拉比松、伊朗的大不里士等地,然后经设拉

---

① [英]道森编:《出使蒙古记》,吕浦译,周良霄注,北京:中国社会科学出版社,1983年,第 267 页。

② 参阅朱培初:《元代宫廷意大利传教士和德理》,载《紫禁城》1987 年第 5 期。

子或库尔德斯坦到达巴格达，再从波斯湾乘船经过印度、斯里兰卡、苏门答腊岛和越南，最后于1322年在广州上岸。与马可·波罗来中国不同，他走的是一条海路。在游历了泉州、福州、明州、杭州、金陵等地之后，他从扬州沿大运河北上，1325年到达元大都（北京），整个行程历时九年之久。彼时，主教孟高维诺已经在汗八里主持教务工作多年，他安排鄂多立克在教会里担任教职，协助他管理教会事务。三年之后的1328年鄂多立克启程回意大利。他途经天德（今河套）、陕西、甘肃等地，取道拉萨，穿越波斯、阿拉伯等地区，终于在1330年5月回到了威尼斯附近的帕多瓦。他想去拜访罗马教皇，希望获得他的支持，带领50名僧侣再出发。但到达中西部城市比萨（Pisa）时，他得了重病，只好回到家乡。① 他生命的最后阶段是在病榻上度过的。病中他口述了东行游历传教的整个过程，他的教会朋友威廉为他的回忆作了记录和整理，写成著名的《鄂多立克东游录》（以下简称《东游录》）。1331年1月14日，鄂多立克在乌迪内修道院去世，年仅45岁。

《东游录》有很多抄本，藏于欧洲各国的拉丁、意、法、德等各种语言的抄本多达70余种。1889年留学意大利那不勒斯中华书院的中国神父郭栋臣（1846—1923）曾将鄂多立克《东游录》翻译为中文，书名叫《真福和德理传》，由武昌崇正书院刊行，后由香港杂志《公教报》重印。大陆目前能看到的多为我国翻译家何高济根据英国汉学家玉尔英译本翻译的中文版本。玉尔的英译本则是从法国国立图书馆的一个重要拉丁语藏本翻译而来。②

鄂多立克到过中国很多地方，留下了许多珍贵资料。他在书中生动描述了元代中国各地的社会状况和风土人情，内容涉及地理、历史、经济、宗教、百姓生活等诸多方面。

---

① ［意］鄂多立克等著，何高济译：《海屯行纪 鄂多立克东游录 沙哈鲁遣使中国记》，北京：中华书局，1981年，第89页。
② ［意］鄂多立克等著，何高济译：《海屯行纪 鄂多立克东游录 沙哈鲁遣使中国记》，北京：中华书局，1981年，第30页。

他是从广州登陆的。广州当时被称为辛迦兰（Censcalan），这一发音源于阿拉伯语 Sinkalan 或 Sinikalan。在他的回忆里，广州人口密集、经济繁荣、物价便宜。他说整个意大利都没有广州城的船只多，广州有数量极其庞大的船舶，多到有人几乎无法相信。① 在那里还有一个令他十分吃惊的食蛇风俗："这些蛇（很有香味并且）作为如此时髦的盘肴，以致如请人赴宴而桌上无蛇，那客人会认为一无所得。"② 看来广州人食蛇风俗古已有之。离开广州后他到了被他称为"刺桐（Zayton）"的泉州。当时泉州已经有一些基督教徒，不过根据鄂多立克的描写，当时佛教（大乘佛教）和伊斯兰教在泉州更为兴盛。他访问了当地的一所寺院，看到这样的景象：

> 我在那里访问的一所寺院有三千和尚和一万二千尊偶像。其中一尊偶像，看来较其他的为小，大如圣克里斯多芬像。我在供奉偶像的时刻到那儿去，好亲眼看看；其方式是这样：所有供食的盘碟都冒热气，以致蒸气上升到偶像的脸上，而他们认为这是偶像的食品。但所有别的东西他们留给自己并且狼吞虎咽掉。在这样做后，他们认为已很好地供养了他们的神。③

从这段描写中我们可以看出鄂多立克对于中国的拜神祭祖习俗是惊讶而疑惑的。在这个他认为是"世上最好的地方之一"的泉州，他把从塔纳带过来的为基督教信仰而殉教的四个同会僧侣的骨骸寄放在了方济各会修士处。

接着他东行抵达福州（Fuzo）。在那里，他看到了世上最大的公鸡，还有雪白的无羽母鸡。他在那里目睹了很多奇异的事情，比如一座大山的一侧，所有动物都是黑的，而另一侧，所有动物都是白的，

---

① [意]鄂多立克等著,何高济译:《海屯行纪 鄂多立克东游录 沙哈鲁遣使中国记》,北京:中华书局,1981年,第64页。
② [意]鄂多立克等著,何高济译:《海屯行纪 鄂多立克东游录 沙哈鲁遣使中国记》,北京:中华书局,1981年,第65页。
③ [意]鄂多立克等著,何高济译:《海屯行纪 鄂多立克东游录 沙哈鲁遣使中国记》,北京:中华书局,1981年,第65页。

那里的男人和女人的生活方式也极为奇特。① 然后他经过 18 天的旅行，来到一条大河前，居住在白沙（Belsa）城。游记中译者何高济先生猜测该大河为钱塘江，白沙当在浙江。笔者从鄂多立克北行路线和距离及当地的捕鱼方式（用水禽，可能是鸬鹚）推测，白沙有可能是离福州三百多千米的浙江温州白沙。

从白沙出发，他到达了杭州。跟马可·波罗一样，对 Cansay 这个他眼里"世上最大的城市"，鄂多立克着笔颇多。他回忆道：

> 它是全世界最大的城市，（确实大到我简直不敢谈它，若不是我在威尼斯遇见很多曾到过那里的人）。它四周足有百英里，其中无寸地不住满人。那里有很多客栈，每栈内设十或十二间房屋。也有大郊区，其人口甚至比该城本身的还多。城开十二座大门，而从每座门，城镇都伸延八英里左右远，每个都较威尼斯或帕都亚为大。所以你可在其中一个郊区一直旅行六、七天，而看来仅走了很少一段路。②

这一段话不仅介绍了杭州的城市、郊区规模、客栈房屋、城门数量等信息，更重要的是他透露了曾在威尼斯遇到过很多曾到过杭州的人。可见那时候除了马可·波罗以外，还有不少欧洲人到过杭州。

也许杭州河流纵横、水网密布，勾起了他对威尼斯的怀念，在忆及杭州时，他常常将之与威尼斯相比，如"此城位于静水的礁石上，象威尼斯一样（有运河）……城旁流过一条河，城在河旁就像波河（Po）畔费腊腊（Ferrara）之建设，因为它的长度胜过它的宽度"。③

鄂多立克在杭州遇到了一个在方济各会修士影响下皈依天主教的

---

① ［意］鄂多立克等著，何高济译：《海屯行纪 鄂多立克东游录 沙哈鲁遣使中国记》，北京：中华书局，1981 年，第 66 页。
② ［意］鄂多立克等著，何高济译：《海屯行纪 鄂多立克东游录 沙哈鲁遣使中国记》，北京：中华书局，1981 年，第 67 页。
③ ［意］鄂多立克等著，何高济译：《海屯行纪 鄂多立克东游录 沙哈鲁遣使中国记》，北京：中华书局，1981 年，第 67 页。

官员，他以"阿爹（Atha）"称呼鄂多立克，并邀其至家中盛情款待。在他的陪同下，鄂多立克参观了杭州百姓常去的一座大寺庙。在那里，一个和尚遵照官员之嘱为鄂多立克演示了怎么喂养动物。他取了两个盛满剩菜的桶，敲锣引成千上万的动物下山来吃。猿、猴及其他很多面孔似人的动物，多达三千左右，按顺序围着和尚站好位置。喂食完动物，和尚敲锣，野兽就退回山上。鄂多立克开心大笑，还与和尚进行了一番"灵魂"之辩。不过，谁也没有说服谁。① 无论怎样，在鄂多立克的眼里，杭州仍然"是世上所有最大和最高贵的城市，并且是最好的通商地"②。

从杭州出发六天后，他抵达金陵（Chilenfu），也就是今天的南京。他看到了"世上最大的河流"——塔剌伊河（Talay，即长江）和河里"大量使人叹为奇观的船只"③。沿河北上即到达扬州，在那里也有他们同派的传教士。他记录了扬州人在专门旅舍设宴招待客人的风俗。然后他从长江口出发，到了明州（MENZU），看到明州港内大船云集。明州可能就是现在的宁波，唐开元二十六年，即公元738年，由境内的四明山而得名。后来随着中国经济重心南移，该地对外贸易发达，与泉州一样成为重要港口。明洪武十四年，即公元1381年，为避国号讳，取"海定而波宁"之意，明州正式改名为宁波。鄂多立克如果晚五六十年游历此地，他的游记里也许就不会出现MENZU这个地名了。不过，宁波地处杭州以南，很可能是鄂多立克记忆有误。因为他是在病榻上根据回忆口述，记忆混乱甚至错讹之处在所难免。何高济先生在中译本前言就说过鄂多立克口述于病榻，由人笔

---

① ［意］鄂多立克等著，何高济译：《海屯行纪 鄂多立克东游录 沙哈鲁遣使中国记》，北京：中华书局，1981年，第69页。
② ［意］鄂多立克等著，何高济译：《海屯行纪 鄂多立克东游录 沙哈鲁遣使中国记》，北京：中华书局，1981年，第69页。
③ ［意］鄂多立克等著，何高济译：《海屯行纪 鄂多立克东游录 沙哈鲁遣使中国记》，北京：中华书局，1981年，第70页。

录而成游记，因此有些地方记忆不清，次序凌乱。①

在鄂多立克的记忆里，印象最深的是明州的船，数量比广州的还多：

> 此城的船只恐怕比世上任何其他城的都要好要多。船身白如雪，用石灰涂刷。船上有厅室和旅舍，以及其他设施，尽可能地美观和整洁。确实，当你听闻，乃至眼见那些地区的大量船舶时，有些事简直难以置信。②

从这些描述中我们可以大略了解到该港口船只数量多、外观美、功能全，可见该港口早在元代海运就非常发达。

沿着大运河往北，他经过索家马头（Sunzumatu）（发音与《马可·波罗游记》中的 Singiumatu 相近），何高济先生认为可能是今河北沧州。历史上沧州曾是京杭大运河的重要港口、丝绸之路的贸易起点。鄂多立克说那是重要的丝绸市场，也许比世上任何其他地方都生产更多的丝，因为那里的丝在最贵时，也很便宜。那里还有大量各类商货等。③

最后他终于到达汗八里。在北京他停留的时间最长，至少生活了三年时间。其间他受主教孟高维诺赏识，担任教会教职，协助管理教会事务，并应邀参加了一些宫廷活动。因此他对元朝的行政建制、典章礼仪、宫殿建筑、狩猎活动、驿站制度等情况都比较熟悉。

在他的回忆里，"大汗"的宫殿规模大而壮丽：

> 大汗在这里有他的驻地，并有一座大宫殿，城墙周长约四英里。其中尚有许多其他的壮丽宫殿。（因为在大宫殿的墙内，有

---

① ［意］鄂多立克等著，何高济译：《海屯行纪 鄂多立克东游录 沙哈鲁遣使中国记》，北京：中华书局，1981年，第27页。
② ［意］鄂多立克等著，何高济译：《海屯行纪 鄂多立克东游录 沙哈鲁遣使中国记》，北京：中华书局，1981年，第71页。
③ ［意］鄂多立克等著，何高济译：《海屯行纪 鄂多立克东游录 沙哈鲁遣使中国记》，北京：中华书局，1981年，第72页。

第二层围墙,其间的距离约为一箭之遥,而在两墙之间则有着他的库藏和他所有的奴隶;同时大汗及他的家人住在内层,他们极多,有许多子女、女婿、孙儿孙女;以及众多的妻妾、参谋、书记和仆人,使四英里范围内的整个宫殿都住满了人。)

大官墙内,堆起一座小山,其上筑有另一宫殿,系全世界之最美者。此山遍植树,故此名为绿山。山旁凿有一池(方圆超过一英里),上跨一极美之桥。池中有无数野鹅、鸭子和天鹅,使人惊叹;所以君王想游乐时无需离家。宫墙内还有布满各种野兽的丛林;因之他能随意行猎,再不要离开该地。①

他回忆曾多次受忽必烈重孙元泰定帝也孙铁木儿的接见(也孙铁木儿于1323年10月4日至1328年8月15日在位)。也许在他心里,这是常人不可多得的无上荣耀。看得出来他对当时的情景记忆犹新,仿佛历历在目:

当大汗登上宝座时,皇后坐在他的左手;矮一级坐着他的另两个妃子;而在阶级的最低层,立着他宫室中的所有其他妇女。已婚者头上戴着状似人腿的东西,高为一腕尺半,在那腿顶有些鹤羽,整个腿缀有大珠;因此若全世界有精美大珠,那准能在那些妇女的头饰上找到。

国王右手是他的将继位的第一个儿子;下面立着出身于皇室血统者。还有四名书记,记录皇帝说的话。皇帝前立着他的诸王及其他人,其数无穷,除了说些浑话逗乐君王的小丑外,没有人敢致一词,除非君王点到他。但甚至他们也不敢斗胆越国王给他们设置的雷池一步。

…………

我,僧侣鄂多立克,在他的那座城市中整整住了三年;因为吾人小级僧侣在王宫中有指定的一席之地,同时我们始终必须尽

---

① [意]鄂多立克等著,何高济译:《海屯行纪 鄂多立克东游录 沙哈鲁遣使中国记》,北京:中华书局,1981年,第73页。

责地前去为他祝福。……①

鄂多立克还较为详细地描述了泰定帝的围猎活动。他说狩猎场位于离汗八里有二十天路程的森林中。周边有驻守的森林看管精心看护森林。每隔三四年,大汗会带领人马去那儿狩猎。对具体的狩猎情形,鄂多立克有详细描述:

> ……他们首先和猎户把整个林子包围,放出为狩猎而训练的鹰犬,然后逐渐地围拢猎物,他们将猎物驱赶到林子中央的一个开阔的空地。这里集中了特别多的野兽,诸如狮子、野牛、熊、鹿,及其他种种野兽,都在极度惊恐的状态中。……大汗乘三头象赶上去,向猎物发射五支箭。一当他射毕,他的整个扈从也这样做。当大家发完矢后(每人的箭都有作为辨识的记号),于是大皇帝叫大家喊"舍唷(Syo)",其意犹如对(即是说)林中赶出来的野兽说"免死"。这时(猎人鸣金收兵,叫回追捕猎物的鹰犬。)逃掉性命的野兽被允许返回森林,同时所有的诸王都去察看杀死的猎物,找回他们所发的箭(他们从箭上的记号容易辨识);于是每人都得到他们射中的猎物。这就是汗的狩猎安排。②

这些描述至今读来,仍有令人身临其境之感,可谓有声有色、栩栩如生。鄂多立克没有明说他是否参加了上都的狩猎活动,但从游记里的"现在,这位君王是在一个叫做上都(SANDU)的地方度夏,其地在北方,且系世上最寒冷的所在"③,我们可以推断他并未一同前往上都,而是从别人口中得知狩猎情形。对于鄂多立克所述的泰定帝的狩猎活动,清代著名学者毕沅和元代著名诗人马祖常也有记载。毕

---

① [意]鄂多立克等著,何高济译:《海屯行纪 鄂多立克东游录 沙哈鲁遣使中国记》,北京:中华书局,1981年,第74、75页。
② [意]鄂多立克等著,何高济译:《海屯行纪 鄂多立克东游录 沙哈鲁遣使中国记》,北京:中华书局,1981年,第78、79页。
③ [意]鄂多立克等著,何高济译:《海屯行纪 鄂多立克东游录 沙哈鲁遣使中国记》,北京:中华书局,1981年,第76页。

沉在其《续资治通鉴》上记载泰定四年（1327）三月二十三日，泰定帝前往上都。闰九月初四，从上都回到大都。① 马祖常有一首《丁卯上京四绝·其二》，诗中写道："离宫秋草仗频移，天子长杨羽猎时。白雁水寒霜露满，骑奴犹唱踏歌词。"② 丁卯，也就是1327年，上京，指的是元上都。离宫，指行宫，天子出行时候的休息之所。长杨，指的是今陕西周至县东南的长杨宫。羽猎，对士卒负羽箭跟着帝王打猎的叫法，白雁水是上都附近的一条河流的名称，骑奴指的是骑马的侍从护卫。踏歌，古代的一种歌舞形式。诗中反映的应该是泰定帝秋天在上都草原上狩猎的情景。毕沉及马祖常的记录，与鄂多立克的生动描述，在时间、地点和细节上进行了有效互补。

李治安教授在论文《元朝诸帝"飞放"围猎与昔宝赤、贵赤新论》中，将《故康里氏改的公墓志铭》所载的"泰定四年，扈幸上京。秋，奉旨试遏猎云州迤山墅。时更变，民肆图劫猎，遇焚，得免者公数人"作为泰定帝赴上都附近的三不剌围猎的唯一史证。③ 其实，《东游录》里所记亦可作为泰定帝狩猎上都的史证。因为鄂多立克是1325年到北京的，1328年启程离开大都返欧。他先在游记里说泰定帝正在上都度夏，后说每三年或四年带人马去一个离大都约二十天路程的地方狩猎。综合毕沉和马祖常的记录，我们可以得知泰定帝于1327年在上都的围猎活动的详细情况。

跟马可·波罗一样，鄂多立克也提到了驿站（yam）。物资完备、效率甚高的驿站给他留下了很深的印象。他颇为详细地描述了元政府设置驿站的目的、驿站内的物品、信报员的交通工具和怎么接力等等：

> ……这些屋舍叫做驿站（yam）。这些屋舍有各种生活必需品，（对于在那些地区旅行的一切人，无论其境况如何，有旨叫

---

① （清）毕沉：《白话续资治通鉴》，长沙：岳麓书社，1997年，第749—752页。
② 王叔磐等编：《元代少数民族诗选》，呼和浩特：内蒙古人民出版社，1981年，第102页。
③ 李治安：《元朝诸帝"飞放"围猎与昔宝赤、贵赤新论》，载《历史研究》2018年第6期。

免费供给两餐)。当帝国中发生新事时,使者立刻乘马飞奔宫廷;但若事态严重紧迫,他们便骑单峰骆驼出发。他们接近那些驿站——客栈或车站——时,吹响一只号角,因此客栈的主人马上让另一名使者作好准备;前来投递情报的骑士把信函交给他,他本人则留下来休息。接过信的另一名使者,赶快到下一驿站,照头一人那样做。这样,皇帝在普通的一天时间中得知三十天旅程外的新闻。①

跟马可·波罗不同的是,鄂多立克还非常细致地描述了"急递铺"(chidebeo)的具体运转方式:

> 一些被指派的急差长期住在叫做急递铺(chidebeo)的驿舍中,而这些人腰缠一带,上悬许多铃子。那些驿舍彼此相距也许有三英里;一个急差接近驿舍时,他把铃子摇得大声叮当响;驿舍内等候的另一名急差听见后赶紧作准备,把信尽快地送往另一驿舍。于是消息从一名急差转给另一急差,迄至它送抵大汗本人。总之,整个帝国内发生的事,他就能马上或者至少迅速地全部获悉。②

可见,元代不仅陆路、水路网发达,信息情报网也是相当完备的。这样,无论皇帝在什么地方,只要是帝国内发生的事,他很快就能掌握情况。

从内容上看,鄂多立克的《东游录》虽不如《马可·波罗游记》丰富,但也涉及中国人生活的许多方面。其中有些可与马可·波罗互为印证;有些则记录了马可·波罗未及之处,如杭州、南京、北京一些有特色的地方以及中国各地一些特殊的风俗习惯等,如留长指甲、

---

① [意]鄂多立克等著,何高济译:《海屯行纪 鄂多立克东游录 沙哈鲁遣使中国记》,北京:中华书局,1981年,第77页。
② [意]鄂多立克等著,何高济译:《海屯行纪 鄂多立克东游录 沙哈鲁遣使中国记》,北京:中华书局,1981年,第77、78页。

女人裹小脚等,① 从一定程度上填补了《马可·波罗游记》的不足。

作为与马可·波罗、伊本·白图塔、尼哥罗·康梯齐名的中世纪四大旅行家之一的鄂多立克,虽然其游记的可读性比不上《马可·波罗游记》,但不可否认的是,该书给我们留下了 14 世纪中国及东方社会生活的一些重要图景。《东游录》既有亲身经历之事,也不乏道听途说之词,与马可·波罗的回忆录一样虚实共存,对奇风异俗均有关注。但总体而言较《马可·波罗游记》更为真实可信。这可能跟作者的方济各会修士的身份有关。他在游记开篇即声明是为了赢得某种灵魂之收获,越过海洋和访问多国之后,如实地重述所见所闻的各种奇迹。他以为自己是最早讲出这么多令人难以置信之事的人,并且认为,若非亲耳听闻或目睹,他自己也很难相信。② 那时他应该尚未读到过《马可·波罗游记》,否则他就不会这么郑重其事地声明了。而与《马可·波罗游记》不同的是,鄂多立克在游记里渗透了浓重的宗教观念和个人情感,比如他花了大量篇幅极其详尽地描述了在塔纳惨遭杀戮的四名同会修士。而马可·波罗对旅途中富含财富元素的事物更为关注。总的来说,鄂多立克用粗线条勾勒出的异域色彩浓郁的中国形象,对于历史学、地理学和宗教史等领域的研究都有着一定价值。因此,学者周宁认为《东游录》是"蒙古世纪里最有代表性的东方游记文本",其表现出的对宗教与财富两方面内容的关心,也正好是那个时代西方的中国形象的两个核心。③

《东游录》在鄂多立克时代的影响力仅次于《马可·波罗游记》。据说,中世纪风靡欧洲的英国文学作品《曼德维尔游记》(1357 年)的作者并没有真正到过中国。作品以《东游录》为东方故事的母本,一度与《马可·波罗游记》齐名而成为欧洲认识世界的百科全书式作品。

---

① [意]鄂多立克等著,何高济译:《海屯行纪 鄂多立克东游录 沙哈鲁遣使中国记》,北京:中华书局,1981 年,第 84 页。
② [意]鄂多立克等著,何高济译:《海屯行纪 鄂多立克东游录 沙哈鲁遣使中国记》,北京:中华书局,1981 年,第 31 页。
③ 周宁:《2000 年西方看中国》(上册),北京:团结出版社,1999 年,第 48 页。

英国汉学家玉尔在编译《东域纪程录丛：古代中国闻见录》（*Cathay and the way thither: being a collection of medieval notices of China*）时，将《东游录》编入第二卷，可见他对该书的重视程度。

不过在漫长的历史长河中，鄂多立克逐渐被人淡忘。五个多世纪的湮没之后，到 19 世纪末他的价值才被重新发掘和重视。1881 年国际地理学会在威尼斯为他树起了铜像，以纪念他为东西方文化交流所做的突出贡献。1999 年意大利著名作家卡尔洛·斯戈隆（Carlo Sgorlon，1931—2010）以鄂多立克为题材创作了历史小说《春蚕吐丝》。该书描绘了主人公鄂多立克作为中国文明的崇尚者，不断寻求异质文明间的接近与尊重，深入中国社会，与中国人和谐相处并把中华文明传向欧洲的形象。小说名《春蚕吐丝》寓意深刻，以勤劳敬业、无私奉献的春蚕象征鄂多立克以自己的脚步丈量东方，穿针引线，将中国和意大利连接在一起。吕同六在晚年将该小说翻译为中文，于 2007 年出版。另于 2004 年，意大利拍摄了记录鄂多立克生平的电影《在天涯》，以纪念他在中意文化交流史上的独特贡献。通过这些小说和电影作品，鄂多立克终于重新进入了人们的视线，获得了公正而清晰的历史评价。

《春蚕吐丝》封面

第六节　马黎诺里出使元廷

马黎诺里，方济各会会士，出生于意大利中部城市佛罗伦萨，是元代到过中国并留下记录的最后一个欧洲传教士。

在孟高维诺去世之后，元顺帝派人出使欧洲，一些贵族和天主教徒也上书教皇，请求派遣继任者到大都主持教务。教皇本笃十二世（Benedictus PP. XII, 1280—1342）决定派遣马黎诺里等率领三十一人的庞大使团出使元朝。1339年这些教皇特使携带信件从那不勒斯出发，一路走走歇歇，于元至正二年（1342）七月抵达上都，向元顺帝面呈教皇复信并在慈仁殿进献骏马一匹。《元史》卷四〇《顺帝纪》有关于该骏马的记载："至正二年七月，拂朗国贡异马，长一丈一尺三寸，高六尺四寸，身纯黑，后二蹄皆白"。①"拂朗国"为Frank音译，又译"佛朗""发郎""富浪"等，是中世纪波斯和阿拉伯人对欧洲人的称呼，后为蒙古人和中国人沿用。据说那匹骏马奇特不凡，元顺帝龙心大悦，骑上马并命画家周朗作画，还命大臣们吟诗作赋，成为轰动一时的大事件。

马黎诺里在北京生活了四年时间，"一切皆由朝廷供给，侍役亦可汗派来，其他教士亦同，又尝与犹太人辩论。"② 可见，马黎诺里一行受到了元顺帝的盛情款待。但马氏毕竟见多识广，他敏锐地察觉当时元室腐败，社会政治不稳，恐有大乱，于是向元顺帝假称思乡心切，要求回国。得到允许后，他们携带元帝厚赐，于1346年启程返欧，经杭州、宁波等地，到达泉州港。从那里他们登舟起航，取海道西还，途经印度、斯里兰卡、霍尔木兹、巴格达、耶路撒冷、塞浦路斯等地，于1353年返回法国东南部城市阿维尼翁（Avignon）（教皇于1309年即迁驻于此地）复命，向教皇克莱孟六世（Pope Clemente VI, 1342—1352在位）进呈了元顺帝的国书。1354年，马黎诺里受日耳曼大帝查理四世（Charles IV, 1316—1378）之召至布拉格，负责改订波希米亚编年史，著《波希米亚史》三卷。最后一卷回忆其奉使元朝的一路见闻。该游记初时鲜为人知，没什么影响力，历史学家方豪称之为"书成而知者鲜"③，四百多年来一直深藏于布拉格教堂。1768年该书由一个偶然的机会才被发现，重见天日。1820年，德国

---

① 《元史》卷四〇，北京：中华书局标点本，1976年，第864页。
② 方豪：《中西交通史》，上海：上海人民出版社，2015年，第451页。
③ 方豪：《中西交通史》，上海：上海人民出版社，2015年，第451页。

学者梅纳特（J. G. Meinert）将马黎诺里游历中国这一部分加以编辑并刊于波希米亚科学学会会报，题为《马黎诺里奉使东方录》，即《马黎诺里游记》。1856 年，德国人孔斯脱曼（F. Kunstmann）编著《第 10 世纪印度、中国基督教流传史》，其第五卷即为马黎诺里的《游记》。后来，英国汉学家玉尔将它翻译为英语。方豪的评价是："其书漫无次序，且常自相矛盾"①。

该游记提到了一些中国城市。如马黎诺里称杭州为"最有名之城"，是"最美丽、最伟大、最富裕、人口最稠密，总之最为奇特之城，繁华富庶，冠绝一时"②。与马可·波罗、鄂多立克对杭州的城市印象几乎相同。又如泉州：

> 刺桐城，这是一个令人神往的海港，也是一座令人惊奇的城市。方济各会修士在该城有三座非常华丽的教堂，教堂十分富足；有一浴室，一栈房，这是商人储货之处。还有几尊极其精美的钟，其中二钟是我命铸造的，在铸成悬挂时，举行了隆重仪式。其中之一，即较大者，我们决定命之为约翰尼纳，另一命之为安顿尼纳，皆置于萨拉森人居住地中心。我们于圣斯提凡祭日离开刺桐。③

这对研究元代传教士在泉州的历史具有一定的参考价值。至少说明当时泉州方济各会传教士不仅建有华丽教堂，有的也积极从事商业活动。

在意大利汉学萌芽时期，除了以上这些"民间汉学家"的汉学活动以外，也有其他一些零星留痕。比如，佛罗伦萨商人及政治家佩格洛蒂（Francesco Balducci Pegolotti，约 1280—1347）写于 1340 年的《诸国记》，该书后来被改名为《通商指南》（Pratica della mercatura）。

---

① 方豪：《中西交通史》，上海：上海人民出版社，2015 年，第 451 页。
② ［英］亨利·玉尔：《古代中国见闻录》卷三，见张星烺《中西史料汇编》，北京：中华书局，2003 年，第 228、229 页。
③ 参阅鲍志成：《禹航集》，杭州：西泠印社出版社，2006 年，第 96 页。

佩格洛蒂出生于佛罗伦萨一个富商家庭,在伦敦、安特卫普和塞浦路斯都工作过。他从未踏上过丝绸之路,却根据来往于丝绸之路的商人提供的信息为前往亚洲的旅行者写了一本实用指南。他精确地写出了从中东到中国、从土耳其到伊尔汗国首都大不里士的距离和旅行所需的时间,还介绍了长距离商队所需人员数量,途经地区的进出口产品、币值、不同的度量单位,以及各个地区黄金和白银的质量等等。书中还有怎样与蒙古、突厥等东方民族友好往来、如何与途中的陌生民族打成一片、逾越文化鸿沟并保障顺利开展贸易的交往技能介绍。"全书包含地域,东至中国,西至英国,凡欧人来华经商必需的知识,如道路里数、进出口货品、金融制度、度量衡制度、税捐问题,乃至纸币问题,均一一论及。"[①] 由此可知,当时的意大利人对中国还是比较了解的,不过他们的眼光多停留于对物质形态的关注上。

[①] 朱谦之:《中国哲学对欧洲的影响》,上海:上海人民出版社,2006 年,第 37 页。

第二章

意大利汉学初创时期
多维视角叙述

13世纪初,蒙古骑兵横扫西亚、东欧大陆,扫清了欧亚通道上的各种障碍。"他们从亚洲的一端到另一端开辟了一条宽阔的道路,在他们的军队过去以后,他们把这条大道开放给商人和传教士,使东方和西方在经济上和精神上进行交流成为可能。"①

不过,这条通道在14世纪中期以后不再畅通无阻。元朝后期政治混乱,民族矛盾、阶级矛盾不断加剧,社会动荡不安。1368年朱元璋彻底结束了元朝在中国的统治。其间,1362年朱元璋的军队攻入泉州,杀死了天主教主教。马黎诺里成为元朝最后一个到过中国并留下书面文字记录的欧洲传教士。当时日本倭寇经常在中国沿海一带出没,掠夺百姓财物,造成极大危害;加上前元残余势力在印度洋至南海一带仍有一定的影响。洪武帝朱元璋一方面担心民间势力交通外邦,另一方面吸取宋代大力发展海洋贸易而忽视土地经济,导致海洋经济削弱传统农耕文明的教训,所以数次发布海禁令,杜绝商民出海通番,甚至"寸板不许下海"。之后明政府就一直执行着严格的海禁

---

① [英]道森编:《出使蒙古记》,吕浦译,周良霄注,北京:中国社会科学出版社,1983年,第29、30页。

制度。这种朝廷出于政治考虑而实行的闭关锁国政策,也被称为"洋禁",既禁止私人出海贸易,也不准外国人来中国经商和定居内地,以此"守边自固"。政府在山东至广东的沿海一带修筑了海防工事,建立了严密的巡检制度。这一政策,直到明末才稍有松动。也因此才有了罗明坚、利玛窦等耶稣会士们的入华传教,进而才有明末清初汉学的盛景。

第一节 传教士汉学

十六七世纪是人类文明发展史上具有特殊意义的一个大时代,16世纪东西方文明开始大规模的异质融通和交流互鉴,正如《全球通史——1500年以后的世界》的作者、美国学者斯塔夫里阿诺斯(Leften Stavros Stavrianos,1913—2004)所言:

> 1500年以前,人类基本上生活在彼此隔绝的地区中。各种族集团实际上以完全与世隔绝的方式散居各地。直到1500年前后,各种族集团之间才第一次有了直接的交往。从那时起,他们才终于联系在一起,无论是南非的布须曼人、有教养的中国官吏,还是原始的巴塔哥尼亚人。[①]

打破这种隔绝的,除了探险家、航海家们以外,还离不开为数众多的欧洲传教士的贡献。当时大批葡萄牙及意大利等国的耶稣会传教士进入中国,全方位接触中国文化,有意识地传播欧洲文化,从而拉开了西方与中国这个古老的东方帝国之间深度交流的序幕。与13世纪孟高维诺、鄂多立克等教会人士不同的是,16世纪罗明坚、利玛窦等传教士到达中国后,先是潜心了解熟悉中国文化,学习中国语言和

---

① [美]斯塔夫里阿诺斯:《全球通史——1500年以后的世界》,上海:上海社会科学院出版社,2003年,第3页。

各种中国经典著作。他们从自己的饮食、穿着、语言甚至名号等各方面着手，入乡随俗，贴近中国人的生活，成为"中国通"，制定并执行文化适应传教策略。这一利玛窦创下的方法和策略，后来被明末清初的传教士们所沿用，成为"利玛窦规矩"。这一规矩不仅使耶稣会士们的传教活动获得了巨大的成功，也使由此带来的文化交流开辟了前所未有的新纪元。毫不夸张地说，罗明坚、利玛窦、卫匡国和艾儒略（Giolio Aleni，1582—1649）等一大批耶稣会传教士的切实努力，一方面推动了意大利汉学的发展，另一方面也造成了中国文化对欧洲文明的巨大冲击，点燃了欧洲学者对中国研究的热情。法国学者达妮埃尔·叶利谢耶夫（Danielle Elisseff）在谈到曾德昭（Alvare de Semedo，1585—1658）和卫匡国等神甫著作的影响时指出，世界中心已经不知不觉中从耶路撒冷变成了中国的某个地方。[1]

将此阶段视为意大利汉学史的初创时期也许并不十分确切，因为这一时期出现了像利玛窦这样的巅峰式人物，而且一时间名家辈出、巨匠迭现、著述繁盛，利氏以外，罗明坚、艾儒略、卫匡国、殷铎泽（Prospero Intorcetta，1625—1696）、叶尊孝（Basilio Brollo，1648—1704）、德西德里（Ippolito Desideri，1684—1733）等各放光彩，一路高歌，将意大利汉学推向了空前的辉煌。但它毕竟处于萌芽期走向成熟的过渡状态、初创阶段，无论是罗明坚，还是利玛窦、卫匡国等人，都有着不少开创性汉学成果。故而，将此阶段称为意大利汉学的初创时期还是合适的。就历史发展的具体时间而言，它属于意大利汉学史的中间段落，因此可以视之为意大利汉学中期。这个时期的意大利汉学，既可以说是人类不同文明之间进行频繁而深度交往的直接受益者，也可以说本身就是使人类不同文明由交流交融走向繁荣兴盛的重要组成部分。

《十八世纪欧洲"中国热"》作者、已故学者许明龙认为，传教

---

[1] 参阅李弘祺：《中国与欧洲：16 世纪至 18 世纪的形象和影响》，Thomas H. C. Lee：China and Europe, Images and Influences in Sixteenth to Eighteenth Centuries，香港：香港中文大学出版社，1991 年，第 153 页。

士引发了欧洲学者对于中国的兴趣和关注,为欧洲学者的中国研究提供了丰富的文字资料和少量实物资料,对欧洲学者的中国研究给予了支持和帮助。[1] 可以说,传教士对于欧洲和中国连接的意义是至为关键的。而十六七世纪入华传教士很多都是意大利耶稣会士。正是这些意大利耶稣会士,构成了这一时期意大利汉学的活动主体。

西方传教士入华历史久远,但多数以传教为单纯目的,与中国文化的接触交流并不深入,所以也难有汉学方面的重大成就。而入华耶稣会士所具有的深厚的文化教育背景和强烈的殉道精神,造就了他们高度的文化敏感性、意志力以及独特的眼光,使他们致力于更有效、更持久地传教布道而打入中国文化的内核,着汉服、学汉语、习汉俗,刻意结识对他们传教有用的达官贵人,与中国文人儒士接触之广,在各个层面活跃之频,对中国文化体悟之深,实非前人可比,其对于汉学研究之广度与深度,自然也就非前人所能望其项背。

需要特别指出的是,能否把耶稣会士们用中文所撰写和翻译的著述和译本纳入汉学范畴,学界有不同意见。笔者认为,罗明坚、利玛窦和艾儒略等传教士的中文著述和译著,表面上看,似乎与汉学活动没有很强的直接关联,但他们在从事用中文写作和编译西方哲学思想、天文地理、几何数学等方面的内容时,根据他们对中国文化和语言的研究与理解,不仅为中国文化注入了大量富有生命力的欧洲元素,同时也创造了许多汉语新词语、新概念、新观念,并为后来许多入华传教士开展汉学研究和传播作出了示范,奠定了基础,提供了许多便利。而且他们有将自己的中文著作和译作寄回欧洲的习惯做法,这实际上也是一种汉学活动方式,是该时期汉学家们汉学活动的重要组成部分。拿《天主实录》来说,刊行后利玛窦遵罗明坚之嘱把书随信寄给了罗马耶稣会总会长阿夸维瓦(Claudio Acquaviva, 1543—1615)。他在信中写道:

> 我的同伴罗明坚神父嘱咐我给您寄上这本我们用中文出版的

---

[1] 许明龙:《欧洲18世纪"中国热"》,北京:外语教学与研究出版社,2007年,第56页。

《天主实录》。感谢天主的助佑，此书得以刊行，而且在中国受到欢迎。书中以一位异教徒和一位欧洲神父对话的形式，阐明了天主教徒所有必须掌握的知识，此书结构严谨，字体优美，词句讲究，在一些中国文人的帮助下，我们以中国其他主要教派的话语模式对本书进行了修改。但书的封面还未印完，在中国，封面置于书的封底，从后往前翻，与我们的书正好相反。①

利玛窦这短短的几句话中所传达的信息量很丰富，不仅介绍了《天主实录》的内容、写作方式、结构和汉字字体等情况，也介绍了"中国其他主要教派"即儒家经典学说的话语模式，如《论语》写作所采用的对话体例，还介绍了中国与欧洲在书籍封面与封底上不同的排版方式等。而《天主实录》仅是他们大量寄往欧洲的书籍和文献资料中的一个小小的例子。

初创时期的意大利汉学在整个意大利汉学史上占有至关重要的地位，对十七八世纪以反对宗教神学、提倡理性主义为宗旨的欧洲启蒙运动产生了巨大的影响，如法国启蒙运动思想家、有"中国通"之称的孟德斯鸠（C. L. de S. Montesquieu，1689—1755）和伏尔泰（Voltaire，1694—1778）等人，从意大利汉学家们转述的中国儒家学说中找到了许多理论根据，以此作为他们的斗争武器。法国政治学家、历史学家托克维尔（Alexis-Charles-Henri Clérel de Tocqueville，1805—1859）在其《旧制度与大革命》（L'Ancien régime et la Révolution）一书中说："我开始研究旧社会时对教士充满偏见，我结束这一研究时对他们充满敬意。"② 可以说，初创时期的意大利汉学对欧洲近代文明的诞生有着不可忽视的影响。但遗憾的是，18 世纪后期意大利汉学日趋式微，汉学的接力棒传到了法国人手里，意大利汉学的繁荣光景直至当代才再次出现。

若我们从头开始观察罗明坚、利玛窦等耶稣会士们的汉学活动，

---

① ［意］利玛窦：《利玛窦书信集》，文铮译，北京：商务印书馆，2018 年，第 42 页。
② ［法］托克维尔：《旧制度与大革命》，冯棠译，桂裕芳、张芝联校，北京：商务印书馆，2012 年，第 151 页。

可以发现他们后来一系列汉学活动的起点是学习中文和研习中国文化。十三四世纪的柏朗嘉宾、孟高维诺、鄂多立克和马黎诺里等同为入华传教士，在他们的游记或信函中几乎没有学习当地语言的记录。那么罗明坚他们开始学习汉语是出于何种考虑呢？我们可以从传教士的一些相关文献以及利玛窦等人的著作和信函中抽丝剥茧找到答案。

根据文献记载，尤其是从《利玛窦中国札记》里的记述，我们可以知道，16世纪的传教士们在走上汉学之路前有一段很长的铺垫。从掌握的现有文献来看，我们发现最早提出让传教士学习中文的应该是被封为"传教圣徒"的西班牙人沙勿略（Francis Xavier，1506—1552）。

1506年沙勿略出生于西班牙纳瓦拉（Navarra），是耶稣会创始人之一。1540年他奉耶稣总会派遣前往印度、日本等地传教，1541年到达印度西海岸的果阿（Goa）。当时果阿是葡萄牙殖民地，也是天主教在东亚及东南亚最大的传教中心。沙勿略主要在东南亚一带活动，1549年进入日本，在东方进行了十多年的传教活动。在此期间，他经常往来于马六甲及南亚各地。他从商人以及传教士口中了解到不少有关中国的情况，通过各个渠道汇集的信息逐步加深了对中国文化的认知。他预感到在中国开展传教活动会很艰难，这促使他想到了通过学习中文开辟中国传教之路的办法。这一想法清楚地体现于他在1548年写给印度总督加尔西亚·德·萨（Garcia de Sa）的信中。他在信中引用了一位在上川岛经商的葡萄牙商人的话说："如果会讲中文，可以毫无顾忌、安安全全地走遍各地。"[1]

另外不容忽视的一点是，沙勿略在日本传教时，发现中国文化对日本影响极深。还是在同一封信中，他引用同一个商人的话说：

> 他们还把书带到日本。那里还有学习治疗各种疾病的学校，拥有关于这一切知识的巨著，都用汉语撰写。除了汉语之外，他

---

[1] 参阅王锁英译：《一位先生向沙勿略神父提供有关中国的信息(1548)》，载[葡]费尔南·门德斯·平托编《葡萄牙人在华见闻录——十六世纪手稿》，海口：海南出版社，1998年，第3、4页。

不知道还有用其他文字写作阅读的。他说从占婆到日本陆地的京都，人们都读汉字书籍。①

利玛窦晚年在回忆录里也说：

> 他（按：沙勿略）注意到每当日本人进行激烈辩论时，他们总是诉之于中国人的权威。这很符合如下的事实，即在涉及宗教崇拜的问题以及关系到行政方面的事情上，他们也乞灵于中国人的智慧。因而情况是，他们通常总是声称，如果基督教确实是真正的宗教，那么聪明的中国人肯定会知道它并且接受它。②

因此，一方面为了促使中国人皈依天主教，另一方面也为了更容易争取日本人入教，沙勿略开始设想如何进入中国并学习中文，继而向中国人传教。沙勿略对于其中潜在的危险十分了解，他知道明朝政府有明确告示要把未经官方允许擅自在中国登陆的外国人投入监狱，不过他对此倒是并不在乎，甚至想到了一旦自己被捕，"作为囚犯，他们就会把它（按：天主教）在百姓中传播开来。至于他自己，他如能获释，就会马上宣传有关基督及其法令和学说的知识"③。尽管满腔热忱，但他还是未能如愿进入中国内地传教。1552年底他在广东上川岛因病去世。

沙勿略去世后，由梅尔基奥尔·努内斯·巴雷托（Melchior Nunes Barreto，1520—1571）神父继任耶稣会远东最高负责人。我们从巴雷托的两封信中可以知道他对传教士学习中国语言文化的重要性不仅有了更加清晰的认识，而且相比于沙勿略，他还设计了实现这一目标的

---

① 参阅王锁英译：《一位先生向沙勿略神父提供有关中国的信息（1548）》，载［葡］费尔南·门德斯·平托编《葡萄牙人在华见闻录——十六世纪手稿》，海口：海南出版社，1998年，第3、4页。
② ［意］利玛窦、［比］金尼阁：《利玛窦中国札记》，何高济等译，北京：中华书局，2010年，第127、128页。
③ ［意］利玛窦、［比］金尼阁：《利玛窦中国札记》，何高济等译，北京：中华书局，2010年，第127、128页。

具体路径。

第一封是 1555 年 11 月 23 日写给印度、葡萄牙、罗马以及全欧洲修士的信。信中专门写了名为"关于中国的情报"的特殊章节,谈到进入中国的两条途径并提到了传教士学习中国语言的设想。

同年同月 27 日他在写给耶稣会创始人圣依纳爵·罗耀拉 (S. Ignatius de Loyola, 1491—1556) 的一封信中再次提及学习语言的计划——"随他(使节)一起进入该国的神父可以学习语言,请求特权,像平民一样自由,并享受都市的法律。……因为根据当地的习惯,使节完成任务需要 3 年,所以在此期间,神父们可以显示生活上的神圣模范,学习语言。"[1]

但巴雷托的计划最终也未能得以实施。1557 年,葡萄牙人在澳门获得了居住权,此后来自欧洲的传教士们常将澳门作为落脚点。但这并没有给传教士们学习中国语言文字带来便利。从 1553 年到 1579 年,在澳门传教的耶稣会士先后多达 32 人,明政府对欧洲人自行奉教倒并不禁绝,但明文规定不允许他们引诱华人入教。澳门同知印光任在《管理番舶及澳夷章程》中规定:"其从前潜入夷教民人,并窜匿在澳者,勒限一年,准其首报回籍。"[2] 而且,当时的传教士把南美洲传教经验生硬地移植到中国人身上,"凡欲进教保守者,须葡萄牙化,学习葡国语言,取葡国姓名,度葡国生活,故不啻进教即成葡国人也!"[3] 这种强硬死板的传教方式使得澳门的传教工作步履维艰。

这一状况直到范礼安(Alexandre Valignani, 1538—1606)到澳门才开始产生根本性的变化。1538 年出生于意大利那不勒斯的范礼安,不到 19 岁时就获得了法学博士学位。1566 年他加入耶稣会,1578 年作为全印度及远东耶稣会传教视察员被派到澳门视察。他看到有些传教士在澳门生活了 30 多年,因为不会中文,也缺乏对中国文化的了解,一直找不到机会进入中国内地。如何进入中国内地传教成了教士

---

[1] 参阅戚印平:《远东耶稣会史研究》,北京:中华书局,2007 年,第 175、176 页。
[2] 参阅邓开颂、吴志良、陆晓敏:《粤澳关系史》,北京:中国书店,1999 年,第 159 页。
[3] (明)徐宗泽:《中国天主教传教史概论》,上海:上海书店出版社,1998 年,第 169 页。

们面临的最大难题。面对这种情形，范礼安非常焦急，据说有一天，他凭海远眺，大声呼喊："岩石！岩石！汝何时得开？"① 通过仔细的观察和分析，范礼安推断："一个聪明的、有成就的、献身于艺术研究的民族，是可以被说服同意让一些同样以学识和品德而出名的外国人来到他们中间居住的，特别是假如他们的客人精通中国语言和文字的话。"② 因此，他认为要在中国传教，传教士们必须通晓中文，"必须不单单学会广州话，还要学官话，而且不单单会讲，还得会认方块字，会写"③。于是他提出让传教士全面"中国化"的想法："采用他们的服装、他们的语言、他们的习俗、他们的生活方式，总而言之，在一个欧洲人的可能范围之内竭力将自己改造成中国人……"④ 他想出的具体办法是派几个人学习中国语言和文学并做好准备，利用任何可能出现的时机把福音传入中国。他的这一想法遭到许多人的反对。有些跟中国人打过交道的人认为，要争取中国人纯粹是白白浪费时间，就像要把埃塞俄比亚人变成白种一样。沙勿略就是一个榜样，他以那样的热情和努力都没能进入中国。但范礼安对这事下定了决心，完全不愿意作出改变。当时在澳门没有符合范礼安要求的人选，所以他写信给印度区主教罗德里可·文森斯（Rodrigo Vincens），请他至少派一名合适的"饱学之士"到澳门。在他动身去日本前，他还特地给即将到来的教士留言，指示他如何更好地为将来在中国开展传教工作做好准备。1579 年 7 月罗明坚作为"合适的"人选被派到了澳门。⑤

就这样，罗明坚走上了中文学习之路。因为传教的目标是中国内

---

① [法]费赖之：《在华耶稣会士列传及书目》（上册），冯承钧译，北京：中华书局，1995 年，第 20 页。
② [意]利玛窦、[比]金尼阁：《利玛窦中国札记》，何高济等译，北京：中华书局，2010 年，第 142 页。
③ [法][法]裴化行：《利玛窦神父传》，管震湖译，北京：商务印书馆，1998 年，第 56 页。
④ [意]利玛窦、[比]金尼阁：《利玛窦中国札记》，何高济等译，北京：中华书局，2010 年，第 672 页。
⑤ [意]利玛窦、[比]金尼阁：《利玛窦中国札记》，何高济等译，北京：中华书局，2010 年，第 142、143 页。

地，所以罗明坚要学习的是官话，即当时全国通行的一种特殊语言。传教士们知道这种官话是一种在中国除了不同省份的方言以外整个帝国通用的口语，是民用和法庭用的官方语言，流行于受过教育的阶层中。人们在外省和他们所要访问的那个省份的居民之间必须使用官话，否则无法交流沟通。所以，只要传教士们懂得这种通用的语言，就没有必要再去学习他们工作所在的那个省份的方言了。[1] 因为这个原因，罗明坚虽然一年两次跟随葡商进入广东省会参加集市贸易，时间长达半年左右，但他并不学习粤语，因为"各省的方言在上流社会是不说的，虽然有教养的人在他的本乡可能说方言以示亲热，或者在外省也因乡土观念而说乡音"[2]。

《利玛窦中国札记》里多次提到罗明坚刻苦学习的情形，说他是一位不断攻读中国文献的教师，通宵钻研中国典籍。当葡萄牙人做生意时，他单独留下来学习，把时间用于研习中国语言、书法和人们的风俗习惯。[3]

中文学习给罗明坚带来了立竿见影的实际便利。虽然当时有海禁制度，但广东政府还是作了些许变通，葡萄牙人被允许一年有两个时间段可以进入广东进行贸易。于是，趁着陪葡萄牙商人到广州参加集市活动的机会，罗明坚跟着葡商进入了中国内地，与很多官员进行了交往，这时他的中文就派上了大用场。加上他态度谦和、学识丰富，又以中国人所未曾见过的各种西洋器物作为赠礼，很快就赢得了一些中国官员的好感。他找准时机请求中国官员让他留在陆地上活动，他在给官员的呈文中写道："既为司铎，必须逐日敬奉天主，不能处处追随葡萄牙

---

[1] [意]利玛窦、[比]金尼阁：《利玛窦中国札记》，何高济等译，北京：中华书局，2010年，第30页。

[2] [意]利玛窦、[比]金尼阁：《利玛窦中国札记》，何高济等译，北京：中华书局，2010年，第30页。

[3] [意]利玛窦、[比]金尼阁：《利玛窦中国札记》，何高济等译，北京：中华书局，2010年，第168页。

人也",结果"中国官吏认为其请求正当,允许他留在陆地上"①。

不过彼时罗明坚已年近四十,教务繁忙,精力和记忆力都有所不济。即便如此,罗明坚还是在中文学习上取得了很大进步,与不少中国官员建立了联系,也由此带动了传教工作的突破。1580 年,他写信给范礼安,问他有无可能再派一个会士协助他一起工作,并在信中举荐了利玛窦。②之所以举荐利玛窦,除了因共同信仰而产生的同会情谊之外,还出于长期共处共事对利玛窦的禀赋及天资的熟悉和了解。而罗明坚这边传教势头的向好也印证了范礼安原先的设想,因此"上司闻其传教颇著成效,故又遣一人"③。就这样,利玛窦从印度被召至澳门参加拟议中的赴中国传教的工作。利玛窦在 1583 年 2 月致帕多瓦耶稣会马尔第诺·德·弗尔纳里神父的信中说:"……您会得知他们突然把我从印度派到了中国。我们于去年 8 月份到达了这个港口……"④"这个港口"就是澳门。到澳门以后他随即开始学习中文,因为范礼安严格禁止那些受命到中国去传教的人担任任何其他工作。因此利玛窦在澳门的主要工作就是学习中国语言文化,为进入中国做好准备。

1583 年 9 月,罗明坚带着利玛窦进入肇庆,他们多方周旋,终于获准定居下来,并特地聘请了家庭教师,开始专心致志、夜以继日地攻读中国各种文献,研究中国人的习俗和法律。⑤ 利玛窦每天听老师授课两个小时,而后自己再学习。他们的主要教材是四书五经等儒家典籍。传教士汉学之门由此打开。艾儒略在《大西利先生行迹》中谈

---

① [法]费赖之:《在华耶稣会士列传及书目》(上册),冯承钧译,北京:中华书局,1995 年,第 24 页。
② [日]平川祐弘:《利玛窦传》,刘岸伟、徐一平译,北京:光明日报出版社,1999 年,第 36 页。
③ [法]樊国梁:《燕京开教略》,辅仁大学天主教史料研究中心编:《中国天主教史籍汇编》,台北:台北辅仁大学出版社,2003 年,第 351 页。
④ [意]利玛窦:《利玛窦书信集》,文铮译,北京:商务印书馆,2018 年,第 23 页。
⑤ [意]利玛窦、[比]金尼阁:《利玛窦中国札记》,何高济等译,北京:中华书局,2010 年,第 3 页。

到利玛窦学习中文时曾说:"初时,言语文字未达,苦心学习,按图画、人物,请人指点。渐晓语言,旁通文字,至于六经子史等篇,无不尽畅其意义。"① 在短短的几年时间内,利玛窦就通晓了四书五经这些教材,并能将四书倒背如流。张尔歧在《嵩庵闲话》里提到利玛窦初到广东时的情形说:"遂僦馆延师读儒书,未一二年,四书五经皆通大义。"② 他的刻苦赢得了中国人的尊重,士大夫们尊称他为"西儒利氏"。③ 李贽在《与友人书》中大大夸赞了利玛窦:

  西泰,大西域人也。到中国十万余里,初航海至南天竺始知有佛,已走四万余里矣。及抵广州南海,然后知我大明国土先有尧、舜,后有周、孔。住南海肇庆几二十载,凡我国书籍无不读,请先辈与订音释,请明于《四书》性理者解其大义,又请明于《六经》疏义者通其解说,今尽能言我此间之言,作此间之文字,行此间之仪礼,是一极标致人也,中极玲珑,外极朴实,数十人群聚喧杂,仇对各得,傍不得以其间斗之使乱。我所见人未有其比,非过亢则过谄,非露聪明则太闷闷聩聩者,皆让之矣!④

利氏的成功,一方面要归功于他娴熟地掌握并运用了科学的西方记忆法原理;另一方面,他有罗明坚这位年长他9岁的前辈指导,少走了许多学习上的弯路。在这两个因素的共同作用下,虽然比罗明坚晚3年才开始学习中文,但利玛窦的中文水平很快就反超罗明坚。利玛窦不但自己刻苦学习中文,还给新来的传教士们讲授四书五经等儒家经典,带领他们熟悉中国文化,挖掘其中与宗教相关问题的资料,找出理论依据,合儒斥佛,宣扬教理。这种强大的内在动力,促使他不断攻读中国古代各种典籍文献,费尽心机找出里面可以与天主教义

---

① [意]艾儒略:《大西利先生行迹》,民国八年铅印本,第1页。
② (清)方浚师:《蕉轩随录·续录》卷一,北京:中华书局,1995年,第33页。
③ 樊树志:《晚明史》,上海:复旦大学出版社,2005年,第158页。
④ (明)李贽:《续焚书》,北京:中华书局,1975年,第35页。

相结合的说辞,不惜断章取义甚至牵强附会将两者拉近。比如,他从朱熹的《论语集注·尧曰第二十》中发现了在中国"上帝"一词古已有之:"天下贤人,皆上帝之臣。"他认为这里的"上帝"指的就是至高无上的君主及帝王,皇帝是天子,百姓尊崇天子,与天主教尊崇上帝的道理是一样的。因此,他十分支持罗明坚将天主教的 Deus(上帝)从原先的音译词"陡斯"改译为意译词"天主"。他还常常广征博引,引用了《诗经》《论语》和《中庸》等经典古籍里的说法来支持他的观点。他对这些古籍的内容似乎了然于心,而且能信手拈来、灵活运用。他自述道:"我太费心思,从那儒教先师孔子身上觅取我们的见解;我援引书中有意义不明的章句,作为有利于我们意见的解释……如果我们依然对(儒道佛)三教同时进攻,那么我们就没有回旋的余地了。"① 一方面,我们可以看出他采取文化适应传教策略也是多方考量后的不得已行为;另一方面,我们也可以看到他苦心孤诣地找出儒家学说中利于传教的说法,用自己的理解去进行重新阐述。徐宗泽对他此举评价很高:"利玛窦者,最深究中国古书之一人,不特学有根源,且能纠正经书注疏之错误,而予原文以正确之诠解,其启示清代考证学家之新途径,其功有足多者。"②

自此,以学习中文及中国文化为起点,意大利汉学开启了一个全新时代,即传教士汉学时代。主要代表人物有罗明坚、利玛窦、艾儒略、卫匡国、殷铎泽、叶尊孝和德西德里等。他们既有坚定的信仰,又有严密的组织和广博的学识。罗明坚和利玛窦作为传教排头兵小心翼翼地撬开东方帝国的一道缝,进入中国内地,然后步步为营,两易其服,走上层路线,结交各地话事人,最终抵达朱明帝国核心,以文化适应传教策略在中国站稳脚跟,改变了 16 世纪以来中国闭关锁国的局面,消弭了中欧两大文明之间的认知阻隔,促成了中欧文明第一

---

① 参阅《中国人文社会科学博士硕士文库》编委会:《中国人文社会科学博士硕士文库(续编)·哲学卷》,杭州:浙江教育出版社,2005 年,第 862 页。
② 参阅徐宗泽:《中国文化西渐之介绍者》,见张维华编《明清之际中西关系简史·附录》,济南:齐鲁书社,1987 年,第 289 页。

次全面的接触与碰撞。

下文将详述意大利中期汉学家们的汉学活动和他们取得的成果。

第二节　罗明坚开创西方汉学

巨星往往不能总是以自己的强光照亮周边的人，有时反而会掩盖周边人的光芒。利玛窦之于罗明坚就是这样的一个例子。

罗明坚是西方第一个进入中国大陆的耶稣会士，是意大利汉学的开创者。但我们提起汉学的时候，往往更容易想到利玛窦而忽略了罗明坚。实际上，罗明坚在汉学史上创造了许多个"第一"。他是第一个系统学习中文的西方传教士；是第一个在中国创办传教机构和学院的西方人；是历史上第一本汉外词典《葡汉词典》的编写者；是第一个用中文著述的西方人，写作并出版了天主教在华第一部中文教义书《天主实录》；是第一个翻译中国儒家经典的西方人；也是世界上第一个绘制并出版中国分省地图的西方人。

罗明坚

一、罗明坚生平及主要经历

1543 年，罗明坚出生于意大利中南部那不勒斯（Napoli）的斯皮纳佐拉城（Spinazzola）。在获得民法与教会法两个博士学位后，他先在政界服务了数年，29 岁时辞职入修道院学习。不久他觉得自己适合到远方去传道，于是等不及完成修道院的学业，就向耶稣会第四任会长麦古里安（Everardo Mercuriano，1514—1580）神父请求去印度传教。[①] 1578年3月，他与利玛窦、巴范济（Pasio Francesco，1554—1612）等13名耶稣会士奉命到东方国家传教。他们从葡萄牙里斯本出发，经过长达六个月的海上航行，于9月13日到达印度西海岸的果阿。在那儿他生活了将近一年时间。

1579年7月20日，罗明坚受耶稣会东方视察员范礼安之命被选派到澳门，开始学习中文及中国文化。已经36岁的他一开始时只能采取儿童学语言常用的看图识字法，借助画图来学习。因为当时与中国人做买卖的葡萄牙人大多住在澳门，他们往往雇佣仆人代做通译。所以很难找到能够教他官话和汉字的真正老师。有些人会讲官话，但又不会说葡语或意大利语，以至于必须要通过绘画的方式来教中文和汉字。他举了个例子，比如老师想教他"马"这个词在汉语里怎么说、怎么写的时候，就先画一匹马，然后在上面写上汉字和发音。罗明坚自己也觉得很滑稽，在澳门的葡萄牙人和神父们也觉得靠这种办法是学不会汉语的。他意识到住在澳门对练习汉语不利，无论如何也要进入中国内地，与中国人一起生活，才能真正掌握汉语。[②] 虽然学习条件有限，但罗明坚还是用心学习中文，他的想法是通过练习用中国人的语言写作，以此作为一种吸引和捕捉中国人心灵的手段。[③]

1580年他在澳门建立了一座经言学校，利玛窦称之为"圣玛尔定经言学校"[④]。这座学校一方面为新入教的中国人讲授天主教教义，另一方面也是传教士学习中文的场所，罗明坚自己也在该校学习中文。罗明坚称："目前我正在这里学习中国语文……这些教友无疑将

[①] [法]费赖之：《在华耶稣会士列传及书目》（上册），冯承钧译，北京：中华书局，1995年，第23页。

[②] 董方峰、杨洋：《近代中国的传教士语言学研究》，武汉：华中师范大学出版社，2021年，第183页。

[③] [日]平川祐弘：《利玛窦传》，刘岸伟、徐一平译，北京：光明日报出版社，1999年，第42页。

[④] [意]利玛窦：《利玛窦通信集》，罗渔译，台北：台北光启出版社，1986年，第432页。

是最佳的翻译，为传教工作将有很大的助益。"① 这是中国第一个用中文来传教的机构；也是中国第一所外国人学习中文的学校。除了创始人罗明坚外，利玛窦、麦安东（António de Almeida，1556—1591）、孟三德（Duarte de Sande，1547—1599）等教士都曾在此学习中文。1594年，该学校与澳门另一所培养远东传教士的初级学校合并，扩建为澳门圣保禄学院。学院里开设有专门的中文课程，明确规定凡是入华传教的耶稣会士，一律要先在澳门学习中国语言文字和礼仪。可见当时教会对入华传教士学习中文的重视程度。

　　罗明坚一边在澳门继续学中文，处理教务，一边找机会进入中国内地。正如前文所述，当时只有部分葡萄牙人因为要与中国商人开展贸易，而被允许在特定时期进入广州，但不允许在内地久居。1581年春，罗明坚就利用这样的机会，跟随葡萄牙商人进入了广州。他给广东总兵黄应甲送了一块表，"是用许多小金属齿轮安装成套的计时工具"②，这对当时的中国人来说是非常稀罕的西洋物件，黄应甲很是喜欢。于是罗明坚获准在广州居住三个月。这为他结交中国官员及士大夫创造了有利条件。1582年12月27日，罗明坚与巴范济一起抵达当时的两广总督府所在地肇庆，晋见了总督陈瑞，并献上了价值不菲的礼物，其中有三棱镜和用铜制作而成的漂亮的自鸣钟等西洋物品。陈一见到既新鲜又神秘的机械钟时，显得非常感兴趣，并马上吩咐秘书给罗明坚他们发放了一份官方文件，允许他们有权在广州修建一所房屋和教堂。1583年3月，陈瑞突然被撤职，罗顿时失去了保护伞，只好返回澳门。不过他不死心，拿着前任总督的居留许可文件，想方设法到广州晋见新任总督郭应聘，希望他能够承认自己前任给他们的允诺。郭却按规矩办事，将他们赶走了。不过，当时传教士们被新任总

---

① 参阅李真：《简论明末清初在华西方人的汉语教与学》，载蔡昌卓主编《多维视野下的对外汉语教学研究：第七届国际汉语教学学术研讨会论文集》，桂林：广西师范大学出版社，2009年，第310页。
② [意]利玛窦、[比]金尼阁：《利玛窦中国札记》，何高济等译，北京：中华书局，2010年，第146页。

督赶出来的时候,曾贿赂了总督的一个仆人。那个仆人向总督递交了一份申请,请求他在城里为传教士安排一所住宅和建教堂的地皮。总督竟然同意了,授意肇庆知府王泮为传教士们提供一块地。① 这是利玛窦自己对这一事件的一面之词,里面究竟有什么曲折难以详知。

不过可以确定的是,1583年9月10日,接到王泮邀请的罗明坚带着利玛窦以及自鸣钟等礼物再次来到肇庆。他们受到知府王泮的热情款待,在肇庆建起了名为"圣童贞院"的仙花寺。

抵达肇庆之初,罗明坚和利玛窦就请了一个有声望的中国学者司宾(按:应该不是真名),住在他们家里教他们中文。有学者根据罗明坚所编《葡汉词典》里的注音推测,在那里他们找的语言老师应该不是北方人,而是南方人,可能有一两个,其中一定有操客家话和闽方言的广东人或福建人。② 同年,他刻印了《祖传天主十诫》。张西平认为这是"欧人明清间第一篇以汉字写的中文文献"③。12月,罗明坚带着翻译回澳门筹措建造教堂的经费。但那时正值澳门经历艰难时期,葡萄牙商人还在日本没有返回。担心债主追债,罗明坚只好将归期推迟了整整一年,直到1584年11月商船从日本获利返回澳门,他才得到葡商的资助携带足够资金回到肇庆,修建了仙花寺第二层,还添置了一些家具。罗明坚还用适合当地百姓水平的文体,写了一部关于基督教义的书,即《天主实录》,也叫《天主圣教实录》。这是第一部西方传教士写的中文著作。写作该书时,罗明坚得到了中国人的帮助,因为他的汉语水平毕竟有限,所以"写的时候先将拉丁文译成中语讲给这位司书听,然后他按照所领略的程度,而写成中文"④。罗明坚是个耐心而认真的神父,在校完全书后,"又请利玛窦和在肇

---

① [意]利玛窦、[比]金尼阁:《利玛窦中国札记》,何高济等译,北京:中华书局,2010年,第150—158页。
② 《中国语言学报》编委会:《中国语言学报》第5期,北京:商务印书馆,1995年,第43页。
③ 张西平:《西方汉学的奠基人罗明坚》,载《国际汉学》2012年第2期。
④ [法]裴化行:《天主教十六世纪在华传教志》,萧濬华译,上海:商务印书馆,1936年,第264页。

庆府住的一位福建儒士，郢斫、润饰"①，最终付梓出版。有观点认为该书刊印于1583年，但按罗明坚该书序言所记的"时万历甲申岁秋八月望后三日 远西罗明坚撰"推断，该书出版时间不太可能在1583年。另外，利玛窦在1585年致锡耶纳耶稣会富里伽蒂（Giulio Fuligatti）神父的信中说："去年，我们用非常讲究的中文出版的《天主实录》帮了我们很大的忙。书中我们试着用自然的道理讲述我们的天主圣教，驳斥中国的教派。这本书收效极佳。"② 我们从利玛窦的信函，结合罗明坚序言所记，可以得出该书出版时间应为1584年的结论。

王泮发现这些带着三棱镜、印刷精美而制作优良的西式书籍的西来传教士在学术和文化方面比他想象的更为先进，所以亲笔书写了两块制作精美、写着"仙花寺"和"西来净土"的匾额赠送给他们。由于"仙花寺"醒目地挂在教堂门口，以至于教堂的原名反而没什么人知道。王泮送的这两块匾额对初来乍到的传教士们则起到了有效的保护作用。

1585年11月20日，罗明坚应肇庆新知府郑一麟之邀，和麦安东神父从广州动身前往浙江绍兴。根据利玛窦的回忆，在这之前，他们想到了一件很重要的事，那就是中国人往往有好几个名字，但从不用真名或本名，除非长辈称呼，或者自称及签名，破坏这个规矩会显得很失礼。所以每个人（按：文人）都会取一个体面的名字让别人称呼他。而当时，罗明坚他们始终都用自己的本名，仆人们也这么称呼他们，这在中国人看来很不文雅。所以，为了应付各类社交活动，他们就采用了取一个所谓尊名的习惯。从此，所有到中国来的传教士在进入中国前都要取一个尊名，使它看起来好像是神父们早已有的名字一样。③ 应该就是从这个时候开始，利玛窦取了中文字号"西泰"，罗

---

① 参阅张西平：《传教士汉学》，郑州：大象出版社，2005年，第33页。
② ［意］利玛窦：《利玛窦书信集》，文铮译，北京：商务印书馆，2018年，第58页。
③ ［意］利玛窦、［比］金尼阁：《利玛窦中国札记》，何高济等译，北京：中华书局，2010年，第192、193页。

明坚取的雅号是"复初"。通过这种入乡随俗的方式，传教士们从称谓上汉化自己，以融入中国社会。这种巧妙的称谓更改表明了传教士本土化的决心，从意义上说不亚于后来的易服之举。

罗明坚和麦安东在绍兴居住的几个月里，人们络绎不绝去观望两个有着奇特相貌的洋人，因为动静太大，甚至惊动了当地官员。几个月后王泮收到家书，担心这样下去会给他带来麻烦，于是便写信让弟弟赶紧将他们送回肇庆。1586年7月，罗明坚和麦安东回到广州，麦则转回澳门。利玛窦认为本来要去浙江建立传教点的罗明坚和麦安东没有完成任务，而且他们的绍兴之行非但没有取得成效，甚至产生了很严重的消极作用。因为受这一事件的影响，王泮对传教士的态度有了根本转变。他不再对传教士们客客气气，还警告他们不要像过去所习惯的那样在新月期间到他官邸去；还命人将仙花寺匾额上他的名字涂掉。本来利玛窦所绘制的地图上也有王泮的名字，他也命人涂掉。① 这些举动无疑是表明他要与传教士作关系上的切割。利玛窦将此怪罪于罗明坚的中文水平不足以与当地人进行有效沟通，说他在绍兴时讲话结结巴巴，拼命对付，只有一个没经验的老人给他当翻译。② 笔者认为仅就王泮的态度变化判断是罗明坚的中文水平欠佳而导致此行失败是不够客观的。他们先去拜访的是肇庆新知府郑一麟位于绍兴上虞某乡村的家，尔后随王泮做丝绸生意的弟弟王汗到了王府。当时麦安东神父刚来中国，完全不懂中文，只能在访问中充当默默听讲的角色。罗明坚学的是官话，听不懂绍兴人说话是很正常的。绍兴人说的是吴语绍兴片方言，吴方言很多地区都是五里不同音，百里不同俗。如果中间没有很好的翻译作为媒介，沟通自然是困难的。笔者认为，王泮之所以没有帮助罗明坚留在绍兴建立传教点，很可能是为了避嫌。虽然当时广东的海禁制度有所松懈，但浙江沿海倭患严重，嘉靖

---

① [意]利玛窦、[比]金尼阁：《利玛窦中国札记》，何高济等译，北京：中华书局，2010年，第671页。
② [意]利玛窦、[比]金尼阁：《利玛窦中国札记》，何高济等译，北京：中华书局，2010年，第139页。

三十四年（1555）曾有六七十个倭寇从绍兴上虞上岸，一路烧杀劫掠，直至南京，后来朝廷动用了火铳才击退他们。这一事件离罗明坚绍兴之行过去仅仅只有 30 余年。所以当地人对外国人很是警觉，因而罗明坚和麦安东两个西洋人在绍兴引发那么大的关注也是可以理解的。利玛窦将绍兴之行的失败仅归因于罗明坚中文水平差是有失偏颇的。但绍兴之行与罗明坚被调回欧洲这两件事无疑存在着一定的关联。有学者推测罗明坚被范礼安调回欧洲可能与利玛窦有关："（利玛窦）认为罗明坚有限的语言能力使之（绍兴之行）成为一场失败的旅程。而对于不懂中文的范礼安来说，他调走罗明坚的决定显然是在利玛窦提供的信息基础上做出的。"[1]

在肇庆期间，罗明坚完成了中国历史上第一部汉外词典——《葡汉词典》的编写。至于它的确切完成时间，有很多说法，后文将具体阐述。

1587 年正月，罗明坚应一谭姓朋友之邀，一方面也是为了让麦安东能留在肇庆（王泮曾与传教士约定仙花寺只能住两个神父），于是带着一个翻译和两个中国随从前往广西桂林，在那儿一度受到欢迎，但很快就因为和明宗室一位王爷有过交往，引起嫌疑，被桂林总督吴善驱逐出了桂林城。罗明坚被那位王爷安排去附近的白水先住一段时间，于是罗在那儿暂住了 4 个月，其间还用中文作了几首诗，其中有一首题为《寓广西白水围写京》。诗中写道："绿树青山白水围，乱莺啼柳燕双飞。茅檐瓦屋清溪上，落日村庄人自归。"[2] 描述的可能是他所住之处的风景。最后，罗明坚还是无功而返，于 1587 年 7 月 27 日回到了仙花寺。不久，吴善突然调任两广总督，王泮担心吴善对罗明坚印象不好，承诺给传教士补偿修建仙花寺的费用，只希望他们尽早返回澳门。在传教士们一筹莫展之时，还发生了一件更严重的事——罗明坚被一个名叫蔡一龙的新入教者（教名为马丁）诬陷与一妇人通奸。

---

[1] 刘平：《中国天主教艺术简史》，北京：中国财富出版社，2014，第 132 页。
[2] 参阅张西平：《〈葡华词典〉中的散页文献研究》，载《北京行政学院学报》2016 年第 1 期。

罗明坚将蔡一龙告上法庭，审理案件的郑一麟发现罗明坚被指控通奸的那一天还在广西，于是将诬陷者打了 20 大竹板，接着上级长官听说此事，命令再打 60 竹板。① 这一事件的判罚裁决书后被罗明坚作为附录收进了《葡汉词典》。

由于发生了许多令传教士们寝食难安的事，他们自觉地位"颇不安定，随官府之喜怒为转移。则欲地位巩固，势须请求宗座正式遣使于北京"②。1588 年 4 月，范礼安命罗明坚返欧，游说教皇遣使吁请万历皇帝允许他们自由传教。这实际上也是将许多事件的共同当事人罗明坚调离中国的一种方案。1588 年底，罗明坚离开中国，踏上了返欧的旅途。1589 年罗明坚抵达里斯本，到菲利普二世（Felipe II, 1527—1598）宫廷向国王作了汇报。但在罗马期间，由于当时四易教宗（十七个月里，四个教皇相继去世），范礼安交给他的使命因此未能完成，他本人则因身体原因（实际上，他在肇庆时身体已经有所不济③）而退隐撒莱诺（Salerno）耶稣会院。④ 在欧期间，他作了一件于后世极有意义的事——把《大学》的部分内容翻译成拉丁语并公开发表。他还出版了详细的关于中国各省情况及行政建构的分省地图集，即《中国地图集》，这是西方第一次较为全面介绍中国地理及行政等情况的地图集。

1607 年 5 月 11 日，罗明坚病故。

---

① [意]利玛窦、[比]金尼阁:《利玛窦中国札记》，何高济等译，北京:中华书局,2010年，第 200—204 页。
② [法]费赖之:《在华耶稣会士列传及书目》(上册)，冯承钧译，北京:中华书局，1995 年，第 28 页。
③ [法]裴化行:《利玛窦神父传》(上)著，管震湖译，第 108 页记:"实际上罗明坚生病后从来似乎没有痊愈，他头一次同巴范济神父一起住中肇庆时就已经抱怨'非常疲倦'"。
④ 徐宗济:《中国天主教传教史概论》，上海:上海世纪出版集团，2010 年，第 214 页。

二、罗明坚的汉学活动及其成果

1. 以中文著述、写诗

罗明坚在学习汉语后不久，便开始着手用中文著述。他在一封信里曾明确表达过他学习汉语的目的："以便日后用中文著书，驳斥中文书中（有关宗教方面）的谬误，希望将来能为天主服务，使真理之光照耀这个庞大的民族。"① 可见以中文著述是他所认为的可以服务天主的一个途径。这也源于传教士们对用中文著述这种方式的敏锐认识，他们发现对中国人来说，用象形文字所表达的中国著作具有特殊的力量而且表现力巨大。② 确实，当时的人们普遍认为，通俗口语用于即时交流，而书面文字有超越时空的力量。对于普通百姓来说，读书是一件奢侈且极其高尚的事。朱熹就认为读书是为了观圣贤之意和自然之理。因此传教士们意识到"基督教信仰的要义通过文字比通过口头更容易得到传播"③。这几乎成为来华传教士们的共识。1606年8月利玛窦在致罗马耶稣会总会长阿夸维瓦神父的信中说道："在中国，这是一件很特别的事，所有的教派更多地是利用书籍，而不是通过布道传播其教义，中国人授予的最高学位也只能是凭写文章获得，而不用说一句话。"④ 1608年3月，利玛窦又一次在信中表达他的惊讶："在中国，书籍的作用比语言要大，这确实是一件令人不可思议的事。"⑤ 可见罗明坚和利玛窦对于中国文字的力量有着一致的观点，这是他们勤于以中文著述的最大动力和原因。

到肇庆以后，罗明坚的中文有了更多施展的机会。台湾辅仁大学

---

① ［意］利玛窦《利玛窦通信集》，罗渔译，台北：台北光启出版社，1986年，第413页。
② ［意］利玛窦、［比］金尼阁：《利玛窦中国札记》，何高济等译，北京：中华书局，2010年，第172页。
③ ［意］利玛窦、［比］金尼阁：《利玛窦中国札记》，何高济等译，北京：中华书局，2010年，第172页。
④ ［意］利玛窦：《利玛窦书信集》，文铮译，北京：商务印书馆，2018年，第267页。
⑤ ［意］利玛窦：《利玛窦书信集》，文铮译，北京：商务印书馆，2018年，第302页。

校长、神学家罗光在《利玛窦传》里详细谈及罗明坚在仙花寺向来宾赠送《祖传天主十诫》的意图和方式。其实还在澳门时,罗明坚就开始"专心致志于'用方块字'译出《主祷文》《圣哉玛丽亚》《天主十诫》《教理问答》"①。1582 年,罗明坚完成了《天主十诫》的中文翻译,并以此作为他宣扬天主教义的基本资料。1583 年《天主十诫》刊印于肇庆,又名《祖传天主十诫》。这是天主教第一篇用中文在华刊传的经言。十诫主要指:一、要诚心奉敬天主,不可祭拜别等神像。二、勿呼请天主名字而虚发誓愿。三、当礼拜之日禁止工夫,谒寺诵经,礼拜天主。四、当孝亲敬长。五、莫乱法杀人。六、莫行淫邪秽污等事。七、戒偷盗诸情。八、戒谗谤是非。九、戒恋慕他人妻子。十、莫冒贪非义财物。

有些读到《天主十诫》的中国人不明白诫文的意思。为了给他们解释,罗明坚就把他几年前写的中文要理,于 1584 年 11 月刻印成书,名为《天主圣教实录》,又名《天主实录》。

《天主圣教实录》

罗光对罗明坚写作和刊印《天主实录》的缘起做过详细解释。按罗光所述,具体过程如下:

一五八一年罗明坚在澳门,和高麦斯神父(P. Pedro Gomez),编写了一册问答式的拉丁文要理。那年冬天,罗明坚请人把拉丁本译为中文,提名为"西天竺国天主实录"。次年春,译本经过几位

---

① [法]裴化行:《利玛窦评传》,管震湖译,北京:商务印书馆,1993 年,第 91 页。

神父的审阅，认为可以刻印，范礼安遂下令请罗明坚印行天主实录。罗明坚不甚相信翻译者，而且有些名词不能找到适宜的译名，便把天主实录搁置不印。如今肇庆有许多学者要求教理书籍，罗明坚便把"西天竺国天主实录"抄本交与利玛窦与一福建秀才，加以修改，后来又请津知府阅看一遍，终于在一五八四年十一月下旬，刊印成书，名为"天主实录正文"，署名"天竺国僧书"，印刻一千二百册。是为我国天主教第一册印刷之书籍。不久这册要理又印刻第二版，名为"新编天主实录"，署名"天竺国僧明坚"。①

从以上罗光这段话中，我们可以知道，该书的写作早在 1581 年就已完成，到 1584 年才印刷出版。朱维铮将罗明坚的中文写作和出版称为"大航海时代之后西方人会通中西文化的最早尝试"②。中国人看到这本书惊叹不已。据说王泮特别喜爱，印了很多册，在国内广为流传。

全书一共十六章，分为题解、目录、引言和正文四大部分。内容以解释天主和十诫、宣扬天主教教义为主。书中宣称天主为造物主，应该得到世人尊敬，明确驳斥了偶像崇拜各教派的教义，提出"释迦之言不可信""贫富寿夭皆天主所命"等观点。

张西平认为该书作为欧洲人用中文写的第一部著作，不仅在西学东渐中有着重要地位，而且在西方汉学史上也具有重要地位。③ 徐宗泽则从天主教中国发展史的角度出发，将之视为天主教教士到中国后的第一刊物。不过，他对这本书的文笔评价不高，认为它文理不甚清顺，名词亦多牵强。但罗明坚刚到肇庆不过两年已能用汉语写书以宣扬天主教，徐对此还是非常赞赏的。④

作为入华传教士在中国的第一本用中文宣扬天主教教义的文献，该书的意义的确是深远的。首先，它开创了西方传教士用中文著述之

---

① 罗光:《利玛窦传》,台北:学生书局,1979 年,第 34 页。
② 朱维铮:《利玛窦在中国》,载上海博物馆编《利玛窦行旅中国记》,北京:北京大学出版社,2010 年,第 4 页。
③ 张西平:《西方汉学的奠基人罗明坚》,载《国际汉学》2012 年第 2 期。
④ 徐宗泽:《明清间耶稣会士译著提要》,上海:上海书店出版社,2010 年,第 105 页。

先河，尝试用当时中国人所习惯的书面方式来传播天主教教义。其后利玛窦及其他耶稣会士们勤于中文写作以宣扬教义可以说是该方式的一种延续和传承；其次，这是罗明坚将西方文明中国化、本土化的一次尝试，在翻译一些不为中国人熟悉的天主教基本观念和思想时，他尽量从中国人的思维方式出发，通过意译法、音义结合法及音译法等，创造出如"天主、天堂、魔鬼、地狱、赎罪、耶稣"等概念术语，这些词至今仍在沿用。如前文所述，在翻译天主教所信奉的造物主 Deus 一词时，罗明坚将它由原先的"陡斯"改为"天主"。利玛窦特别赞赏这一译法，他认为"天主"一词，从字面上可以解释为上天之主，非常符合天主教的创世理论；而且他发现在《诗经》《论语》和《中庸》等一些中国古代典籍中，"上帝"一词的含义与"天主"（Deus）非常接近，于是又以"上帝、天主"等说法来称呼造物主。这些译法一直沿用至今。仅从这两点来看，《天主实录》在中西文化交流史上的地位就非同一般了。

该书至今在罗马、巴黎等地均有藏本。

此外，罗明坚还创作了不少中文诗歌。除了前文提到的《寓广西白水围写景》之外，还有下面三首明显写于杭州的七言诗：

游杭州府
不惮驱驰万里程，云游浙省到杭城。
携经万卷因何事？只为传扬天主名。

寓杭州天竺诗答诸公二首
其一
僧从西竺来天竺，不惮驱驰三载劳。
时把圣贤书读罢，又将圣教度凡曹。

其二
一叶扁舟泛海崖，三年水路到中华。
心如秋水常涵月，身若菩提那有花。
贵省肯容吾着步，贫僧至此便为家。
诸君若问西天事，非是如来佛释迦。

据统计，罗明坚一共留下34题51首中文诗歌。1993年，学者陈绪伦首次向学界披露了现藏于罗马耶稣会档案馆的罗明坚诗集这一珍稀文献①，之后陈恩维对罗明坚的这一具有创造性跨文化实践的创作活动作了进一步研究，认为罗明坚作为耶稣会士，在欧洲大陆之外的中国首开用中文进行圣诗写作之先河，实际上带有突破耶稣会自身宗教局限的创新意义。② 笔者认为，这种创作形式对欧洲人来说是一大创新，对罗明坚来说，是他入乡随俗、努力求同的尝试，体现了他希望尽快融入中国社会、被中国文人接受的一种心愿。

2. 编写中文学习教材和词典

据考证，罗明坚曾编写过中文教材。他在澳门时以中国的二十四节气为教材的识字课本散页在罗马耶稣会档案馆被发现。③

除了中文教材以外，罗明坚还编写了目前所知世界上第一本汉外词典——《葡汉词典》。下面是其中三张散页图片④：

第32页　　　　　　第63页　　　　　　第72页

---

① Albert Chan. "MicheleRuggieri, S. J. (1543—1607) and His Chinese Poems", *Monumenta Serica*, Vol. 41(1993), pp. 129—176.

② 陈恩维:《来华耶稣会士罗明坚与中西文学的首次邂逅》，载《文学遗产》2022年第1期。

③ 张西平:《西方早期汉语教学史研究》，见张西平编《传教士汉学研究》，郑州:大象出版社，2005年，第204页。

④ 三张图片均引自拉乌尔·赞波尼(Raoul Zamponi):《罗明坚与利玛窦的〈葡汉辞典〉新探》，万云路译，载《国际汉学译丛》2023年第2辑。

该词典手稿于 1934 年在罗马耶稣会档案馆内被德礼贤（Pasquale D'Elia，1890—1963）发现。德礼贤是研究利玛窦及中国天主教史与哲学史等方面的专家，也是意大利现当代两位重要的汉学家白佐良和兰乔蒂（Lionello Lanciotti，1925—2015）的老师。他发现词典手稿后，在其第一页作了注释，将之命名为《欧华词典》（Dizionario europeo-cinese），后来他又将其命名为《葡汉词典》（Dizionario portoghese-cinese）。2001 年，美国汉学家魏若望（John W. Witek，1933—2010）重印了手稿中的词典部分，沿用了《葡汉词典》的名称。① 过去有不少包括德礼贤在内的学者都认为该词典是罗明坚和利玛窦的共同作品。美国乔治城大学杨福绵教授通过对手稿上的笔迹辨别，认为有的笔迹出自罗明坚之手，有的出自利玛窦之手。所以他也认为该词典是由罗明坚和利玛窦共同编写而成的。他推测手稿形成时间应在 1585 至 1588 年之间，定稿时间为 1586 年 6 月。② 张西平教授则通过对罗马耶稣会档案馆的实地考察，并对手稿第 15 页中的一段话（涉及《祖传天主十诫》的译撰）及涉及罗明坚和蔡一龙案的文字进行了分析，认为涉及罗明坚和蔡一龙案的一段中文很可能是罗明坚亲笔所写，因为文中有缺字和错字，不像是中国文人写的。他由此确定该词典的主要作者应该是罗明坚，而利玛窦当时的身份很可能是罗明坚的助手。③ 当代意大利语言学家拉乌尔·赞波尼（Raoul Zamponi）分析认为，该手稿是罗明坚在澳门构思并开始编写，并于 1588 年带回罗马的。词典的第二部分，即字母 D 到 Z 中的大量葡语词条，以及第一、第二部分汉语译词的拉丁注音，都应该出自罗明坚之手。他在论文里提供了魏若望和巴雷托（Barreto）的意见，前者认为词典 A 至 C 部分的词条应该是利玛窦写的，后者认为该词典实际上是罗明坚和利玛窦制作的一种教学工具，

---

① ［意］拉乌尔·赞波尼（Raoul Zamponi）：《罗明坚与利玛窦的〈葡汉辞典〉新探》，万云路译，载《国际汉学译丛》2023 年第 2 辑。
② 杨福绵：《罗明坚、利玛窦〈葡汉词典〉所记录的明代官话》，载《中国语言学报》1995 年总第 5 期。
③ 张西平：《西方汉学的奠基人——罗明坚》，载《历史研究》2001 年第 3 期。

在澳门学院的其他传教士也可能使用并修改过。① 学者宋黎明则通过时间和词典上的笔迹等分析，判断该词典的主体部分完成于 1581 年 6 月 19 日，添加部分完成于 16 世纪 90 年代。他认为词典是由罗明坚与中国通事合作完成的，利玛窦没有参与此事。② 笔者认为，该词典的主要作者很可能是罗明坚。第一，从时间上看，罗明坚从 1579 年就开始学习中文，利玛窦 1582 年才开始学习中文，时间上两人相差 3 年左右。学习外语的人急需词典，而当时又没有现成的，作为民法与教会法双料博士的罗明坚可能会着手自己编写。从客观原因和条件上说，罗明坚有能力、也有动力编写该词典；第二，该手稿的内容主体部分包括一份罗马字注音对话录（第 3—7 页）和词典正文（第 32—156 页）。此外还附有葡语词汇表、日晷图、中国十五省的名称以及罗明坚与蔡一龙案的判罚裁决书等内容。罗马字注音对话录的作者已明确是罗明坚③，而与词典风马牛不相及的蔡一龙案的判罚裁决书竟然也被收录于该手稿内。凭这一点来看，这份手稿的主人也很可能是罗明坚。毕竟按常理说，没有人比罗明坚更在乎这份还他清白的判决书。第三，学界对利玛窦的研究较为深透，利玛窦往往把经历过、做过的比较重要的事一一报告，有时候甚至把同一件事在不同的信件中一再复述。但迄今为止，在利氏书信或回忆录里尚未发现他参与编纂《葡汉词典》的相关信息。在《利玛窦中国札记》第四卷第三章末尾，曾详细记述了教士们在从北京返回南京的航行中，利玛窦与郭居静等人规范了对汉语声韵调的标注法时，附带有这样的话："这种以音韵书写的方法，是由我们两个最早的耶稣会传教士所创作的，现在仍被步他们后尘的人们所使用。"④

---

① 参阅[意]拉乌尔·赞波尼(Raoul Zamponi):《罗明坚与利玛窦的〈葡汉辞典〉新探》,万云路译,载《国际汉学译丛》2023 年第 2 辑。
② 宋黎明:《罗明坚拉丁文注音并翻译的〈千字文〉研究》,载《国际汉学》2022 年第 12 期。
③ 宋黎明:《罗明坚拉丁文注音并翻译的〈千字文〉研究》,载《国际汉学》2022 年第 12 期。
④ [意]利玛窦、[比]金尼阁:《利玛窦中国札记》,何高济等译,北京:中华书局,2010 年,第 336 页。

如果利玛窦参与了《葡汉词典》的编写，利玛窦回忆里很可能会有所说明，如"这种以音韵书写的方法，是由罗明坚神父和利玛窦神父所创作的，现在仍被步他们后尘的人们所使用"或类似的说法。

综上所述，笔者认为该手稿的主人很可能就是罗明坚。

那么，《葡汉词典》中的中文语词部分是否为罗明坚亲笔所书呢？若仔细观察词典中的中文笔迹，我们不难发现其中的汉字多为行楷，十分讲究笔锋，笔法工整，呼应自然。字迹清晰，用笔老辣，每个汉字内部字形的布局较为合理。作为学习中文不久、非汉字文化圈学习者的罗明坚和利玛窦都不太可能写出如此讲究笔法、笔锋与布局的汉字。另外，我们观察不同页面上的汉字，可以发现其书写的认真程度不一，有的页面上的汉字写得很认真，有的很潦草，字形也有大有小，很不统一；行间距与字间距也相当随意；还有错别字，如"观"写成了"快"（这两个字的发音在南方一些方言里比较接近）。据此，笔者认为汉字执笔人很可能是写练过多年汉字的中国南方人，但该书写者的耐心与恒心似乎有限。再仔细查看罗明坚在 1584 年刊印的《天主圣教实录》，上面有"仁义礼智信"五个汉字（见前文图片），左边是每个汉字的拉丁语注音，右边是每个汉字的拉丁语释义。稍加对照，我们就可以发现，《天主圣教实录》上的"仁义礼智信"笔迹完全不同于《葡汉词典》上的汉字，书写者应为不同的中国人。这从一个侧面说明罗明坚对书籍的刊印非常重视，遇到需要写汉字的地方可能特地请了中国人执笔。

倘若以今天词典的标准来衡量，其实《葡汉词典》算不上真正意义上的词典，可能称之为《葡汉常用词语对照手册》更为确切。古今中外学外语的人往往都有个通用的办法，即用自己熟悉的方式为在学的新语言注音，罗明坚也用他们所熟悉的拉丁文字母为汉语句子及词语加注了发音及音标。这个看似不经意的小小创举，从此开创了用拉丁字母为汉语注音的方法。这简直称得上是一场语言学上的革命。而且词典的第一部分，即对话录部分的罗马字注音，音标标注方式对后来的中国方言学语音标注法也有很重要的参考价值，如入声字以喉塞音"ʔ"标注似自此始。在杨福绵先生看来，《葡汉词典》中的罗马字拼音系统是中国最早的一套汉语拼音方案，不过其声母和韵母的拼写法尚未完全定型，甚至有些模棱混淆的地方。仔细考察该词典的罗马字母注音，情况确实如此。词典发音中没有严格区别送气音与不送气音，如"的"和"踢"都标为"ti"；也存在同一个字却有不同的拼写法等现象，比如"起"，至少有"chi、ghi、chiy"三种标注法。但它作为史上最早的汉语罗马字拼音系统，其开创性对于利玛窦的拼音方案及后世出现的各种拼音方案来说都是功不可没的。[①] 此后利玛窦、金尼阁、叶尊孝、马礼逊（Robert Morrison，1782—1834）等欧洲人均延用以拉丁字母标注汉语发音的方法来编写各种汉外词典。中国人也在"读若法"和"反切法"等传统方法之外，多了一条为汉字注音更便捷的方法，直接促进了后世汉语拼音方案的产生。

该手稿共 190 张，每张大小为 23 厘米×16.5 厘米。[②] 第 3 页开始是拉丁语注音对话录，即《宾主问答辞义》，也有人译为《平常问答词意》，不过按标题所对应的拉丁语注音"pin ciù ven tà ssì gnì"中的"gnì"看，前者可能性更大（因为前文中的《天主圣教实录》图片中的"仪"，罗明坚在其左边的注音是"gni"，而"义"与"仪"在明官话中的声母都是舌根音）。宾主一问一答，从内容来看，问的和答的都是些日常用语。如以下 3 个话轮的对话[③]：

  Che iuo：si fu tau cie li yi chi nien liau
  [k'əʔ yoʔ：sɿ fu tau tʃɛ li i ki niɛn liau]
  客曰：师父到这里已几年了？

  Ta iuo：zai yeu liā nien
  [taʔ yoʔ：ts'ai iəu liaŋ niɛn]

---

① 杨福绵：《罗明坚、利玛窦〈葡汉词典〉所记录的明代官话》，载《中国语言学报》1995 年总第 5 期。
② 参阅[意]拉乌尔·赞波尼（Raoul Zamponi）：《罗明坚与利玛窦的〈葡汉辞典〉新探》，万云路译，载《国际汉学译丛》2023 年第 2 辑。
③ 参阅杨福绵：《罗明坚、利玛窦〈葡汉词典〉所记录的明代官话》，载《中国语言学报》1995 年总第 5 期。

答曰：才有两年。

Che iuo：giu chin ni schiau te′ ngo mun cie piē cuō cua po schiau te′

［kəʔ yoʔ：ʒu kin ni xiau təʔŋo mun tʃɛ piɛn kuɔn xua poʔ xiau təʔ］

客曰：如今你晓得我们这边官话不晓得？

Ta iuo：ye schiau te′ chi chiu

［taʔ yoʔ：iɛ xiau təʔ ki ky］

答曰：也晓得几句。

Che iuo：ye chian te

［k'əʔ yoʔ：iɛ kiaŋ təʔ］

客曰：也讲得？

Ta iuo：lio schio kiā chi chiu

［taʔ yoʔ：lioʔ xioʔ kiaŋ ki ky］

答曰：略学讲几句。

从以上对话可以明显看出，罗明坚很注重语言学习中的常用先见原则。

词典的正文部分刚开始时分为四栏（如第 32 页，第四栏为意大利语注释），后面大多分为三栏。第一栏是葡萄牙语词条，按字母顺序排列；第二栏是对应的汉语词的罗马字注音；第三栏是对应的汉语词条。以下是该词典第 72 页部分词条：

Danço	uu	舞
Dançar	uu	舞
Dānar	quai	坏了
Da li	na li-napien	那里-那边
Da qui	cie li	这里

Da porta a dentro	men li teu	门里头
Dar	pa	把
Dar de comer	pa ta cia	把他食
Dar a vela	ci ghi pon	扯起篷（按：起航）
Dar a olhada	cam guai	看快（按："观"的错别字）
Dar passada	zeu ye pu	走一步

可以看出，词典里的词条并不完全是纯粹的词语，也包括了短语甚至句子在内。比如，第63页的"天主生万物"、第72页的"自今以后""送酒他食"等。从一些葡萄牙词语的中文释义来看，有些中文词与短语的方言色彩比较浓厚，如"送酒他食""看不得远""门里头""扯起篷"等。从字母D部分词条可以看出，虽然词典没有明确标注时态和词性，但编者将表示"我跳舞"的Danço和动词"跳舞"的Dançar分为两个词条来排列，而对应的汉语发音和中文释义却是相同的，说明编者实际上是考虑到词性和时态的，另一方面也说明词典的中文释义有欠准确、比较粗糙。

该词典一共收录了6500余条葡语词及短语，对应汉语词及短语5510条。[1] 从第32页字母A部分我们可以看出有一些葡语词条由于编者没有找到在汉语中的对应说法而空缺，这样的空缺多达900多条。

该词典没有采用罗明坚的母语意大利语，而以葡萄牙语作为汉语的对照语，很可能是因为当时在澳门的葡萄牙人很多，而意大利人较少的缘故。而且那时候耶稣会士们的在华活动是归葡萄牙在东方的传教区管辖的。[2] 另外也因为从15世纪开始，葡萄牙船队在航海时代控制了大批贸易据点，建立了庞大的海外帝国，成为当时欧洲的权力中心。其欧洲霸主地位造成了葡萄牙语的强势，葡语为许多传教士、商

---

[1] 参阅[意]拉乌尔·赞波尼（Raoul Zamponi）:《罗明坚与利玛窦的〈葡汉辞典〉新探》，万云路译，载《国际汉学译丛》2023年第2辑。
[2] [法]杜赫德:《耶稣会士中国书简集：中国回忆录》，郑德弟、朱静等译，郑州：大象出版社，2001年，第7页。

人及航海家们所普遍掌握,在那个时代相当于今天的国际通用语英语。所以,用葡语来编写词典更易于推广和普及,实用性也更大。

在1584年刊印的《天主圣教实录》上有"仁义礼智信"五个汉字,其左边也有拉丁文发音标注,但彼时尚未成汉语拼音体系,相较于《葡汉词典》的体系化价值有限。可能罗明坚在学习中文时,很早就有用拉丁文字母标注汉字发音的做法。罗明坚在进一步修订《葡汉词典》时可能为这样的标注进行了系统化,这就为汉语读音标注开创了一条新路子、新方法。张西平认为《葡汉词典》的罗马字拼音系统是中国最早的一套汉语拼音方案,以后才有了利玛窦在《程氏墨苑》中的方案。① 这也更加凸显了《葡汉词典》在汉学史上独特的价值和地位。杨福绵教授认为该词典所收的词汇和例句,"除掉一小部分是受了闽粤方言的影响之外,基本上代表当时(明末)的官话,是非常珍贵的语言资料,有待全面详细的研究和探讨。"② 可以说,该词典对于中国明代语言,尤其是官话和南方方言的研究,也具有重要价值。

3. 译介中国文化典籍

罗明坚还是第一个把中国文化典籍翻译到西方的传教士。1581年11月12日,他曾写信给耶稣会总会长麦古里安,告诉他自己已经认识了15000个中国字,并随信附上了一册用拉丁文翻译的中文书。他说这本小书的内容是中国人宣扬道德,并强制儿童实施这些道德的警句和格言。③ 1583年2月7日,他在肇庆又写信给耶稣会新任总会长阿夸维瓦,信中说自己去年曾寄去一本中文书,并附有拉丁文翻译。④ 可见寄拉丁译文的时间是1582年。宋黎明认为他记错了时间,并通

---

① 张西平:《西方汉学的奠基人罗明坚》,载《国际汉学》2012年第2期。
② 杨福绵:《罗明坚、利玛窦〈葡汉词典〉所记录的明代官话》,载《中国语言学报》1995年总第5期,第60页。
③ 利玛窦:《利玛窦书信集》下,罗渔译,台北:光启出版社、辅仁大学出版社,1986年,第426页。
④ 参阅宋黎明:《罗明坚拉丁文注音并翻译的〈千字文〉研究》,载《国际汉学》2022年第12期。

过实地考察译文原稿判断该书为《千字文》。① 裴化行则认为该中文书和译稿是《三字经》。② 但这一译文并未公开出版，没有产生社会影响。

1588 年底，罗明坚奉命返欧。大约在 1590 年，罗明坚携带一批中文书籍以及译稿回到了罗马。由于当时教宗更迭频繁、教廷情形混乱，请教宗遣使一事不了了之。后来罗明坚奉命赴那不勒斯的撒莱诺耶稣会公学服务，担任诺莱学院的教师。在那儿他用拉丁文翻译了"四书"。他翻译的《大学》中，部分译文被收进波赛维诺（Antonio Possevino，1533—1611）的百科全书式著作《历史、科学、救世研讨丛书选编》（Bibliotheca Selecta qua agitur de Ratione studiorum in historia, in disciplinis, in Salute omniun procuranda.），1593 年在罗马正式出版。波赛维诺曾是耶稣会会长麦古里安的秘书，担任过罗马教皇的外交官，对文学和神学颇有研究。罗明坚回到罗马后与波赛维诺多有交往。波赛维诺书中所发表的只是罗明坚译文中的一小部分。

目前，罗明坚的整部四书拉丁文翻译手稿藏于罗马意大利国家图书馆。学者王慧宇对该手稿进行了细致考察。整部手稿用拉丁文手写而成，上有罗明坚签名。一共有五个部分，分为《大学》《中庸》《论语》《孟子》和《诸家名言集》。其中《大学》《中庸》《论语》三部分连续编码，第 1 页上标注的时间为 1591 年 11 月；第 135 页标注《论语》翻译完成的时间为（1592 年）8 月 10 日（圣老楞佐日）；《诸家名言集》完成时间为 1592 年 11 月。根据推断，手稿始作于 1591 年 11 月，完成时间不早于 1593 年。王慧宇还通过对利玛窦书信的分析以及范礼安不允许出版罗明坚四书译稿等情况得出该手稿出自罗明坚之手的结论。③ 笔者认为，她的分析是很符合逻辑的。

---

① 宋黎明：《罗明坚拉丁文注音并翻译的〈千字文〉研究》，载《国际汉学》2022 年第 12 期。
② 参阅张西平：《西方汉学的奠基人——罗明坚》，载《历史研究》2001 年第 3 期。
③ 参阅王慧宇：《早期来华耶稣会士对儒家经典的解释与翻译——以罗明坚〈中庸〉手稿为例》，载《国际汉学》2016 年第 4 期。

罗明坚所翻译的四书大部分译文在欧洲一直没有得到正式出版。张西平从范礼安给耶稣会会长的信函内容分析，认为这与范礼安的态度有关。范礼安曾在信中明确告诉耶稣会会长，罗明坚年纪大了，在中国传教十分辛苦，此外他的中文发音并不很好，等等。① 范礼安并不懂中文，他所得到的罗明坚中文发音不好的信息很可能来自利玛窦。利玛窦对罗明坚的能力与中文水平有过多次贬低。1593 年 12 月 10 日，利玛窦从韶州写信给耶稣会总会长阿夸维瓦神父，信中说："视察员神父（按：范礼安）还让我把这些书译成拉丁文，以便对我编著一部新的教理问答手册有所帮助，我们非常需要一部中文的手册，因为最初编写的那部未能像应有的那样好。"② 这部"中文的手册"指的就是罗明坚刊行于 1584 年 11 月底的《天主实录》，而范礼安不懂中文，怎么知道罗明坚编的那部不好而让利玛窦重新编译呢？1596 年 10 月 13 日，利玛窦从南昌写给阿夸维瓦的信中又说："我现在正在审校那部我很早以前便开始撰写的《天主实义》……，我们希望这部书会比我们以前刊行的那一部要好得多，一些已经读过本书若干章节的人力劝我立即将其付梓。"③ 这里说的"我们以前刊行的那一部"指的也是罗明坚的《天主实录》。④ 同年 12 月，他知道罗明坚在翻译四书，在给阿夸维瓦的信中又写道："罗明坚的译文并不是好的，因为他只认识很少的中国字。"⑤ 客观地说，罗明坚是《葡汉词典》的编纂者，比利玛窦早 3 年开始学中文，认识的汉字应该不会很少。利玛窦刚开始时跟罗明坚的关系是不错的，毕竟他是受罗明坚举荐到的澳门。在澳门学习中文时，得到了罗明坚的悉心指导。他还亲切地称罗明坚为"米开勒神父"。如 1583 年 2 月 12 日，他写给意大利友人的信中说："这里有一位拿波里出身的米开勒神父，神父早在

---

① 参阅张西平：《西方汉学的奠基人——罗明坚》，载《历史研究》2001 年第 3 期。
② ［意］利玛窦：《利玛窦书信集》，文铮译，北京：商务印书馆，2018 年，第 104 页。
③ ［意］利玛窦：《利玛窦书信集》，文铮译，北京：商务印书馆，2018 年，第 192、193 页。
④ ［意］利玛窦：《利玛窦书信集》，文铮译，北京：商务印书馆，2018 年，第 193 页。
⑤ 参阅张西平：《游走于中西之间》，郑州：大象出版社，2019 年，第 225 页。

我之前就热心钻研汉语,所以在中国人之间博得了充分的信任。"① 又如,1584年9月在致澳门蒋·巴蒂斯塔·罗曼(Juan Bautista Román)的信中,利玛窦写道:"罗神父遇事慎重、耐心,不仅赢得了官员们的礼遇,也得到了他们的信任……"② 但后来两人的关系似乎发生了微妙的变化。利玛窦对罗明坚的中文水平很不认可。可能也是因为受利玛窦的影响,德礼贤一直认为以罗明坚的中文水平不足以胜任四书的翻译工作(德礼贤刚开始看到《葡汉词典》手稿时也认为它出自利玛窦之手),因而推断罗明坚将利玛窦的四书译稿带回了意大利并重新抄写编纂,但几年后他经过对更多史料的分析,又推翻了自己以前的推断,认为四书译稿的作者是罗明坚而非利玛窦。③ 近年来有关罗明坚的新文献和新资料时有发现,罗明坚逐渐得到了较为公允的认识和评价。

相对而言,罗明坚对于中国文化典籍的翻译远没有利玛窦和殷铎泽等耶稣会士的影响广泛而深远,但意义却不一般,他是历史上最早将中国文化典籍西译的人,这是西方汉学史上的一件大事。如果范礼安允许他出版四书译文,那么孔子和儒家思想对欧洲知识界的影响无疑可以提前。罗明坚的翻译活动给了利玛窦等耶稣会士很大的启发与参照,他们大多循着罗明坚的思路,注重翻译中国文化中的经典著作,尤其是四书,并在翻译过程中强调儒家思想的理性维度。可以看出,中国经典通过利玛窦和殷铎泽等耶稣会士的翻译而传入欧洲,促进了中西文化的交流互动,罗明坚在此过程中起到的更多是间接作用。

4. 绘制出版中国地图

1989年,意大利国家档案馆馆长罗萨多(Eugenio Lo Sardo)在

---

① [日]平川祐弘:《利玛窦传》,刘岸伟、徐一平译,北京:光明日报出版社,1999年,第42页。
② [意]利玛窦:《利玛窦书信集》,文铮译,北京:商务印书馆,2018年,第40页。
③ 参阅王慧宇:《早期来华耶稣会士对儒家经典的解释与翻译——以罗明坚〈中庸〉手稿为例》,载《国际汉学》2016年第4期。

意大利国家地理学会杂志上发表论文《有关明代中国的第一地图集——罗明坚未刊手稿》，称经研究确认，在意大利国家档案馆所存的中国地图手稿作者为罗明坚。随后他组织了一些学者开展进一步研究。1993年，意大利国家出版社出版了罗萨多主编的《中国地图集》。全书共137页，内有按罗明坚原图尺寸复制的79页手稿，包括28幅地图和37页文字说明。[1] 罗萨多证实，罗明坚是第一个绘制并出版中国分省地图集的欧洲人。

根据罗萨多的研究，罗明坚开始绘制地图的时间是1606年，遗憾的是，地图集尚未完成他就于1607年去世了。该地图集28幅地图中的有些图比较精细，有些还停留在草图状态，可能是罗明坚来不及进一步完善的结果。该地图集的一个明显特点是它详细地列出了中国的15个省份，并对15个省份都进行了多角度的介绍，对每个省的农业生产、粮食产量、矿产、河流分布及流向，以及各省之间的距离，甚至连皇家成员居住的地点，茶叶等特殊作物、学校和医科大学以及宗教方面的情况都作了说明。在这些文字说明中，他以省、府、州、县为顺序对主要城市和一些名称进行了逐一介绍，甚至包括各地驻军情况也有比较详细的说明。[2] 他的地图没有用欧洲制图家惯用的投影制图法，而是采用了中国传统绘图上的"计里画方"法绘制。这也是明朝地理学家、地图学家罗洪先（1504—1564）于1541年绘制《广舆图》的方法——总图以"每方五百里"、各省图以"每方百里"的比例绘制而成。因此有学者认为，罗明坚的这部《中国地图集》是在罗洪先《广舆图》的基础上绘成的。另外一个值得关注的细节是罗洪先把浙江宁波的象山半岛错绘成一个独立的岛屿，罗明坚的地图集上也沿袭了这一错误。[3] 另外在地图集里罗明坚突出了南方的重要地位，对各省份的介绍也是从南方沿海各省开始，这也是罗明坚地图的一个

---

[1] 王力军编：《中国海上丝绸之路研究年鉴2019》，杭州：浙江大学出版社，2020年，第270页。

[2] 参阅张西平：《传教士汉学研究》，郑州：大象出版社，2005年，第26页。

[3] 王建富：《舟山群岛地名文化坐标》，北京：海洋出版社，2013年，第148页。

鲜明特色。这可能是因为罗明坚在中国的主要活动范围以南方为主的缘故。他去过浙江杭州和绍兴等地，对杭州及西湖印象颇深。因此，在浙江省地图上，不仅有杭州及其周围密集的城镇，还画出了西湖的基本面貌。

学者宋黎明认为，如果说利玛窦是用中文绘制世界地图的第一人，那么罗明坚则是用西文制作中国地图集的第一人。[①] 他们各自都为中西文化交流作出了独特的贡献。

三、罗明坚汉学活动评价

虽然利玛窦的光芒极大地削弱了罗明坚在意大利汉学史上应有的声望和地位，使罗明坚成为一个几乎泯然于众的铺路人。但其实众多"第一"即是对罗明坚汉学活动的最好评价。作为系统学习中文及中国文化的西方传教士第一人，罗明坚对中国文化有着深刻的了解和体悟，他开创了以中文宣扬天主教义的新道路，通过翻译、著述等方式，努力将欧洲文明本土化，在一定程度上促进西学东渐的发展；另外，他翻译了四书和《千字文》等中国经典古籍，出版了《中国地图集》，第一次用欧洲人的话语方式介绍中国文化，以合适有效的方式促进了中国文化的西传。但如果说他就是"西方汉学的奠基人""西方汉学之父"，笔者认为可能并不十分客观。因为无论是他的词典编纂，或者四书翻译、地图编绘等等，其影响力远远没有得到应有的释放，受其影响更多更直接的是利玛窦，在利玛窦后来用拉丁文标注汉字、翻译和注释四书、热衷于以中文著述等举动中，我们都不难看到罗明坚的影子。德礼贤的看法较为公允，他在其《第一本中文基督教义手册的历史——汉学肖像》中说："在中国传教事业之创建过程中，耶稣会士罗明坚神父的神意角色，与施洗者约翰一样。他作为一位真诚的'新郎的朋友'，为利玛窦——传教事业的真正奠定者——开辟道路，引领其进

[①] 参阅王力军主编：《中国海上丝绸之路研究年鉴2019》，杭州：浙江大学出版社，2020年，第270页。

入中华帝国,然后在世人眼前消失。"① 因此,与其说罗明坚直接对汉学起到了奠基作用,不如准确地说,他是通过利玛窦这个载体呈现并放大了他在汉学史的贡献。近年来,随着罗明坚的汉学成果不断被发现,他也由此获得了国际汉学界的敬重和众多赞誉。

第三节　利玛窦东西文化双向传输

明末以来,在众多入华耶稣会士中,利玛窦无可争议是最为知名、具有里程碑意义的人物。朱维铮先生认为利玛窦虽然不是第一位进入中国大陆的欧洲耶稣会传教士,却是第一批入华耶稣会士中间最具历史影响力的杰出人物。② 德礼贤也认为天主教在中国的传教能发展成这么大的组织规模应该归功于利玛窦。③ 而利玛窦的影响力,不仅来自他在中国的传教成果,更来自他在汉学史上的突出成就。汉学研究原本不是利玛窦来中国的目的所在,但伴随着传教布道而进行的汉学活动,却使他成为一个实实在在的汉学大家。而且由于机敏好学且坚持不懈,他在汉学领域所达到的广度和高度至今无人企及。1953年,《利玛窦札记》英译本作者加莱格尔(Louis J. Gallagher)在序言中高度肯定了利玛窦在世界汉学史上的地位和声望。他指出,三个世纪以来"没有任何国家的哪一个汉学家不曾提到过利玛窦"④。法国汉学家戴密微(Paul Demiéville,1894—1979)认为利玛窦是具有改革观念的伟大思想家,是第一个真正沟通了欧洲和中国思想的人,几

---

① 参阅钟永宁:《消失的铺路人——罗明坚与中西初识》,北京:中华书局,2022年,第302页。
② 朱维铮:《走出中世纪》(增订本),上海:复旦大学出版社,2007年,第63页。
③ 徐宗泽:《中国天主教传教史概论》,上海:上海世纪出版集团,2010年,第55页。
④ [意]利玛窦、[法]金尼阁:《利玛窦中国札记》,何高济等译,北京:中华书局,2010年,第31页。

乎所有的西方汉学家都奉他为鼻祖。① 利玛窦在其短短的 58 年生命历程中,有 28 个年头(1582—1610)是在中国度过的。他说中文,穿汉服,在传教的同时,学习、研究和传播中国文化。《利玛窦传》的作者平川祐弘把利玛窦称为地球上出现的第一位"世界公民","人类历史上第一位集欧洲文艺复兴时期的诸种学艺和中国四书五经等古典学问于一身的巨人"②。2001 年,教皇若望·保禄二世(Sanctus Ioannes Paulus PP. II)在利玛窦到北京 400 周年纪念会的开幕词中,给予他高度评价。他认为利玛窦神父最大的贡献是在"文化交融"领域,以中文精编了一套天主教神学和礼仪术语,"做中国人中间的中国人",使他成为一个举世闻名的大汉学家。利玛窦把司铎与学者、天主教徒与东方学家、意大利人和中国人的身份,令人惊叹地融合在了一起。③

可以说,利玛窦不仅是西方汉学史上最杰出的人物之一,也是世界汉学史上的一个划时代的人物。

一、利玛窦生平及主要经历

1552 年 10 月 6 日利玛窦出生于意大利中部小城马切拉塔(Macerata)。1561 年 5 月入耶稣会小学,毕业后就读于当地一家耶稣会寄宿中学。1568 年 10 月,他被父亲送到罗马学习法学。但利玛窦对法律并不感兴趣。他"自觉适于教会生活,乃入耶稣会"④。1571 年圣母升天节(8 月 15 日)那天,利玛窦进入圣安德修院,在耶稣会主办的学校学习神学和哲学,并在那里系统地学习了几何、天文、物

---

① 参阅任继愈主编:《国际汉学》(第二辑),郑州:大象出版社,1998 年,第 419 页。
② [日]平川祐弘:《利玛窦传·序》,刘岸伟、徐一平译,北京:光明日报出版社,1999 年,第 3 页。
③ 参阅武斌:《中国接受海外文化史》第 4 卷,广州:广东人民出版社,2022 年,第 57 页。
④ [法]费赖之:《在华耶稣会士列传及书目》(上册),冯承钧译,北京:中华书局,1995 年,第 31 页。

理、工程、地图等学科。这段时间的学习为他后来在中国传教及传播西学打下了坚实的基本功，其中有两位老师对他日后的工作产生了至关重要的影响。一位是当时最有名的科学家和数学家之一的克拉维乌斯（Christophoro Clavius，1537—1612）。这位罗马学院著名的德国籍数学家不仅精通数学，而且擅长地理，是哥白尼和伽利略的朋友，还是伽利略科学研究的积极支持者。[①] 从他那里利玛窦不仅学到了数学知识，而且学到了绘制地图的方法。后来利玛窦在中国编制地球全图，与徐光启一起翻译《几何原本》，这些知识与技能，为他赢得了中国文人们的尊敬和仰慕，为他在中国行"学术传教"之路提供了技能上的保障。另一位重要的老师是倡导传教士学习中文和中国文化的范礼安。利玛窦学习神学时，正逢耶稣会迅速发展，进入向东方传播的新时期。范礼安神父是当时的耶稣会东方总巡察使，主要工作是向中国派遣天主教传教士。后来他作为观察员被派遣去组织驻印度、日本和中国的传教机构。当时利玛窦和许多同会修士一样渴望去东方国家传教。经过努力争取，利玛窦终于获得了机会。他急迫地要奔赴遥远的东方传教，以至于当耶稣会总会长批准他顺道回家看望并告别亲人时，他都谢绝了。1577年5月18日他与巴范济神父等人一起出发，从罗马经佛罗伦萨和热那亚前往葡萄牙里斯本。因为当时葡萄牙国王控制着非洲以及东亚的航海和传教权，利玛窦等人需要先去请求葡萄牙国王的批准。

从1577年6月到1578年3月，利玛窦在葡萄牙的科因布拉（Coimbra）学院，继续他在罗马未竟的学业。科因布拉学院是耶稣会东方传教团的一个学术训练中心。这9个月时间的学习对他后来在中国的翻译活动产生了深远影响——该大学的许多教科书成为他日后在中国从事"西书中译"活动的母本。3月24日，葡萄牙国王批准了利玛窦等人前往东方国家传教，并且颁旨予以资助。3月29日，25岁的利玛窦与罗明坚等13名耶稣会士分乘三条船踏上了前往东方的旅程。经过近六个

[①] 邹振环：《晚明汉文西学经典：编译、诠释、流传与影响》，上海：复旦大学出版社，2011年，第34页。

月漫长艰辛的海上漂泊,9月13日,利玛窦一行终于到达印度果阿。在那里,他一面攻读神学,一面开始学习印度的佛教,并在果阿教授希腊文和修辞等课程。在这一时期,他还表现出在历史学和制图学等方面的特殊才能。另外,他对制造自鸣钟等手工技术和建筑行业也颇感兴趣。这一切对他后来的传教和汉学活动都起到了明显的助益。

1581年,利玛窦被授予神父职位。1582年8月7日,利玛窦在罗明坚的举荐下被召至澳门学习中文。1583年9月10日,利玛窦跟着罗明坚,身穿僧服,自称西僧,抵达肇庆并获准居留。他们之所以一身西僧打扮,是因为他们听说中国人敬畏鬼神,由此推想中国人对僧人的态度也必敬重,所以就以西来僧侣为人设开展活动。对于当时的情景,明末学者张尔岐在《嵩庵闲话》中有这样的描述:"利玛窦初至广,下舶,髡首袒肩,人以为西僧,引至佛寺。"① 这种僧侣打扮在当时起到过一定的作用。9月15日,肇庆知府王泮在崇禧塔北面给他们划了一块建造教堂的地。1584年初,仙花寺的第一层建造完工,第二层的建造计划因经费问题被暂时搁置。罗明坚和利玛窦精心布置了教堂。中间大厅是一个圣坛,墙上挂着圣母像,大厅两侧分布着四个房间。一间是卧室,一间是地图展示室,一间为西文图书室和会客室,神父们陈列了从欧洲带来的天文、地理、机械、数学、水利以及城市建筑等方面的书籍及画册。最后一间是天文仪器陈列室。教堂大门上挂着王泮为教堂题写的匾额"仙花寺",他题写的"西来净土"牌匾则被挂在会客室的墙上。该教堂的初步完成是一件有标志性意义的事件,一般认为这是中国耶稣会传教团的开始。② 利玛窦在晚年的回忆录里写道:"许多人也开始献香以供熏香祭坛,向神父们布施,供给食物和灯油,灯油是为在祭坛前点灯用的。为教堂的土地而向官员们请求一笔地租,那是轻而易举的。"③ 实际上人们是将他们等同于

---

① 参阅方豪著:《中西交通史》,上海:上海人民出版社,2008年,第686页。
② [意]柯毅霖:《晚明基督论》,王志成等译,成都:四川人民出版社,1999年,第48页。
③ [意]利玛窦、[比]金尼阁:《利玛窦中国札记》,何高济等译,北京:中华书局,2010年,第668页。

寺庙里的和尚来对待的。神父们展示的圣母像、罗盘、地图和三棱镜等一些西方物品，吸引了许多中国官员和民众前去参观。但随着在肇庆生活的时间一长，利玛窦就发现中国人对僧人并不十分敬重。1584年利玛窦在一封信中写道：

> 这里的人从未见过洋人，把我们当作笑料或者稀罕。我们只要在街上走一走，尤其是在距离我们居住的这座城市很远的其他城市，必须急速跑过去……人们给我们取了无数的绰号，其中最常用的要算"洋鬼子"。①

可见当地人在新鲜感过去以后，对神父们产生了严重的轻视和排斥。经过了解，利玛窦才明白僧人并不真正受人尊敬的原因：

> 但他们（按：指僧人）里面决没有一个人是心甘情愿为了过圣洁的生活而选择了参加这一修道士的卑贱阶层的。他们也和师父一样，既无知识又无经验，而且又不愿学习知识和良好的风范，所以他们天生向恶的倾向就随着时间的推移而每况愈下。这种生活方式可能有一些例外，但如果是这样，他们就成为其中的极少数喜欢学习并靠自己的努力而能有所成就的人。虽然这个阶级不结婚，但是他们放纵情欲，以致只有最严厉的惩罚才能防止他们的淫乱生活。②

在肇庆期间，他接待造访仙花寺的各方来宾，向他们介绍圣母、天主和世界地图，相赠《天主十诫》等天主教宣传物。同时他们高薪聘请了被称为"司宾"的福建秀才住到教堂里教他们中文。司宾可能带来了很多中国书籍充实他们的书库。利玛窦天资聪颖，而且掌握独特的西式记忆法，学习效率很高。在短短的几年时间内，他就通晓了

---

① 参阅周天：《跋涉 明清之际耶稣会的在华传教》，上海：上海书店出版社，2009年，第24页。
② [意]利玛窦、[比]金尼阁：《利玛窦中国札记》，何高济等译，北京：中华书局，2010年，第108页。

重要的儒学典籍。在 1584 年 9 月致蒋·巴蒂斯塔·罗曼的长信里，他说自己和教士们忙于修建寓所和学习中文，中文水平已经可以用来布道和告解，并且用中文刊印了《天主经》等刊物。① 他自述道："我们会说这个国家本土的语言，亲身从事研究过他们的习俗和法律，并且最后而又最为重要的是，我们还专心致意夜以继日地攻读过他们的文献。"② 利玛窦似乎天生具备极强的钻研精神。他很快就掌握了中文及四书等中国文化典籍，语言水平反超早他三年开始学习的罗明坚，在短时间内对中国文化有了较深的认识和体悟。这也为他后来与各种人斡旋甚至得以顺利居留北京起到了关键性的作用。

利玛窦学习刻苦，但绝非书呆子，相反他非常善于察言观色和揣摩人心，并根据自己的明确目标开展各种活动。在观察中他发现经由科举考试走上仕途的人，往往备受人们的尊敬。他进一步了解到作为"中国所固有的，并且是最古老的一个教派"，儒家在中国的社会地位和政治影响力远超佛教。中国人以儒教治国，有大量的文献，远比其他教派更为著名。③ 他也了解到明朝的始祖洪武皇帝保留儒、佛、道三教的原因，在为保持这三大教香火不断而立法时，政府却严格从法律上规定儒家应优先于其他两种。④ 基于对儒教地位的重新认识，利玛窦一方面更加刻苦研习儒家典籍，另一方面坚定了耶稣会惯用的走上层路线的决心，积极结交各方达官贵人和名流学士。结交的方式之一就是向他们介绍西方先进的科学知识和技术，走学术传教之路。他

---

① ［意］利玛窦：《利玛窦书信集》，文铮译，北京：商务印书馆，2018 年，第 40 页。该处的《天主经》很可能是《利玛窦中国札记》中提到的在家庭教师帮助下写的《天主圣教实录》。参见何高济等翻译、2010 年版的《利玛窦中国札记》第 171、172 页。
② ［意］利玛窦、［比］金尼阁：《利玛窦中国札记》，何高济等译，北京：中华书局，2010 年，第 3 页。
③ ［意］利玛窦、［比］金尼阁：《利玛窦中国札记》，何高济等译，北京：中华书局，2010 年，第 101 页。
④ ［意］利玛窦、［比］金尼阁：《利玛窦中国札记》，何高济等译，北京：中华书局，2010 年，第 113 页。

的想法是："感觉传道必须先获华人之尊敬；以为最善之法莫若渐以学术收揽人心，人心既附，信仰必定随之。"① 可见他很清楚社会动荡不安的明末时期中国文人所最看重和最需要的东西。这也是他绘制《山海舆地图》的初衷。1584年10月，利玛窦根据王泮要求及意见绘制并修改的中文世界地图完成。该地图由王泮出资印刷了十多份，被作为珍贵礼物赠予当地要人和好友。利玛窦和范礼安也寄了几幅地图回欧洲。

如前文所述，1585年，在罗明坚与麦安东绍兴之行前，利玛窦与罗明坚按照中国人的习惯，各自取了别号。利玛窦自称"西泰"，罗明坚则号"复初"，以示归化中国。但罗明坚绍兴之行并不顺利，后来在桂林又被驱赶了出来。王泮对利玛窦等人的态度也有了很大变化，甚至命人将他在仙花寺的匾额和世界地图上的名字都涂掉。这使得利玛窦等人感到了前所未有的危机。1588年底，罗明坚被范礼安遣回欧洲。后来由于各种原因，罗明坚再也没有回到中国。从此，利玛窦挑起了耶稣会在中国传教的大梁。

1589年，新任两广总督刘继文看中了欧式建筑样式的仙花寺，想占为己有，将之改建成自己的生祠。刘继文让人送给利玛窦一些银两作为购买仙花寺的款项，利玛窦不愿意接受。后来刘继文找了个借口，给利玛窦送了一些路费，限令他三日内离开肇庆府返回澳门。几番斡旋之后，1589年8月15日，利玛窦乘船离开肇庆，后客居韶州。在那儿利玛窦仍广泛结交当地名人。他常常将自己制作的天体仪、地球仪和计时用的日晷等物品赠送给官员，教当地名士瞿太素学习天文学和数学，并指导瞿太素用木材和金属制作了天球仪、象限仪、日晷和量角器等仪器和工具。

1592年2月18日，正值中国的农历新年。利玛窦按惯例拜访瞿太素，瞿太素回访，并邀请利玛窦去南雄做客。做客期间，瞿太素向利玛窦引荐了南雄知府王应麟，利送了王应麟一幅《山海舆地图》。

---

① [法]费赖之:《在华耶稣会士列传及书目》(上册),冯承钧译,北京:中华书局,1995年,第32页。

瞿太素还建议利玛窦易服,他说:"先生洁身修行,昭事天地真主,与僧道之崇奉土木偶像者,相去天渊矣。然则何不服儒士衣冠,而雉发剪须,若僧徒也。"① 这不是瞿太素第一次提这样的建议。艾儒略在《大西西泰利先生行迹》中有这样的记述:"姑苏瞿太素,太宗伯文懿公之长子也。适过曹溪,闻利子名,因访焉。谈论间,深相契合,遂愿从游,劝利子服儒服。"② 不过这次利玛窦反复思考后终于下决心将"西僧"的身份转变为"西儒"。11月,他乘船从肇庆出发到澳门去见范礼安,请求范礼安同意他以儒者身份传教,并继续将四书译成拉丁文。范礼安答应向上级提请批准。1594年,耶稣会批准了利玛窦以儒者身份传教和继续以拉丁语翻译四书的请求。于是利玛窦与郭居静开始蓄起了须发,换上了宽衣博带的儒生装束。利玛窦晚年回忆说,瞿太素在韶州宣称利玛窦和其他耶稣会士为letterati(按:意大利语,"文人"之意),从而转变了人们的看法,提高了耶稣会士的信誉和名声。③ 可见这次易服行为成功地改变了人们对传教士们的印象。

从各种资料来看,利玛窦当时的交游是相当广泛的。1592年夏秋之间,汤显祖因抨击朝政被贬,在从徐闻取道肇庆北上回江西临川老家的途中,得知利玛窦因夜间遇盗至肇庆处理讼事,遂亲自上门拜访,两人相谈甚欢。利玛窦向汤显祖请教了中国的音律。汤显祖写了两首七绝——《端州逢西域两生破佛立义,偶成二首》,诗中写道:"画屏天主绛纱笼,碧眼愁胡译字通。正似端龙看甲错,香膏原在木心中。二子西来迹已奇,黄金作使更何疑。自言天竺原无佛,说与莲花教主知。"④ 该诗题目中的"端州",指的就是肇庆。西域是汉唐时的说法,指今新疆维吾尔自治区以及中亚或中亚以西地区。"两生"指利玛窦和他的神父同伴郭居静。从题目和内容可以知道,利玛窦在

---

① 萧若瑟:《天主教传行中国考》,见《民国丛书》,上海:上海书店出版社,1992年,第116页。
② 方豪:《中国天主教史人物传》,北京:宗教文化出版社,2007年,第192页。
③ 宋黎明:《神父的新装》,南京:南京大学出版社,2011年,第67页。
④ 汤显祖:《端州逢西域两生破佛立义,偶成二首》,见《玉茗堂诗集》卷17,北京:北京图书馆出版社,1994年。

汤显祖面前颂扬了天主，贬斥了佛教。利玛窦通过与汤显祖这样的名流相识相交逐渐扩大了他在中国各地的"朋友圈"。

1595年4月，利玛窦以帮助一位官员（兵部侍郎佘立）之子治病为由，得到一个去南京的机会。但是未能获准长留南京。他只好退到南昌，并获准居住。在南昌期间，他又结交了许多儒士名流，在一次宴会上，他当众表演了令中国人大为讶异的过目不忘的本领。10月，他出版了辑译西方哲人格言而成的《交友论》（Amicitia），成为当地名人，并建立了教会组织，创立了"南昌传教模式"，获得很大成功。南昌的教会组织后由葡萄牙神父苏如望（Jean Soerio，1566—1607）接管。

在与达官儒士们的交往中，利玛窦发现在中国上自高官，下至普通民众，皆奉儒家思想为圭臬，印证了他对于儒家学说在中国地位的认知。而且在肇庆，敏锐的利玛窦发现了儒家学说不讲来世的特点[①]，于是巧妙地以此为切入口获得了一些儒士对天主教信仰的认可与喜欢。在对儒学地位有了充分认识后，利玛窦制订了一个在中国传教的妥协方案，即文化适应传教策略。简单地说，是求同存异，认同传教对象所认同的一些观点，尊崇传教对象所尊崇的人物，在建立起共同的思想基础之后，再把天主教传给他们。就这样，他一面继续刻苦学习研究儒家文化典籍，熟悉儒士们的话语体系，"开始疏远佛教，与儒家套近乎"[②]；一面通过展示欧洲带来的各种新奇物件，以欧洲的科学知识来吸引、结交对西方文明感兴趣的儒士，向他们介绍西方文明并宣传天主教教义。在生活细节上，利玛窦也十分用心，他观察到儒士们常常在大袖口里藏些书本文具，他也模仿着在袖子里放些袖珍本《圣经》或四书等。他用这些看似自然、细微温和的方法，使自己逐步被接受，慢慢融入中国上层社会。利玛窦的文化适应传教策略在客观上为天主教在中国的传播起到了积极的推进作用，并为利玛窦逐渐

[①] 利玛窦信中说："这里几乎所有人，尤其是那些大人物都不相信今世之外还有另一个世界，他们把今生当作天堂，所以他们非常沉迷于酒宴、戏剧、歌舞、弦乐以及天性给予他们的陋习……"见《利玛窦书信集》，利玛窦著，文铮译，北京：商务印书馆，2018年，第58页。

[②] 宋黎明：《神父的新装·自序》，南京：南京大学出版社，2011年，第3页。

积累了巨大声望,对他后期拓展人脉资源贡献甚大。

1596年,利玛窦被范礼安任命为耶稣会当时和未来在华所有布道团的会督,实际上就是行使中国耶稣会会长之职,全权负责耶稣会在中国的传教活动。范礼安指示他应该进京开展活动。在南昌期间,他结识了六十多岁的白鹿洞书院院长章潢,二人一见如故,称兄道弟,成了好友。章潢给了他很多很好的建议。利玛窦多次与来访的章潢弟子辩论,并引用中国古代贤哲的话反驳他们。利对于中国典籍的熟悉程度令儒生们大感惊讶。[1] 利玛窦宣称天主教符合中国古代一切优良传统。很多儒生被他的学问征服,以邀请他到家里叙谈为荣,每每合家接待。[2] 在那儿,他将在肇庆撰写的《天主实录》作了整理和修订,改名为《天主实义》,并请南昌文人润色。10月13日,建安王朱多㸅在南昌刊印《坤舆万国全图》。1597年,利玛窦曾以地图相赠的王应麟升任镇江知府,并将利玛窦送给他的《山海舆地图》转送给应天巡抚赵可怀。赵可怀十分珍视该图,命人将之摹刻于苏州胥门外。

1598年6月25日,利玛窦与郭居静陪同赴任南京礼部尚书的官员王忠铭(王弘诲)一起离开南昌沿运河北上。他们一行于7月到达南京,9月8日抵达北京。但当时适逢朝日战争,外国人容易有"日本间谍"之嫌,不宜久留北京。利玛窦等只好租船南返。在丹阳,患病的利玛窦得到了瞿太素的悉心照料而痊愈。1599年2月6日,利玛窦抵达南京。在南京期间,利玛窦在王忠铭的介绍下结识了南京礼部侍郎叶向高、思想家李贽等名士。当时人们争相与利玛窦交往,探讨各种问题。"士人视与玛窦订交为荣,官吏陆续过访。所谈者天文、历算、地理等学。凡百问题悉加讨论。有著名道士某曾被折服而去。"[3] 不少士大夫追随利玛窦而受洗。受此鼓励,利玛窦派郭居静赴澳门汇报,并请负责人继续派教士前来协助。不久,郭居静和西班牙

---

[1] [意]利玛窦:《利玛窦书信集》,文铮译,北京:商务印书馆,2018年,第134页。
[2] [法]裴化行:《利玛窦评传》,管震湖译,北京:商务印书馆,1993年,第201页。
[3] 樊树志:《晚明史》,上海:复旦大学出版社,2005年,第37页。

耶稣会士庞迪我（Diego de Pantoja，1571—1618）带着许多可作贡品的西洋物件回到南京。利玛窦打算再度北上，将这些贡品献给朝廷。也是在这一年，利玛窦开始编写《二十五言》，并受吏部主事吴中明之请，重新修改和绘制了之前的世界地图，改名为《山海舆地全图》，该图被湖广按察司冯应京收录于《月令广义》。

1600 年初，徐光启路过南京时见到利玛窦，两人相见如故。5 月 18 日，利玛窦带着庞迪我、钟鸣仁和一位名为游文辉的中国慕道友以及四个仆人，乘坐太监官船再度北上进京。7 月 3 日，他们一行抵达临清，几日后到达天津。途中多次受税监马堂的刁难，极为不顺。不过有惊无险，最后平安渡过难关。1601 年 1 月 24 日，利玛窦一行抵京。27 日利玛窦夜宿宫门外太监庑殿，第二天一早，由太监们将自动报时自鸣钟、《万国图志》、大西洋琴、天主图像、圣母图像、天主经、珍珠镶嵌十字架等数件西洋贡品送进宫内，利玛窦向神宗皇帝呈上奏章《上大明皇帝贡献土物奏》。在奏章里他自称为"大西洋陪臣"，绝口不提传教之事，用谦卑而夸张的语气阐述了他远道而来的目的和学习中国语言文化的情形：

> 大西洋陪臣利玛窦谨奏，为贡献土物事：臣本国极远，从来贡献所不通，逖闻天朝声教文物，窃语沾被其余，终身为氓，庶不虚生。因是辞离本国，航海而来，时历三年，路经八万余里，始达广东。盖缘音译未通，有同喑哑，因僦居学习语言文字，淹留肇庆、韶州二府十五年；颇知中国古圣先人之学，于凡经籍，亦略诵记，粗得其旨……①

奏书言辞谦卑恳切，无奈当时的万历皇帝却是个"不郊""不庙""不朝""不见""不批""不讲"的"六不做"皇帝，28 年来怠政不上朝，利玛窦自然无缘得见。不过万历皇帝对自鸣钟颇感兴趣，命人将大自鸣钟供于皇寿殿内，小自鸣钟留在内殿。本来呈了贡品，利玛窦他们如果找不到合理的留京借口也只能南返了，没想到八天后

---

① 朱维铮主编：《利玛窦中文著译集》，上海：复旦大学出版社，2007 年，第 232 页。

自鸣钟突然停走，宫中无人能修理此钟。于是，利玛窦和庞迪我被紧急召入宫中修钟，他们趁机还教太监们学弹西洋琴。利玛窦为此还编写了《西琴八曲》。神父们刻意结交了三边总制祁光宗，表达了希望定居北京的意向。不料3月中旬却被送进四夷馆居住。四夷馆早在元魏时期就有设立。《洛阳伽蓝记》里记载，当时有许多来自欧亚的外国人杂居于中国内地，朝廷就设立了金陵、燕然、扶桑和崦嵫四个馆，作为接待归附夷人的四处客馆。[①] 到明代，四夷馆的概念与北魏的有了不同。明成祖朱棣设置的四夷馆是一个翻译外文和对外交流的涉外机构。按利玛窦的说法，"所有以出使之名来华的外国人都住在这里"[②]。不过，从利玛窦一行被审问后送进四夷馆以及利玛窦看到四夷馆里面的装饰布置极其简陋等情形来看，恐怕四夷馆住的不仅是出使人员，更多的是不受朝廷待见的外国人。利玛窦这时又充分发挥了他那锲而不舍的韧劲，最后经过他的各种周旋努力，皇帝通过大太监传话，不仅允许他们留下，还每季度发给他们24个金币的生活补贴，这个补贴不管是在当时的中国还是欧洲，都是一笔不菲的金额。5月28日，利玛窦终于离开了四夷馆，租了民房住了下来。他们得到了良好的生活保障："帝嘉其远来，假馆受餐（注：上等白米），给赐优厚。公卿以下重其人，咸与晋接。玛窦安之，遂居留不去。"[③] 此后，他就以北京为中心，指挥中国各地的传教士通过各种方式开展传教活动。

1603年8月，利玛窦应教徒李应试的请求重绘《坤舆万国全图》，改名为《两仪玄览图》后付梓。1604年与利玛窦早在肇庆时就认识的郭子章（时任兵部尚书兼太子少保）在贵州根据吴中明本缩刻重印了地图，制成地图册，改名为《山海舆地全图》。他给予利玛窦极高评价，说他是"中国最先绘制出这幅精美地图的人"[④]。同年，

[①] 参阅孙魏：《明代外交机构研究》，北京：中国书籍出版社，2019年，第47页。
[②] ［意］利玛窦：《利玛窦书信集》，文铮译，北京：商务印书馆，2018年，第366页。
[③] 参阅晏可佳：《中国天主教简史》，北京：宗教文化出版社，2001年，第40页。
[④] ［意］利玛窦：《利玛窦书信集》，文铮译，北京：商务印书馆，2018年，第229页。

利玛窦刻印出版了《天主实义》。

也是在1604年,利玛窦几年前在南京结识的徐光启中了进士。前一年,即1603年徐在南京受洗入教,教名为保禄。利玛窦为了培植他成为朝廷重要人物,力劝刚中进士的徐参加殿试。利玛窦在一封信中说:"我们劝他参加了一个为三百名新科进士举行的考试,这次考试只选拔出二十四人,这些人要在京城学习三年,经考核之后进入翰林院,这是中国最高贵的学术机构,全国最高级别的官员就从这里产生。"[1] 没有让利玛窦失望,徐光启在殿试中探花及第,脱颖而出,留在了北京。对于利玛窦来说,这个比其他教友更积极听弥撒、行圣事、做告解且有求必应的朝廷要员大有前途,他曾说:"在一些必要的时候,他将是我们一个重要的保障。"[2] 后来事实证明利玛窦确实眼光独到、深谋远虑。作为当时入教的最高官员,徐光启在南京教案中竭力护教,与李之藻、杨廷筠并称护教"三柱石"。他留在北京后,不断利用闲暇时间帮助利玛窦撰写中文译著。同年,利玛窦的《二十五言》由冯应京出资刊行。徐光启为该书做跋。利玛窦则将自己绘制的东西两半球图赠予冯应京,名为《世界舆地两小图》,冯应京将之刻印出版,其摹本现存于明末程百二所编的《方舆胜略》外夷卷中。

1605年,利玛窦在宣武门买下了一座有四十间房的大院,创建了宣武门天主堂,又称圣母无染原罪堂(今北京南堂)。自此,北京的天主教有了稳定正式的传教据点。1606年8月27日,利玛窦迁居于此。从此徐光启每天会在利玛窦处待上三四个小时,与利氏合译欧几里得(Euclid,约公元前330—公元前275)的《几何原本》,方式是由利讲述,徐记录。他们共同创造了点、线、直线、曲线、角、直角、锐角等许多新概念。该书前6卷中译本于1607年5月24日在北京出版。但在明清时期,重视几何学的人不多,该书的价值很长时间都没有得到充分发挥。后来徐光启的父亲去世,他回乡丁忧守制。

---

[1] [意]利玛窦:《利玛窦书信集》,文铮译,北京:商务印书馆,2018年,第219页。
[2] [意]利玛窦:《利玛窦书信集》,文铮译,北京:商务印书馆,2018年,第219页。

《几何原本》也就没有再得以继续翻译。

也是在同年，利玛窦开始撰写《畸人十篇》。该书受到文人们的热烈欢迎，手稿被士大夫们传抄。该书与《天主实义》是姊妹篇，记录了利玛窦与徐光启、曹于汴、李之藻和吴中明等人关于宗教、哲学以及人生观等许多问题的讨论。该书于次年出版。

1608年8月，利玛窦被皇帝召入宫中，由太监降旨，命他献六轴十二幅《坤舆全图》，并允许他随时可入宫调校自鸣钟。1609年，在参考中国各地耶稣会传教点的汇报和他自己所作笔记的基础上，利玛窦开始撰写回忆录，即后来由金尼阁整理而成的《利玛窦中国札记》。

1610年5月11日，利玛窦走完了他的人生旅程。在弥留之际他对教友们说："我把你们带到了一个通向巨大功德的敞开的大门前，但并不是没有无数的危险和大量的艰难困苦的。"① 这也是他对自己一生传教活动的心得总结。他被安葬在明神宗破例赐予的京师西郊滕公栅栏墓地（坐落于现北京行政学院校内）。

二、利玛窦的汉学活动及其成果

利玛窦来中国的目的只有一个，那就是传教。为消除与中国人的沟通障碍，顺利融入中国社会，他刻苦学习中文，悉心研究中国文化；为取得中国人尤其是上层人士的认同与尊重，他易僧服为儒装，寻求儒家学说与天主教之间的共通之处；他严格执行耶稣总会要求，时时处处写信汇报，将中国各方面的情况上报给欧洲教廷；他与欧洲朋友保持紧密联系，将亲身经历及个人体悟在书信互动中予以阐发。与罗明坚一样，这些活动自始至终都没有带着汉学目的，仅仅是出于开展传教工作和保持日常生活的需要，却在此过程中自然而然地进行着汉学活动，取得了卓著的汉学成果，成为举足轻重的汉学家。从汉学研究角度来看，他的汉学成就可分为五大方面：通过信件和回忆录

---

① [意]利玛窦、[比]金尼阁:《利玛窦中国札记》，何高济等译，北京：中华书局，2010年，第670页。

介绍中国情况、绘制世界地图、翻译和解释中国文化典籍、创建汉语拼音系统和用中文著述及翻译西文经典等。下文将作具体阐述：

1. 通过书信和回忆录等向欧洲介绍中国

利玛窦的汉学活动，很重要地体现为他以各种方式向西方介绍中国，介绍在中国的经历和对中国的认知。具体集中在他各时期写回欧洲的大量信件中；还有非常重要的一部著作，即晚年回忆录《利玛窦中国札记》。在信件和晚年回忆录里，利玛窦栩栩如生地呈现了他在中国的种种经历及印象，用见字如晤、谈心式的口吻，对各时代的读者产生了直击人心的影响，比许多专题汉学研究更有穿透力、说服力，效果也更佳，或许还产生了出乎意料的极佳效果。

相比较而言，写信比回忆录更具实时性，这是利玛窦向欧洲传播中国文化的最为及时而直接的方式。写信报告是耶稣会总部提出的要求。传教士们在外方传教时，要通过多种形式报告传教地区的地理、风俗、物产等各种情况。利玛窦写给欧洲的多封书信中的内容也都证实了这一点。如1595年11月利玛窦在致罗马耶稣会总会长阿夸维瓦的信中写道："为尊重我们的习惯并履行我的义务，和每年一样，我都会写信给您……"[1] 又如1605年5月利玛窦在致罗马耶稣会路多维科·马赛里（Ludovico Maselli）神父的信中说："神父您想知道中国特别的消息以及我们这次进入中国京城和皇宫的成功经历，这些我已经写信分别告诉了很多人，假如您没收到我的信，我们现在在这里有很多人，我想您一定会从他们的信中得知这些消息。"[2] 1606年8月，利玛窦在致阿夸维瓦会长的信里则说："我想卸去汇报传教事业进展情况以及中国其他消息的任务，因为这一任务已转交给南方寓所负责人李马诺神父。"[3]

几乎每个来华耶稣会士都会与其在欧洲的上司、朋友、家人、资助者以及学者们保持通信联系。由于路途遥远，传输过程中难免出现各种意外，如信件被审查、被损毁甚至遗失等情况，因此为了确保将

---

[1] [意]利玛窦：《利玛窦书信集》，文铮译，北京：商务印书馆，2018年，第160页。
[2] [意]利玛窦：《利玛窦书信集》，文铮译，北京：商务印书馆，2018年，第216页。
[3] [意]利玛窦：《利玛窦书信集》，文铮译，北京：商务印书馆，2018年，第262页。

信息安全传递到欧洲,耶稣会士们有时甚至把相同内容的信件从陆路、海路等不同渠道寄出,以保万无一失。这些信的内容大多是写信者本人所见所闻或亲身经历之事,具有"现场报道"的性质。①

也正因为具有"现场报道"性质,因此,相较于《马可·波罗游记》,利玛窦信件中所含信息的真实性很强,对于后世来说更具史料价值。1584年9月13日利玛窦在写给澳门蒋·巴蒂斯塔·罗曼的信中就明确声明:"事先决定只写那些我确切知道的事,或者我亲眼所见,或是我从可靠渠道得来的消息。其余的事我一律放弃……"② 可见他对记录的事件和信息是有非常清晰的选择标准的。

对于中国情况的介绍,利玛窦有时候是在一封信里集中介绍,比如1584年给蒋·巴蒂斯塔·罗曼的长信中向他详细报告了中国的历史、地理、物产、语言文字、价值观、行政体制、军事及宗教等各方面情况。1608年写给罗马耶稣会总会长阿夸维瓦的信也包含许多重要信息。有时则是在给朋友、家人、上司的信件往来中偶尔谈及点滴。相比于晚年回忆录,各时期他写给不同收信人的信件更能及时而真切地反映各种情况以及他当时的经历和真实感受。另外,他在不同时期给欧洲耶稣会上层领导、朋友和家人的不同的信里所写的内容和观点都基本一致,并无自相矛盾之处。这也说明,他所报告和介绍的中国情况在真实性方面是值得信赖的。

2018年,文铮根据《耶稣会士利玛窦神父历史著作》(Opere storiche del P. Matteo Ricci)的第二卷《中国来信》(Le lettere dalla Cina),在参考意大利 Quodlibet 出版社出版于2001年的《利玛窦书信集》(Matteo Ricci, Lettere)中部分内容的基础上,翻译了利玛窦自1580年到1609年之间从印度及中国寄出的54封书信,另外附录里还有3封其他来源的信件。这些书信大多用其母语意大利语写成,也有一些针对不同国籍的收件人用葡语或西班牙语所作。译者认为,相较

---

① 参阅钱杭辑主编:《传统中国研究集刊》第2辑《社会·历史·文献——传统中国研究国际学术讨论会论文集》,上海:上海人民出版社,2006年,第451页。

② [意]利玛窦:《利玛窦书信集》,文铮译,北京:商务印书馆,2018年,第30页。

于利玛窦晚年时站在修史者角度，尽量隐藏自己以显示历史的客观性所撰写的回忆录，从其书信里能感受到他的思想表达和情感流露。因此，这些书信使读者有机会了解利玛窦的内心世界。①

《利玛窦中国札记》是利玛窦的晚年回忆录。1609 年 2 月 17 日，利玛窦在致罗马耶稣会葡萄牙事务主管助理阿尔瓦莱兹（Giovanni Alvarez）神父的信中写道：

> 去年年底，我不知道自己为何会想到，在最初进入中国的人中，仅剩下我一人了，现在已无人知道这里传教事业最初的情况了，因此最好把这些事情按照它们发生的时间顺序加以整理，最大限度地把我记得的东西记录下来，这些事都是由我亲自做的，别人的报告会与真实情况有很大出入。我已开始写一份报告，我想您那里会对我们这里的事有很大兴趣。如果在去印度的船出发之前我能完成这份报告中的一部分的话，我会马上将它寄往罗马，那样您就会在那里看到它了。但我怕工作太多，不允许我做这些事。②

除了在以上的信中他清楚地表达了撰写回忆录的理由之外，在回忆录里他也作了开宗明义的说明。在第一卷第一章里，他说希望由于保留这样的记录而使耶稣会进入中国的故事不致湮没。另外，也可以让以后的信徒和后代们知道他们曾经付出的劳动和经历的艰辛。出于这两个目的，他力图以如实坦率的叙述而不用溢美之词来写作该书。③综合这些信息可知，利玛窦撰写回忆录是为了让人了解耶稣会传教士进入中国传教的最初情况，也为了给后人留下耶稣会在中国传教的事迹，因此他要留下一份有关中国耶稣会传教团的真实可靠的报告。他的做法是按时间顺序把这些情况加以整理，并将自己记得的东西最大

---

① ［意］利玛窦：《利玛窦书信集》，文铮译，北京：商务印书馆，2018 年，译者前言第 7 页。
② ［意］利玛窦：《利玛窦书信集》，文铮译，北京：商务印书馆，2018 年，第 342 页。
③ ［意］利玛窦、［比］金尼阁：《利玛窦中国札记》，何高济等译，北京：中华书局，2010 年，第 2 页。

限度地记录下来。从写此信时间算起，不到 15 个月，他就离开了人世。他去世后，教友在他的书桌中发现他的手稿。教友们誊抄了一份以确保手稿的安全，同时又用葡萄牙语翻译了一份。1612 年底，金尼阁被利玛窦的接班人龙华民（Nicolo Longobardi，1559—1654）派回欧洲时，就想着要把利玛窦的手稿带回欧洲并进行翻译和出版。①1613 年 2 月 9 日，金尼阁从澳门出发，1614 年 10 月 11 日到达罗马。在长达 20 个月的旅途中，他随身携带着利玛窦的回忆录手稿，将书中的意大利语翻译为当时欧洲知识阶层通用的拉丁语，并作了一些增补和修改，甚至完全改变了回忆录的叙事视角。最后编为五卷，名为《基督教远征中国史》。

1615 年 10 月，该书拉丁文版在意大利出版。封面上写有"耶稣会士利玛窦神父的基督教远征中国史会务记录五卷呈教皇保罗五世书中初次精确地、忠实地描述了中国的朝廷、风俗、法律、制度以及新的教务问题"等等。该书甫一面世，即引起轰动。1616 年，金尼阁的侄子瑞克贝（Riquebourg Trigault）将其译为法文，在里昂出版。随后该书又被译为德语、西班牙语、意大利语和英语等多种语言。虽然书里有金尼阁的声明："这部在利玛窦神父死后问世的书，我没有丝毫意思声称它是我的著作，而宁愿把它的真正原著者告诉给你。"② 但很多读者并没有留意这一细节，而且金尼阁在封面上是单独以其自身署名的。1617 年，金尼阁谈起拉丁文版传教史的翻译问题时，回避了利氏原稿的问题，导致 1622 年竟然出版了意大利文转译本（利玛窦手稿原本就是用意大利语写成的）。③ 1909 年夏天，近三百年后，命运的回旋镖还是击中了金尼阁——意大利耶稣会士汾屠立（Pietro

---

① ［美］孟德卫：《奇异的国度：耶稣会适应政策及汉学的起源》，陈怡译，郑州：大象出版社，2010 年，第 29 页。
② ［意］利玛窦、［比］金尼阁：《利玛窦中国札记·金尼阁致读者》，何高济等译，北京：中华书局，2010 年，第 37 页。
③ 中国意大利文学学会、大连艺术职业学院、意大利驻中国大使馆文化处、吕同六等编：《意大利文艺复兴——历史与现实性》，沈阳：春风文艺出版社，2003 年，第 218 页。

Tacchi Venturi，1860—1956）在耶稣会罗马档案馆里偶然发现了利玛窦的意大利语手稿。人们这才知道金尼阁偷梁换柱，将自己从译者转换成了作者身份。后来，汾屠立把他发现的利玛窦手稿与利玛窦书信编成两卷本《耶稣会士利玛窦神父历史著作》（*Opere storiche del P. Matteo Ricci*），分别于1911年和1913年出版。上卷为该书原稿，题名为《关于中国的评论》（*I commentari della Cina*），下卷为利玛窦书信。1942年该手稿经德礼贤注释后被收录于《利玛窦全集》（*Fonti Ricciani*），由意大利国家书店出版。1942年加莱格尔《十六世纪的中国——利玛窦札记，1583—1610》英译本出版。中文版《利玛窦中国札记》由1942年的英译本转译而来。

该书共有五卷，基本上是按照时间顺序，围绕着利玛窦和一些传教士主要活动的城市，如肇庆、韶州、南昌、南京和北京等地展开叙述。

第一卷是一篇序论，以利玛窦为第一人称概述了中国和中国人的情况。在这一卷里，利玛窦通过观察和研究后大胆推断《马可·波罗游记》里多次提及的Cathay（契丹）就是中国。这也是利玛窦从1596年起在信中多次提出的论断。这一推断，在他去世十多年后，为德国籍耶稣会士汤若望（Johann Adam Schall von Bell，1592—1666）用测定北京、西安等城市经纬度的方法所证实。在第一卷中他还介绍了孔子及儒家学说，第一次将"己所不欲，勿施于人"的理念传达到欧洲。第二卷主要记述他从1583年9月到1589年8月在肇庆的6年生活经历以及在此期间所发生的各种事件。第三卷涉及自1589年8月到1595年4月在韶州和自1595年6月到1598年6月在南昌的活动。第四卷记述了1597年7月到1602年9月之间在南京和北京的活动。第五卷记述了1603年2月到1611年11月耶稣会在中国各传教点的活动，以及利玛窦去世后所享的身后哀荣等情况。其中对沙勿略进入中国的努力及其失败的结局、利玛窦和罗明坚进入中国内地的初战告捷、利玛窦在韶州、南京、南昌等地的辗转奔波、北京之行的曲折、在南京的声名大噪、组织编写中国词汇表、教授数学天文、天津入狱以及在北京的活动等情况均有详细描述。

利玛窦的回忆录与各时期信件中有许多内容是交叉或者重复的。

无论是在信件还是回忆录里,利玛窦都根据实际需要,详略得当地记述了他亲自观察和了解到的关于中国的各种信息,包括对中国的总体印象、地理、历史、物产、工艺技术、政治、语言文学、社会、哲学与宗教等方面。由于他的传教士身份,以及身处中国实地生活和传教的事实,他对中国的了解自然而然地具有极强的可信度和影响力。下文将对此进行较为详细的考察和分析。

(1) 总体印象

利玛窦善于观察、比较和分析。他对中国的第一印象就是地大物博。1583年2月13日,刚到澳门不久,在一封写给帕多瓦弗尔纳里神父的信中他就介绍了对于中国的初步认识:"至于中国的疆域,可以确切地说,世界上没有比它更大的国家了。中国占据了世界上大部分的肥沃土地,而这里除了那些封疆大吏之外没有任何割据的地方王侯。"① 在晚年回忆录他重申:"由于这个国家东西以及南北都有广大的领域,所以可以放心地断言:世界上没有别的地方在单独一个国家的范围内可以发现有这么多品种的动植物。"② 他认为各个时代的作家们都在中国的名字之前冠以一个大字,是很有道理的。因为就中国领土漫长的伸延和边界而言,目前超过世界上所有国家之总和,并且在以往所有的年代里,都是超过它们的。③ 他对中国肥沃、美丽和富饶的土地,中国人的智慧与能力以及良好的治理赞不绝口。他说:"……中国非常美丽,且气候宜人,整个中国就像一座花园,令人惬意,无与伦比。"④ 在《利玛窦中国札记》里,他将中国的美丽富饶大部分归功于勤劳的人民:"中国的这类庄稼一年两收并有时一年三收,这不仅是因为土地肥沃、气候温和,而且在很大程度上更是由于

---

① [意]利玛窦:《利玛窦书信集》,文铮译,北京:商务印书馆,2018年,第24页。
② [意]利玛窦、[比]金尼阁:《利玛窦中国札记》,何高济等译,北京:中华书局,2010年,《中译者序言》第9页。
③ [意]利玛窦、[比]金尼阁:《利玛窦中国札记》,何高济等译,北京:中华书局,2010年,第6、7页。
④ [意]利玛窦:《利玛窦书信集》,文铮译,北京:商务印书馆,2018年,第33页。

人民勤劳的缘故。"① 除了中国疆域广阔、人民勤劳等表层印象外,他后来还总结出了中国与世界其他国家不同的性质特点。比如国家治理井然有序,中国人不太重视灵魂和来世问题;比如中国有三种教派,人民可自由选择信仰;比如中国人对军事和军人极不重视;又比如中国人从古至今对外国人怀着一种与生俱来的敌视心理等等。② 我们可以看到,利玛窦对中国的总体印象是一个动态发展的过程,随着在中国生活的时间越来越长,他对中国社会的了解就越深入,感受也就越复杂。

（2）历史

利玛窦在1584年9月13日致蒋·巴蒂斯塔·罗曼的信里③和回忆录第一卷第二章里都介绍了中国名称的历史变革。他发现中国从远古时代起就有统治权从一个家族转移到另一个家族的习惯（指朝代更替）,开国君主会根据自己的喜好起一个有意义的新国号。比如：唐,意思是广阔；虞,意思是宁静；夏,相当于伟大；商,表示壮丽；周,意指完美；汉,意为银河；明,意为光明,大明,就是大放光明的意思。外国人有的称中国人为Cin,有的延用葡萄牙人的方法称中国为China,日本人称中国为唐,西边的穆斯林称中国为Cathay,等等。

（3）地理

利玛窦常常在实践中运用所学的知识和方法测量中国各地的经纬度、观测月食等情况。在书信和回忆录里他都清楚地介绍了他的测量结果。如1584年9月13日致蒋·巴蒂斯塔·罗曼的信中他介绍,通过在澳门和肇庆的两次月食观测,他证实中国与加那利群岛相差经度为一百二十度或一百三十七度。而中国的南部沿海位于北纬二十度到二十八度之间。在《利玛窦中国札记》里,他利用星盘和其他仪器得出更精确的数据,确定了中国南北和西边的经纬度。④ 他还测出了途

---

① ［意］利玛窦、［比］金尼阁:《利玛窦中国札记》,何高济等译,北京:中华书局,2010年,第10页。
② ［意］利玛窦:《利玛窦书信集》,文铮译,北京:商务印书馆,2018年,第197页。
③ ［意］利玛窦:《利玛窦书信集》,文铮译,北京:商务印书馆,2018年,第31页。
④ ［意］利玛窦、［比］金尼阁:《利玛窦中国札记》,何高济等译,北京:中华书局,2010年,第7页。

经过的城市的纬度。如：扬州的纬度是 32 度；淮安约 34 度；徐州为 $34\frac{1}{2}$ 度；山东济宁 $35\frac{2}{3}$ 度；临清 $37\frac{2}{3}$ 度；天津 $39\frac{1}{2}$ 度；北京整整 40 度等等。① 有学者认为，从测得北京、南京等中国城市的经纬度值来看，利玛窦所测的纬度值与现代值还是相当接近的。② 同时，利玛窦还对不同地点之间的距离非常留意。他以中国视距尺为单位来测量路程。比如，从广东到南雄为 1170 视距尺，从南雄到南昌为 1120 视距尺，从南昌到南京为 1440 视距尺，再从南京到北京为 3335 视距尺，等等。③ 1585 年 11 月他在写给锡耶纳耶稣会富里伽蒂神父的信中，再次谈到中国的经纬度，并通过观测到的月食推断当时所在城市肇庆确切的经纬度是"东经一百二十四又二分之一度，北纬二十二又二分之一度"。④

对于欧洲人一直模糊不清的"契丹"，在几番深入研究后，利玛窦坚定认为南京就是契丹。1596 年 10 月利玛窦在致阿夸维瓦神父的信中第一次阐述了他的推测：

> 最后，我想写一则令人感到好奇的事，我认为您和其他神父都会乐于知道，这是我的一个推测：我去年到过的南京城是中国旧时帝都的所在地，在我看来这就是马可·波罗所说的契丹，很多迹象都能说明这一点。一是因为在东方我没有听说在邻近的哪个国家有如此伟大的城市。二是因为这座城市本身的规模也很大，城中还有众多桥梁。尽管我没有计算城中的桥是否如马可·波罗所说的那样成千上万，但这里的河流或运河把这座如此巨大的城市环绕了两周，并且在城中蜿蜒盘曲，所以我不敢否认有人提出的城中有数千座桥这一观点。至于"契丹"与"南京"

---

① ［意］利玛窦、［比］金尼阁：《利玛窦中国札记》，何高济等译，北京：中华书局，2010 年，第 328 页。
② 参阅冯立升：《中国古代测量学史》，呼和浩特：内蒙古大学出版社，1995 年，第 231、232 页。
③ ［意］利玛窦、［比］金尼阁：《利玛窦中国札记》，何高济等译，北京：中华书局，2010 年，第 328 页。
④ ［意］利玛窦：《利玛窦书信集》，文铮译，北京：商务印书馆，2018 年，第 57 页。

二者名称不同的问题并不重要，也许"契丹"在鞑靼人的语言中就是宫廷的意思。马可·波罗来到鞑靼人的土地上，他不会说汉语，所以只能用他通晓的语言称呼该城，就像我们现在用"宫廷"称呼它一样。……我更确切的理由是，马可·波罗称有一条河流入南京，名为"江"，中国人的确这样称呼这条河，而现在他们又在江前加上了"扬子"二字。马可·波罗说这条河的南面有八个王国，即中国的八个省份，它们都在河（或称"江"）的南边，而在河的北面则是中国十五个省份中的另外七省，它们都位于江的北岸。这样，在我看来，契丹并非中国之外的另一个国家，马可·波罗所说的那位伟大的皇帝也就是中国的皇帝。因此，虽然所用的名称不同，但鞑靼人和波斯人却都知道中国。①

他分析了南京的城市规模、桥的数量、江的名称及周边省份数量等信息，发现都与马可·波罗所说的"契丹"是符合的。因此他断定，契丹并非另一个国家，而正是中国本身。

1598年在去北京的路上，利玛窦和郭居静以太阳为参照物，测算出他们所经过的大城市所在的纬度。另外，他们还以中国的"里"作为长度单位，测量出从一个城市到另一个城市之间的距离。到了北京之后，根据这些数据，利玛窦更加确定中国与马可·波罗所讲的"契丹"是同一个国家。②

利玛窦第二次到北京之初，曾被送进四夷馆住了一段时间，认识了四夷馆里的一些穆斯林。在与四夷馆穆斯林们的交谈中，他更加确信无疑中国应该就是马可·波罗所说的"契丹"，汗八里就是北京。1605年7月他再次将自己的这一研究结果报告给阿夸维瓦："现在我们确信无疑，中国就是威尼斯人马可·波罗说的契丹，他说在契丹有基督徒的事也果然不假。因为在他那个时代，这里会有很多基督徒。"③

---

① ［意］利玛窦：《利玛窦书信集》，文铮译，北京：商务印书馆，2018年，第194、195页。
② ［美］邓恩：《从利玛窦到汤若望》，余三乐、石蓉译，上海：上海古籍出版社，2003年，第42页。
③ ［意］利玛窦：《利玛窦书信集》，文铮译，北京：商务印书馆，2018年，第255页。

1607年11月12日,在致果阿印度省负责人费南德(Gaspar Fernandes)神父的信中他第四次强调,根本不存在一个名叫契丹的王国,因为它就是中国。天主教会乃至全世界都可以对这一事实放心。①

1608年8月22日,在致阿夸维瓦神父的信中,利玛窦第五次阐述了他对"契丹"问题的推理和结论:

> 十二年前,我离开了广东省,来到了这个国家的旧都——南京。我想办法打听一些有关中国最北面的大契丹及其大汗朝廷的消息,我们的宇宙学家称契丹就位于那里,而明显的迹象告诉我,中国就是契丹。马可·波罗也给了我们同样的启示,我那时候认为南京城大概就是汗八里,因为那座城里有很多桥梁。四年后,我首次来到了帝都北京,从那些与中国人来往的摩尔人那里听说,在世界上除中国以外,不存在另一个契丹,因为波斯人就把中国称为契丹,把北京称为汗八里。当面对这种种迹象,毋庸置疑地看到了这些城市的名称与数量,还有其风土人情时,我才给您和所有的兄弟们写信说,我们就在契丹。②

紧接着,在1608年8月24日的信中,利玛窦又把他的这一结论告诉了其兄弟安东尼奥·玛利亚·利奇:

> 去年,我们终于搞清楚了,中国就是那个被古代人称为大契丹的广袤帝国,中国的皇帝就是大汗,北京城就是大汗朝廷的所在地汗八里,这只是摩尔人和鞑靼人对北京的称谓。也正是通过他们,很久以前我们西方就知道了这个国家,然而由于名称的差异很大,使我们产生了怀疑。③

利玛窦对于"契丹"问题的反复研究,反映了他在科学上的严谨态度和探索精神。《利玛窦中国札记》中译者序言中引用学者何兆武

---

① [意]利玛窦:《利玛窦书信集》,文铮译,北京:商务印书馆,2018年,第353页。
② [意]利玛窦:《利玛窦书信集》,文铮译,北京:商务印书馆,2018年,第305页。
③ [意]利玛窦:《利玛窦书信集》,文铮译,北京:商务印书馆,2018年,第329页。

的话说:"这一重大的发现可以和亚美利哥·维斯普齐(Amerigo Vespucci,1451—1512)之证实哥伦布所发现的新大陆并不是印度相媲美,堪称为近代初期西方地理学史上最有意义的两大贡献。"①

(4) 物产

利玛窦在回忆录第一卷第三章里盛赞中国人民勤劳,物产丰富。水果和蔬菜种类多,花草丰盛,芝麻到处生长,鸡鸭鹅成群,海里塘里鱼群充斥。中国居民无论贫富都穿丝着绸,丝绸大量出口海外。利玛窦由此确定中国就是人们口中的丝绸之国(Serica regio),他从中国的历史书里发现在基督诞生前2636年就有丝绸工艺的记载,于是推测丝绸工艺是从中国传到亚洲其他各地、欧洲及非洲的。② 他还提到中国的缫丝业和纺织业情况。

此外,利玛窦发现所有已知的金属在中国都可以找到。银被用作法币,金银大量被用来制作妇女的头饰和装饰。江西所产黏土制成的最细瓷器极为欧洲人喜爱。住房以木建为主,皇宫虽然用砖砌墙,但屋顶和梁柱仍是木制。森林面积广大,杉木、竹子、煤非常充足。药草丰富,盐、糖、蜡得到普遍使用。纸的使用较其他地方更为广泛,制造方法多样,但质量不如欧洲。不过中国人用棉纤维制成的纸,能与西方最好的纸一样洁白。利玛窦所说的棉制纸,可能指的是洁白而且昂贵的绵纸。只是绵纸并非由棉纤维制成,而是一种用树木的韧皮纤维制成的纸。在这一章中,他还重点介绍了那个时代欧洲人还完全不知道的茶和漆。他详细地介绍了茶的来源、制作工艺、饮用方式及其作用等:

> 有一种灌木,它的叶子可以煎成中国人、日本人和他们的邻人叫做茶(Cia)的那种著名饮料。……在这里,他们在春天采集这种叶子,放在阴凉处阴干,然后他们用干叶子调制饮料,供

---

① [意]利玛窦、[比]金尼阁:《利玛窦中国札记》,何高济等译,北京:中华书局,2010年,《中译者序言》第9页。
② [意]利玛窦、[比]金尼阁:《利玛窦中国札记》,何高济等译,北京:中华书局,2010年,《中译者序言》第4页。

吃饭时饮用或朋友来访时待客。在这种场合，只要宾主在一起谈着话，就不停地献茶。这种饮料是要品啜而不要大饮，并且总是趁热喝。它的味道不很好，略带苦涩，但即使经常饮用也被认为是有益健康的。①

然后，他还附带介绍了茶在当时的不菲价格："这种灌木叶子分不同等级，按质量可卖一个或两甚至三个金锭一磅。"②

对于"一种特殊的树脂"——漆，他是这样描述的：

> 它通常用于建造房屋和船只以及制作家具时涂染木头。涂上这种涂料的木头可以有深浅不同的颜色，光泽如镜，华彩悦目，并且摸上去非常光滑。这种涂料还能耐久，长时间不磨损，应用这种涂料很容易仿造任何木器，颜色或纹理都很像。正是这种涂料，使得中国和日本的房屋和外观富丽动人。③

他发现由于家具涂漆，所以中国人进餐时餐桌上不铺台布，如果桌子失去光泽或被残羹剩饭弄脏，只要用水洗过、用布擦干，马上就可以恢复光泽，因为漆的涂层足以防止污渍久留。④ 这与意大利人在餐桌上铺桌布的传统全然不同，给利玛窦留下了深刻印象。

在该章最后，利玛窦谈到了硝石。他发现，虽然富产硝石，但中国人并不精于使用枪炮，很少将硝石用于作战，而是大量用来制作焰火，在娱乐或节日时燃放。中国人虽不好战，但很擅长再现战争场面以及制作转动的火球、火树等，花多少钱也在所不惜。他在南京目睹

---

① ［意］利玛窦、［比］金尼阁：《利玛窦中国札记》，何高济等译，北京：中华书局，2010年，第17页。
② ［意］利玛窦、［比］金尼阁：《利玛窦中国札记》，何高济等译，北京：中华书局，2010年，第17页。
③ ［意］利玛窦、［比］金尼阁：《利玛窦中国札记》，何高济等译，北京：中华书局，2010年，第18页。
④ ［意］利玛窦、［比］金尼阁：《利玛窦中国札记》，何高济等译，北京：中华书局，2010年，第18页。

过人们在春节时大放焰火,他估计那次焰火消耗的火药足够维持一场相当规模的战争达数年之久。①

(5) 政治

利玛窦对中国的行政建制很感兴趣,在书信里,他介绍道:

> 现在的中国则被划分为十五个省,它们是:北京、南京、山东、山西、陕西、河南、浙江、江西、湖广、四川、福建、广东、广西、云南、贵州。每省中都有一个很大的城市作为其首府,首府与该省同名,该省的总督或都堂就在此城常驻,都堂是他们对大汗行省行政长官的称谓……②

这十五个省下面有一百六十个府,府下面有二百三十四个州、一千一百一十六个县,其下又有许多乡、村、堡、寨等。③ 管理这些省、府、县的各级官员是怎么选拔出来的呢？利玛窦十分清楚他们都是从科举考试中脱颖而出的。在1585年11月20日他从肇庆写了一封信,寄给罗马学院教授修辞学的方济各·本奇(Francesco Benci)神父,信中主要就写了一件有关中国的事,那就是中国的三级学位制度和官僚选拔制度之间的关系。他认为靠文章来任用官员是中国良好统治的基础,因为有科举取士制度的存在,在中国就没有高低贵贱之分,因为一个人今天还是平民百姓,明天就可能金榜题名、光耀门庭。④ 几天以后,他在写给富里伽蒂的信中又详细地介绍了科举考试的办法、内容、难度和分级等情况:

> 中国大学授予的学位只有修辞学,授给那些能写好一篇文章的人,尽管文章的内容都是新的,但都要符合他们哲学和道德的认识标准。然而他们并不像我们一样在学校里教授这门课程。他

---

① [意]利玛窦、[比]金尼阁:《利玛窦中国札记》,何高济等译,北京:中华书局,2010年,第19页。
② [意]利玛窦:《利玛窦书信集》,文铮译,北京:商务印书馆,2018年,第31页。
③ [意]利玛窦:《利玛窦书信集》,文铮译,北京:商务印书馆,2018年,第31、32页。
④ [意]利玛窦:《利玛窦书信集》,文铮译,北京:商务印书馆,2018年,第344—346页。

们的律法也与此相似。那篇文章的文字要写得非常好看,他们的字有几万之多,而且相当难辨。升至最高的三级学位(按:秀才、举人、进士)要付出很大努力,但一旦拥有了最高学位,便可以掌握大权,并获得相应的职位,这些职位是由皇帝依据国家法律授予的。因此那些天资聪颖的人都可以成为大官。①

在1595年11月4日写给阿夸维瓦的长信中,利玛窦再次介绍了科举考试:"我上文已经说过,他们的科举考试完全是以《四书》为基础的,我们称之为'Tetrabiblio'(按:利玛窦对于四书的意大利语翻译),除了这部道德书籍以外,还有六部古老的经典。每一位学生都要在其中选择一经,潜心研习,因为考试与提问的时候,只涉及他自选的那一经。"②他对中国人在科学技术知识上的浅薄很是吃惊,认为原因是中国人全都致力于道德及优雅的言辞,为写出优美的文章而忽视了科学。③他对此很不解,他的想法是"要是他们这样学习科学的话,会很不错的"④。他认为除了数学以外,中国人没有任何科学。他直接将中国科学不发达的原因归结为科举取士制度:"中国人最有学问的是那些识字最多的人,这些人都可以成为高官显贵,这也就是科学在这里不十分发达的原因。"⑤应该说,利玛窦站在他者立场,清楚地看到了当时中国教育的短板和官员选拔制度所造成的弊端。

利玛窦还介绍了中国官员的两个类别:武官和文官。武官需要通过考兵器和骑术,文官要善于写文章。两者之间相互关联,文官掌武印,武官受文官辖制,兵权和军队粮饷也都掌握在文官手中。中国有十五个省,各省文官都由外省人担任,而武官可由本省人担任。利玛窦对此的理解是通过这种方式,政府可以使文官执法公正、使武官为

---

① [意]利玛窦:《利玛窦书信集》,文铮译,北京:商务印书馆,2018年,第58页。
② [意]利玛窦:《利玛窦书信集》,文铮译,北京:商务印书馆,2018年,第174页。
③ [意]利玛窦:《利玛窦书信集》,文铮译,北京:商务印书馆,2018年,第175页。
④ [意]利玛窦:《利玛窦书信集》,文铮译,北京:商务印书馆,2018年,第183页。
⑤ [意]利玛窦:《利玛窦书信集》,文铮译,北京:商务印书馆,2018年,第24页。

保卫家乡竭尽全力。① 可见利玛窦对中国的官员体制了解得比较深透。

对于百官之长的皇帝，利玛窦在没到京城之前就有所了解。他认为拥有全国赋税和贵族收入抽成的皇帝是世界上最富有的人。② 在他眼里，皇帝是一个荒淫可耻的人，和四十多个女人深居在皇宫中，妻妾成群，拥有各种消遣项目，把自己当作整个世界的君主。③ 可见，他对中国皇帝和他们的生活方式是十分反感的。

对于军队情况，利玛窦也有一些了解。他注意到政府花钱维持着百万人以上的军队服役。中国四周的防卫很好，南方和东方临海，沿岸有很多星罗棋布的小岛，使敌舰难以接近大陆。北部有崇山峻岭可以防御鞑靼人的侵袭，西北有大沙漠作屏障，西部群山围绕，山外只有几个穷国。④ 不过，他刚到中国不久就发现了中国对军事和军人极不重视的问题。1584年9月13日他在致澳门罗曼的信中写道：

  ……皇帝完全可以顷刻间派出一支令人生畏的庞大舰队，去征服任何一个邻国，不管这个国家有多么强大。尽管如此，中国却很少出现战事，军事在他们这里不受重视。以至于军人竟然成为这个国家中最低级的四种社会等级之一。如前所述，大部分军人都是来自罪犯和社会底层的人，他们被皇帝黜为终身的奴隶，只有那些海盗才能为他们带来一些打仗的机会，海盗们往往乘两三艘船从日本而来，在中国沿海登陆，在那里杀人放火，并抢掠村庄和城市、纵火将其烧毁，无人能抵抗他们。不过他们多是乌合之众，没有一个真正的首领，或因有人出卖，或因中了埋伏而被俘获或处死，只有少数人能返回日本。其他的强盗则在内陆地区内造反，占山为王，中国政府用尽全力都无法彻底剿灭他们。据说北方鞑靼人也屡次迫使中国出兵保卫自己的边疆，为了尊重事实，我可以向您汇报有关中国人的一切优势，但绝对不能说他

---

① ［意］利玛窦：《利玛窦书信集》，文铮译，北京：商务印书馆，2018年，第58页。
② ［意］利玛窦：《利玛窦书信集》，文铮译，北京：商务印书馆，2018年，第35页。
③ ［意］利玛窦：《利玛窦书信集》，文铮译，北京：商务印书馆，2018年，第39页。
④ ［意］利玛窦：《利玛窦书信集》，文铮译，北京：商务印书馆，2018年，第9页。

们是善战的人，因为无论是表面，还是内心，他们都是些阴柔的人，如果有人对他们咬牙切齿，他们便立即折服。但如果有人向他们屈服，他们则马上把脚踩在他的头上。他们每天早上都要花上至少两个小时的时间来梳头穿衣，他们把所有可以利用的时间都用来做这些事。逃跑对于他们来讲并不可耻，他们也不像我们某些西方人那样会骂人、打架，当他们发生争执时，只有一种女人般的愤怒，当他们吵累的时候，便罢手言和，没有受伤或死人的情况发生。伤人事件在这里极为罕见，因为他们没有用来伤人的东西，除了士兵们有一些武器外，其余所有人的家中都被禁止存留武器，甚至连一把小刀都不行。总之，他们没有什么可怕的，除了那众多的人口。这里的确有很多城堡要塞，所有的城市也都有用以抵御匪患的城墙，但城墙并不是简单的几何形状，而且也没有吊桥和护城河。①

洋洋洒洒的长篇叙述，满篇流露出对当时中国军事力量薄弱的鄙夷和不屑。其后十来年，他的这一印象完全没有改变。在1592年11月15日致阿夸维瓦的信中，他指出中国人最怕与日本人打仗，因为日本人凶残好战，所以中国不断招募兵勇抵御日本强盗。② 在1596年10月15日致罗马耶稣会科斯塔（Girolamo Costa）神父的信中，他再次强调，中国人对军事和军人极不重视。③ 明末政府轻视军事的做法和现象，仿佛是承平日久的朱氏王朝没落的一个重要先兆。遗憾的是，这一征兆到清末又重新出现，给中国人带来了无穷的痛苦与耻辱。

可以说，利玛窦对中国政治方面的许多情况，包括官员机制、文武官之间的关联、科举制度及其弊端，以及皇帝的地位、生活方式，还有军队及国家的防御体系及特点等诸多情况，都了如指掌。

（6）技术和工艺

利玛窦在回忆录的第一卷第四章里集中介绍了中国的各种技术和

---

① ［意］利玛窦：《利玛窦书信集》，文铮译，北京：商务印书馆，2018年，第39、40页。
② ［意］利玛窦：《利玛窦书信集》，文铮译，北京：商务印书馆，2018年，第99页。
③ ［意］利玛窦：《利玛窦书信集》，文铮译，北京：商务印书馆，2018年，第197页。

工艺。在这之前,他写往欧洲的信里也有多次提及。如 1583 年 2 月 13 日,在致帕多瓦耶稣会马尔第诺·德·弗尔纳里神父的信中,利玛窦用中欧印刷术对比的方式对中国印刷技术进行了介绍。他认为中国印刷术历史悠久,印书方法巧妙,极适合于刻印既大又复杂的中国字,每本书有多少页,就要刻多少版。而欧洲字型太小,不适合用刻版的方式。他夸赞中国的刻版技术高超,刻版工的效率非常高。[①] 到了晚年,利玛窦对于中国印刷术有了进一步的了解,所以在回忆录里介绍得更为详细:

> 中国使用印刷术的日期比人们规定的欧洲印刷术开始的日期,即大约 1405 年,要略早一些。可以十分肯定,中国人至少在五个世纪以前就懂得印刷术了,有些人断言他们在基督纪元开始之前,大约公元前 50 年,就懂得印刷了。他们的印刷方法与欧洲所采用的大不相同,而我们的方法是他们无法使用的,这是因为中国字和符号数量极大的缘故。目前他们把字反过来以简化的形式刻在很小的木版上,多用桃木或苹果木制作,虽然有时枣木也用于这项用途。[②]

利玛窦介绍中国印刷术时明显带着赞赏的口吻。实际上,明代是中国出版业和印刷业发展的兴盛时期,雕版技术成熟,印刷效率令人惊叹。传教士们也从这种简单便捷的中文印刷法中受益匪浅,他们利用自己住所的设备就能印出从各种西文翻译过来的宗教和科学书籍。利玛窦认为中国人的印刷方法快速、经济而且实用。他推知正是由于中文印刷的简便,中国才能发行大量书籍,而且售价有时出奇低廉。他认为没有亲身目睹的人是很难相信这类事实的。他还介绍了拓印技术,这是用于翻印刻在大理石或木头上的浮雕的印刷术。利玛窦称之

[①] [意]利玛窦:《利玛窦书信集》,文铮译,北京:商务印书馆,2018 年,第 26 页。
[②] [意]利玛窦、[比]金尼阁:《利玛窦中国札记》,何高济等译,北京:中华书局,2010 年,第 21 页。

为"奇怪的方法"①。

利玛窦还站在欧洲人的傲慢立场上居高临下地评判中国人在绘画和雕塑方面因为不懂透视法而使作品显得死板，音乐方面也略逊一筹。他觉得中国人没有键盘式乐器，不懂变奏与和声，节拍单调，所以中国音乐嘈杂刺耳。在第四卷第六章，他更是将编钟、铃、钹、铛锣、大鼓、箫等乐器鸣奏出来的音乐评价为"毫不和谐""乱作一团"②。

在测时仪器方面，利玛窦认为中国远不如欧洲的完美。中国测时仪，无论是刻漏还是沙漏，无论是用水还是用火来测量，都常常出错，不够准确。不过，这倒使得他有机会多次用自鸣钟作为礼物打通各路关节。很大程度上说，他能够留在北京也恰恰得益于万历皇帝对自鸣钟的喜爱。

利玛窦对中国人的造船技术颇为赞叹：

> 若论船只的美观程度，我们欧洲乃至其他任何国家都要相形见绌，这些在海上航行的船只在我们那里可以作为陆地上一幢很好的住宅。每条船都金漆彩绘，设有很多厅室，非常美观。在一条船上我注意到，它有一个很宽敞的大厅，就像我们罗马学院中的礼拜堂一样，厅内有天花板及十多扇窗子，里面还摆放着十五张桌子和很多像我们西方一样的大椅子……③

虽然中国人擅长造船，船只美观且功能堪比房子，不过，利玛窦觉得中国房屋的质量很不好。他认为中国的房屋不管是风格还是耐久性等方面都远逊于欧洲。在回忆录里他将两者进行了对比，认为中国人着手建造房屋时，目光短浅，只考虑为自己一代而不是为子孙后代盖房，所以打的地基常常马马虎虎，结果是房屋城堡不能经久，不得

---

① ［意］利玛窦、［比］金尼阁：《利玛窦中国札记》，何高济等译，北京：中华书局，2010年，第21、22页。
② ［意］利玛窦、［比］金尼阁：《利玛窦中国札记》，何高济等译，北京：中华书局，2010年，第361页。
③ ［意］利玛窦：《利玛窦书信集》，文铮译，北京：商务印书馆，2018年，第57页。

不经常修缮。而欧洲人则遵循文明要求，似乎力求永世不朽，很多建筑已经受百年风雨而依然完好。①1605年他在致罗马耶稣会路多维科·马赛里神父的信中，在谈到北京前一年的水灾时，就把很多房舍被冲毁的原因归结为"这里的房子不像我们西方的那样结实"②。应该说，利玛窦在中欧民居建筑上的观察对比是比较客观的。相对于中国人对建筑注重经济实用以及节俭原则，大部分情况下欧洲人对建筑质量和风格的确更为重视。

与对中国房屋质量的评价相近，利玛窦认为中国人的机械工艺虽然发达，但人们往往并不热衷于物品创作上的精益求精，反而只追求表面上的好看。他分析其中重要的原因在于中国人生活节俭，忽视了对品质的追求："因为这里的人民习惯于生活节俭，……而买主通常满足于不很精美的东西。结果，他们常常牺牲产品的质量，而只满足于表面好看以便吸引买主注目。"③

不过，利玛窦对中国在医疗技术方面取得的成就颇为赞赏。他说：

> 中国人在医药方面极为出色，他们不会让病人衔着铁棒（以减轻手术带来的痛苦）。中医都使用药效轻缓的草药，他们不用油脂，中国有草药方面的书籍，我们寓所中也有收藏，这类书往往是大部头，插图也绘制得很精美，类似于我们的《百草全书》（*Dioscoridi*）。④

此外，利玛窦对中国的印章刻制、制墨、制扇等工艺也有谈及。总之，利玛窦对于中国各种技术和工艺的观察都颇为仔细，评价大多也比较客观中肯。有些观点至今仍有促使我们反思的价值。

---

① ［意］利玛窦、［比］金尼阁：《利玛窦中国札记》，何高济等译，北京：中华书局，2010年，第21页。
② ［意］利玛窦：《利玛窦书信集》，文铮译，北京：商务印书馆，2018年，第223页。
③ ［意］利玛窦：《利玛窦书信集》，文铮译，北京：商务印书馆，2018年，第20页。
④ ［意］利玛窦：《利玛窦书信集》，文铮译，北京：商务印书馆，2018年，第25、26页。

（7）语言文字

利玛窦刚开始学习中文不久时，在致弗尔纳里神父的信中这样介绍中国的语言和文字：

> 我向您保证，这种语言既不像希腊语，也不像德语，而完全是另一种语言，其词语发音模棱两可，同一个发音会有很多词汇，这些词汇又代表着成千上万的意思。有时两个词之间除了声音按照四种不同的声调有高低之分以外，就没有其他的差别，因此有时连他们自己讲话时，为了能让对方理解，也要把想说的话写出来，因为当落实到笔头时，其差别便一目了然。至于中国的文字，如果不是亲眼所见，或像我一样亲身实践的话，则根本无法想象。汉语中有多少词汇或事物便有多少个汉字。其总数超过七万，彼此都不一样，而且错综复杂。如果您愿意的话，我会给您寄些中国书籍去，以说明这个问题。汉语中每个字都只有一个音节，而写起来更像是在绘画。他们是用毛笔写字的，就像我们的画家一样。这里的所有国家都使用这种文字，尽管它们的语言差别极大，但却能彼此看懂文字和书籍。比如日本、暹罗和中国，它们是截然不同的国家，其语言也有着天壤之别，但其国民却可以很好地交流，因为到处都用着同一种文字。①

他对汉语的认识是"无须冠词，没有格、数、性、时态、语态，只要掌握好具体的副词，就可以非常清楚地表达意思"②。学习中文十年以后，1592年11月他在致罗马耶稣会法比奥·德·法比（Fabio de Fabii）神父的信中，说到自己所学的官话时，仍然表达了汉语难学的感觉：

> 这个国家没有字母，而只有象形文字，也就是说每一事物自己都有专门的名词，因此也就有其专门的文字。这样，他们的字几乎是无穷无尽的，但字典中只能收入六万多字，此外他们还不

---

① [意]利玛窦:《利玛窦书信集》，文铮译，北京:商务印书馆,2018年,第23页。
② [意]利玛窦:《利玛窦书信集》，文铮译，北京:商务印书馆,2018年,第24页。

断造出新字。汉字都非常难,每个字都有很多笔画。汉字在中国的全部十六个省中通行,但每个省说的话都是不同的。①

1597年9月他在一封信中则将中国文字比附于埃及象形文字,"一个字就代表一个词,而中国字都是单音节的,因此他们的字、音节和意思是没有区别的,代表同样的概念"②。他说官话与方言之间存在很大差异:"这里的人都操一口非常流利的官话,发音也很标准,我完全可以听懂,与肇庆的方言差别很大,而在肇庆,即便是地方官也听不懂当地百姓的话。"③

虽然汉语完全不同于意大利语、葡萄牙语以及当时欧洲知识界流行的拉丁语,但利玛窦在1583年2月13日的两封寄往欧洲的书信中都表达了掌握汉语的信心。他还说,在罗明坚的帮助下,自己在语言方面已经取得了一些成果。④

在晚年回忆录第一卷第五章里,他用很大篇幅总结了汉语的字词及其与音节的关系、书面语与口语的差异、中文的模糊性、发音特点以及官话与方言的区别等情况。⑤ 可见,由于有了长期刻苦学习中文的经历,利玛窦晚年对中国语言文字的认识较初学中文时更为系统而全面,对中文特点的领悟也更为深刻。

(8) 日常生活及习俗

在中国生活近三十年的利玛窦十分了解中国人的饮食起居和各种日常生活习惯。刚到中国时,在1584年9月13日致罗曼的长信里,他集中介绍了中国人的日常生活,包括饮食、穿衣戴帽、社交活动、女子出行等情况。在饮食方面,他注意到中国人更习惯吃米饭,而不是面包,也不吃乳制品,也不习惯饮水,而是用大米或其他很多原料

---

① [意]利玛窦:《利玛窦书信集》,文铮译,北京:商务印书馆,2018年,第82页。
② [意]利玛窦:《利玛窦书信集》,文铮译,北京:商务印书馆,2018年,第203页。
③ [意]利玛窦:《利玛窦书信集》,文铮译,北京:商务印书馆,2018年,第71页。
④ [意]利玛窦:《利玛窦书信集》,文铮译,北京:商务印书馆,2018年,第23—28页。
⑤ [意]利玛窦、[比]金尼阁:《利玛窦中国札记》,何高济等译,北京:中华书局,2010年,第27—31页。

酿酒，穷人花不了几个钱就可以买酒喝上一天。穿着方面，他对中国丝绸之多、之便宜大为惊讶。他没想到，欧洲只有有钱人才穿得起的丝绸，在中国即使不富裕的人，也都穿得起。另外中国还有欧洲人不常用的麻和其他很多用来织布裁衣的原料。他似乎对中国人的穿衣戴帽尤为关注，这很可能与他初到肇庆着僧服遭到嘲笑的经历有关。他说所有普通中国人的穿着样式都非常相似，只有官员的服饰有些不同。在家中人们往往穿着短装，即使底层劳动者也有一身接待客人的体面衣裳。帽子则可以反映出中国人的社会地位和家境。他发现除了僧侣之外，中国所有人的头发都很长。在这封信里，他还介绍了所观察到的中国人特别注重社交活动的现象。他说中国人一有机会便把全部精力都花在终日相互拜访与邀请上，对活动排场、吃喝、戏曲表演、乐器伴奏等都很有兴趣，并引以为豪，甚至还为此专门写了一些书，记录全年音乐演奏和歌舞表演的形式与时间。他还敏锐地察觉到富贵人家的女人很少出门，出门的时候都坐在四人抬的小轿中。女人们很重贞洁，以至于不能让外人看到她们。[1] 这符合明朝中晚期以来的社会现实，当时人们对妇女"贞洁"的要求几近到了变态的地步。女子贞洁观教育几乎贯穿了女性成长的整个幼年期和青年时代。作为外国人的利玛窦很快就察觉到了这一点。

在晚年回忆录的第一卷第八、九章里，利玛窦对中国人的长相、打扮、取名、古玩、官印、尊师、游戏（掷骰子、玩纸牌、象棋、围棋）、刑罚、打更、迷信、炼丹等情况也作了非常详细的介绍。据说，利玛窦是最早向西方介绍中国围棋的欧洲人。[2]

（9）哲学与宗教

除了以上种种，利玛窦最着力研究的莫过于中国哲学。在学习中文之初，四书五经等中国经典古籍就为他开启了中国哲学之门，随着中文水平的提高，他对中国哲学的把握也愈发精到。不过，他以西方哲学认识为基础，并不认可中国哲学：

---

[1] ［意］利玛窦：《利玛窦书信集》，文铮译，北京：商务印书馆，2018年，第32—35页。
[2] 楚欣（张锦才）：《福地闽风写春秋》，福州：海峡文艺出版社，2015年，第236页。

> 中国所熟习的唯一较高深的哲理科学就是道德哲学，但在这方面他们由于引入了错误似乎非但没有把事情弄明白，反倒弄糊涂了。他们没有逻辑规则的概念，因而处理伦理学的某些教诫时毫不考虑这一课题各个分支相互的内在联系。在他们那里，伦理学这门科学只是他们在理性之光的指引下所达到的一系列混乱的格言和推论。①

可见，利玛窦对中国哲学持贬低甚至否定的态度。这也是历史上第一次对中国哲学合法性问题的提出。他将西方逻辑学理论套在东方哲学思想上，认为中国伦理学著作是一系列散乱、令人糊涂的格言和推论，缺乏逻辑规则和各个分支之间的内在联系，不符合西方哲学的范式。有学者认为，这是一种用西方的哲学标准来裁剪中国哲学的做法。②

但利玛窦还是将孔子称为哲学家。他将这位儒家的创始人描绘成博学的伟大人物。中国不仅是文人，即使是没读过书的普通人都几乎将他的话语奉为圭臬。他介绍道：

> 中国哲学家之中最有名的叫作孔子。这位博学的伟大人物诞生于基督纪元前五百五十一年，享年七十余岁，他既以著作和授徒也以自己的身教来激励他的人们追求道德。他的自制力和有节制的生活方式使他的同胞断言他远比世界各国过去所有被认为是德高望重的人更为神圣。的确，如果我们批判地研究他那些被载入史册中的言行，我们就不得不承认他可以与异教哲学家相媲美，而且还超过他们中的大多数人。中国有学问的人非常之尊敬他，以致不敢对他说的任何一句话稍有异议，而且还以他的名义

---

① ［意］利玛窦、［比］金尼阁：《利玛窦中国札记》，何高济等译，北京：中华书局，2010年，第31页。
② 李文阁：《复兴生活哲学——一种哲学观的阐释》，芜湖：安徽师范大学出版社，2010年，第123页。

起的誓，随时准备全部实行，正如对待一个共同的主宰那样。①

利玛窦不仅塑造了孔子的哲学家形象，还用拉丁语翻译并注释了四书，并把儒教看成与佛教和道教并列的一种宗教信仰体系。在这里我们就看出了利玛窦的自相矛盾之处，他贬低甚至否认中国哲学，但又将孔子称为中国最有名的哲学家，将儒学视为中国三大宗教之首，但他又明确说中国没有真正的宗教：

> 我觉得除了没谈些中国的宗教与教派的问题外，别的我已经都说到了。我并不是为自己的疏漏找借口，因为中国的确不存在真正的宗教，他们的那一点点迷信是那样的混乱，连他们的僧侣们也无法做出清晰的解释。中国人分为三个教派，如果我们不把伊斯兰教算在其中的话。我不知道伊斯兰教是如何传到中国的。这三个教派分别是：佛教、道教和流传最广的文人教派。那些文人一般都不相信灵魂不死，他们嘲笑其他教派有关魔鬼的说法，他们只感谢天地恩赐，不相信有天堂。②

虽然心里有许多矛盾与困扰，但利玛窦十分清楚儒家在中国的统治地位。所以他拼命寻找儒家学说中有助于天主教传播的章句。在1595年11月4日致阿夸维瓦神父的信中，他说在四书及另外6部经典中，都发现了许多有助于传播圣教信仰的章句，比如那些书中也有关于天主唯一、灵魂不死和享受真福荣耀等内容。③

为了让欧洲耶稣会上层人士支持他的文化适应传教策略，利玛窦对儒学教义进行了独特的解读。他写道：

> 这种教义肯定整个宇宙是由一种共同的物质所构成的，宇宙的创造者好像是有一个连续体（corpus continuum）的，与天地、

---

① [意]利玛窦、[比]金尼阁：《利玛窦中国札记》，何高济等译，北京：中华书局，2010年，第31、32页。
② [意]利玛窦：《利玛窦书信集》，文铮译，北京：商务印书馆，2018年，第40页。
③ [意]利玛窦：《利玛窦书信集》，文铮译，北京：商务印书馆，2018年，第175页。

人兽、树木以及四元素共存，而每桩个体事物都是这个连续体的一部分。他们根据物质的这种统一性而推论各个组成部分都应当团结相爱，而且人还可以变得和上帝一样，因为他被创造是和上帝合一的。……儒家这一教派的最终目的和总的意图是国内的太平和秩序。他们也期待家庭的经济安全和个人的道德修养。他们所阐述的箴言确实都是指导人们达到这些目的的，完全符合良心的光明与基督教的真理。①

可以看出利玛窦将儒家思想往基督教上靠拢的努力。不仅如此，他还解读了中国人每年祭祀亡灵的仪式。他认为，这种仪式似乎不能被指责为渎神，而且牵强地认为这种仪式也许并不带有迷信的色彩，因为中国人并没有将自己的祖先当作神来对待，也并不向祖先乞求什么或希望得到什么。从其身后百年礼仪之争来看，在这一点上，利玛窦并没有完全说服欧洲人，甚至他的接班人龙华民对此也充满异议。

除了儒教，利玛窦对佛教也很关注，因为他的不少教徒原先是佛教的信徒，从佛教领地争取信徒事关他的传教事业。在晚年回忆录里，他详细介绍了源自西方哲学家所说的物质四元素论的佛教传入中国的过程。他指出佛教的灵魂轮回说不仅借自西方，而且得自基督教福音书的启发。他还介绍了佛教徒独身、乞求布施、素食等传统，并批判了佛教的天地观及因果报应等说法。此外，他还介绍了和尚的穿着打扮、人数、日常生活及寺院等级等情况。他对儒学和佛教的态度完全不同。对儒学，他后来采取了利用和包容的策略；对佛教，他一开始时有过一段时间的误解，曾以西僧自居，在遭受嘲笑和轻视后进行了反思，后来在耶稣会高层的批准下，将传教士们的身份从僧人转变为学者，穿上了儒装，蓄起了须发。

利玛窦将老子（Lauzu）称为中国的第三种教派，并对佛教与道教作了一番对比。他介绍了道士（Tausu）们的地位、特性和生活习

---

① ［意］利玛窦、［比］金尼阁：《利玛窦中国札记》，何高济等译，北京：中华书局，2010年，第101—104页。

俗，贬斥道教书籍叙说着各种胡言乱语，并将道教用符咒从家里驱妖等举动归为骗子行为。①

利玛窦最后总结说，这三种教派大体包括了中国人的全部主要迷信，每一种迷信的根源都会衍生出许许多多骗人的小支派，以致在这三大牌号之下，人们可以数出近三百种不同的独立小支派。明太祖洪武帝为了调解每一教派的信徒，培养他们的忠诚，保留了三大教并加以安抚。其中儒家被委以管理公众事物的重任。中国人相信他们能同时尊奉这三种教派，结果发现根本没有任何一种是自己所真心遵循的。中国人大多数公开承认他们没有宗教信仰，却在假装相信宗教以欺骗自己，结果是大都陷入了整个无神论的深渊。②

除了以上各方面的介绍以外，利玛窦对中国社会生活的其他方面，如戏曲、书法、对外贸易等都有一定的介绍。比如，他认为中国人非常爱好戏曲表演，有很多年轻人从事这种活动。有些人组成旅行戏班，旅程遍及全国各地；另有一些戏班则经常住在大城市，忙于公众或私家的演出。③ 类似这样的介绍不胜枚举。可以说，他的书信集和回忆录几近于一套小型的中国生活百科全书。

就这样，利玛窦以书信报告及回忆录的方式将关于中国的各种情况介绍到西方，和罗明坚一样开启了东学西传之门。罗明坚虽然有许多汉学活动的创举，但他的四书译文因为没有得到批准而未能出版，创作的诗歌和绘制的地图等也被长期尘封于档案馆。从影响力来说，确实难以与利玛窦相提并论。学者们认为，利玛窦对于世界汉学的开启之功不容低估。虽然利玛窦站在西方传教士的立场上，常常透露出一种欧洲文化的优越感，但他对于中国各方面的情况，如科学技术的介绍和评价成为当时欧洲人了解中国科技的主要信息来源。学者韩琦

---

① [意]利玛窦、[比]金尼阁:《利玛窦中国札记》，何高济等译，北京：中华书局，2010年，第109—114页。
② [意]利玛窦、[比]金尼阁:《利玛窦中国札记》，何高济等译，北京：中华书局，2010年，第114页。
③ [意]利玛窦、[比]金尼阁:《利玛窦中国札记》，何高济等译，北京：中华书局，2010年，第24页。

认为利氏对中国科学的评价总体上是客观公正的,一方面赞扬了中国人的良好道德修养以及古代科学曾经取得的辉煌成就,另一方面也对当时中国的科学现状提出了批评。① 《利玛窦中国札记》英文本译者加莱格尔在序言中指出:"……它对欧洲的文学和科学、哲学和宗教等生活方面的影响,可能超过任何其他 17 世纪的历史著述。它把孔夫子介绍给欧洲,把哥白尼和欧几里得介绍给中国。它开启了一个新世界,显示了一个新的民族,而且把一个有问题的成员介绍到国际大家庭里来……"② 学者吴孟雪、曾丽雅认为,由于利玛窦对中国的了解是建立在其长时间的全面观察和研究的基础上的,远非当时欧洲社会对中国的那些道听途说所能比拟,加上他自身是一个掌握有一定先进科学知识的硕学之士,因而能较为客观地向欧洲介绍中华文明和中华民族的优秀之处,同时又结合自身感受毫不客气地指出了中国社会、文化、科技、礼仪、教育等方面的弊端。③ 总体来说,利玛窦对中国的评价大多是积极的,塑造的中国形象也以正面为主。

2. 绘制世界地图

利玛窦绘制并用中文标注的世界地图的最早版本,名为《山海舆地图》。"舆"在古代指舟车等交通工具,"舆地"指"舟车所至"之处。古人将地图称为"舆图",又称"舆地图"或"地图"。利氏《山海舆地图》是世界上第一幅用中文标注和说明的世界地图,是后来利氏地图所有版本的母本。其复刻本有《山海舆地图》《山海舆地全图》《舆地全图》《万国图志》《坤舆万国全图》《两仪玄览图》等。其中以 1602 年李之藻复刻的《坤舆万国全图》影响最大、流传最广。

这幅世界地图首绘于肇庆。当时利玛窦在肇庆仙花寺会客室的墙上挂了一张用拉丁语标注的世界地图。关于这张世界地图的来历众说纷

---

① 韩琦:《中国科学技术的西传及其影响》,石家庄:河北人民出版社,1999 年,第 7 页。
② [意]利玛窦、[比]金尼阁:《利玛窦中国札记》,何高济等译,北京:中华书局,2010 年,《英译者序言》第 24 页。
③ 吴孟雪、曾丽雅:《明代欧洲汉学史》,北京:东方出版社,2000 年,第 47 页。

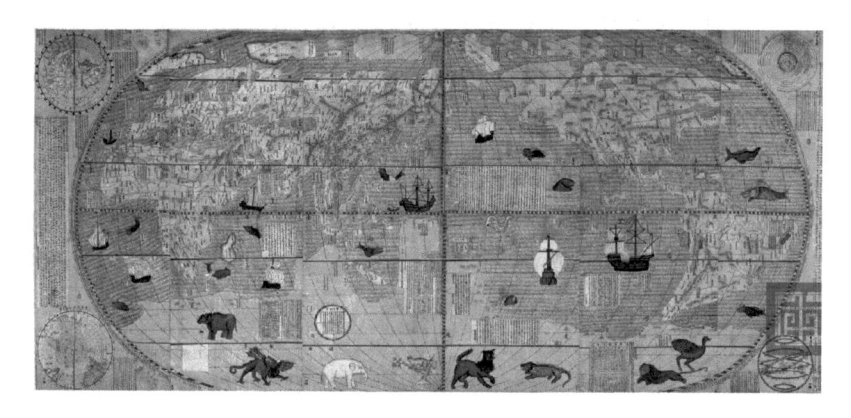

南京博物院馆藏《坤舆万国全图》

纭，有的说是德国制图员马丁·瓦尔德泽米勒（Martin Waldseemüller，1470—1521）绘制的《世界地图》；有的说是比利时地图雕刻师、地图出版商和地理学家亚伯拉罕·奥特柳斯（Abraham Ortelius，1527—1598）于1570年刊印的；有的说是利玛窦参照《地球大观》（Theatrum Orbis Terrarum）仿制的。[1] 不过，1602年利玛窦在《题〈万国坤舆图〉》中回忆起当年他刚到广东，广东人让他把途经的国家画出来时，他说："虽出所携图册，与其积岁札记，绅绎刻梓……"[2] 根据这里的"虽出所携图册"的说法，笔者推测仙花寺会客室里的地图很可能是利玛窦从欧洲购买并随身带到中国的。无论如何，该地图与中国以往的"华夷图""天下总图"等都大相迥异。很多来客看到后都十分好奇，"有学问的中国人啧啧称羡它；当他们得知它是整个世界的全图和说明时，他们很愿意看到一幅用中文标注的同样的图"[3]。利玛窦知道当时中国也有类似的地图，但中国人的传统地图仅限于15个省，在四周绘出的海中放置几座小岛，给这些岛取的是中国人听说

---

[1] 邹振环：《晚明汉文西学经典：编译、诠释、流传与影响》，上海：复旦大学出版社，2011年，第37页。

[2] 汤开建主编：《利玛窦明清中文文献资料汇集》，上海：上海古籍出版社，2017年，第98页。

[3] ［意］利玛窦、［比］金尼阁：《利玛窦中国札记》，何高济等译，北京：中华书局，2010年，第179页。

过的各个国家的名字。他认为中国人把自己的国家夸耀成整个世界,并把它当作天底下的一切是不足为奇的,因为人们的知识有限,不知道地球的大小而又骄傲自大。① 知府王泮请利玛窦画一张类似的地图,将地图上的所有标注都译为中文。利玛窦非常愿意,这完全符合他用西方科学知识和文化传播天主教的理念。他认为按照上帝的安排,对不同民族在不同的时候应该采取不同的方法进行传教。他不无得意地声称:"正是这种有趣的东西,使得很多中国人上了使徒彼得的钩。"② 金尼阁在《中华传教记》中更为直白地写道:"利神甫曾从数学大师克拉微乌受业,故甚精数理,遂从事编制此图。利固深知殊方传教,不可泥执一法,而此事适与彼传布福音之计相合也。诚然以此为饵,中国人颇多落入教会网中者。"③ 在中文老师的帮助下,利玛窦利用数学知识,以仙花寺里的世界地图为蓝本,很快就绘制出了一幅比原来那张更大的世界地图,名为《山海舆地图》,图上标有适合于中国人阅览的注解和说明。不过,当王泮和同僚们看到中国被置于地图的最东边时不大满意。他们认为,既然地是一个圆球,而球体应该是无头无尾的,站在西方看世界,自然以西方为中心,但站在中国的位置上看世界,就应该以大明为中心。于是为了让他们满意,利玛窦改变了当时欧洲制图学上将本初子午线置于世界全图中央的习惯做法,抹去了福岛的第一条子午线,重新标注了经纬度,在地图两边各留一道边,这样一来,中国就正好出现在地图的中央了。④ 这种做法在中国一直沿用至今。

从利玛窦绘制世界地图这件事上,我们可以看出利玛窦在数学、地学和地图测绘等方面深厚的知识储备和造诣,更可以看出他善于灵

---

① [意]利玛窦、[比]金尼阁:《利玛窦中国札记》,何高济等译,北京:中华书局,2010年,第179、180页。
② [意]利玛窦、[比]金尼阁:《利玛窦中国札记》,何高济等译,北京:中华书局,2010年,第180页。
③ 参阅吴继明:《中国图学史》,武汉:华中理工大学出版社,1988年,第167页。
④ [意]利玛窦、[比]金尼阁:《利玛窦中国札记》,何高济等译,北京:中华书局,2010年,第180页。

活变通的特质。虽然在绘制地图过程中,他心里很不屑于中国人的"不知道地球的大小而又夜郎自大""无知""骄傲""自卑"① 等,但还是顺从"长官"意志,迎合中国人的心理,将图中中国的位置从边缘移到了地图的中央。他还随时不忘来华的目的,在说明地图上各国不同的宗教仪式时,趁机加进了一些关于基督教神迹的描述。他希望通过这种方法在短时期内让整个中国都知道基督教。该图刊刻完成后,利玛窦让人将地图用丝绸进行装裱,然后寄到澳门和罗马,献给耶稣会总会长和教皇等人。同年11月他给罗马耶稣会总会长阿夸维瓦写信报告了此事,说这是一幅西方样式的世界地图,但文字、比例尺、时间和名称都符合中国人的习惯,是所在地肇庆的知府嘱咐他绘制的,绘制好以后,王泮马上出资请人刊印了出来,等等。他还声明地图上有一些来不及修改的错误,一部分是他自己的责任,因为他完全没想到这么快就付梓印刷了;还有一部分错误是印制过程中出现的。他告诉上司这幅地图很受王泮喜爱,王泮将此图的印版保存在自己府中,唯恐被人卖掉,而他本人则把地图作为珍贵礼物赠给重要人物。② 在1585年10月20日的信中,利玛窦再次告诉阿夸维瓦,已经把这幅用中文标注的世界地图寄给了他,声称这是中国"在这一领域中最可靠的东西了"③。1592年11月12日,他又写信告诉法比神父印制世界地图一事。他说当中国人看到地图上中国的面积还不到世界的千分之一时,一定会以为地图上出现了重大的错误,因为这与他们原先的认知大相径庭。中国人的书上说中国最少也占世界的四分之三。另外,他还告诉法比神父他在中国制作了很多地球仪和天球仪,都标上了中文,还作了一些说明,然后把这些东西送给了很多大人物。④

这幅1584年绘制的地图原图今已失传。不过,该地图在中国先后十二次被刻印,影响较广。其中有1595年赠建安王朱多㸅的《世

---

① [意]利玛窦、[比]金尼阁:《利玛窦中国札记》,何高济等译,北京:中华书局,2010年,第181页。
② [意]利玛窦:《利玛窦书信集》,文铮译,北京:商务印书馆,2018年,第43页。
③ [意]利玛窦:《利玛窦书信集》,文铮译,北京:商务印书馆,2018年,第50页。
④ [意]利玛窦:《利玛窦书信集》,文铮译,北京:商务印书馆,2018年,第83页。

界图志》；苏州应天巡抚赵可怀作于 1595 年至 1598 年之间的石刻拓本《山海舆地图》；1596 年在南昌为王佐编制的《世界图记》；1600 年在南京应吏部主事吴中明要求而增订的《山海舆地全图》（据说吴中明雇工镌木复制，精工细作的修订版流传到中国各地乃至澳门、日本等地，王圻《三才图会》中就有该版的摹刻本）；1602 年在北京由李之藻付梓的吴中明本的增订版《坤舆万国全图》；1602 年北京某刻工偷刻的李之藻版《坤舆万国全图》；1603 年为教徒李应试重绘的《两仪玄览图》（现存于辽宁博物馆）；1604 年冯应京付梓的《世界舆地两小图》；同年由贵州郭子章据吴中明本缩刻印制的《山海舆地全图》以及 1608 年宫里的一些太监摹绘李之藻本的若干份《坤舆万国全图》等。①

此外，也有一些民间以该图为参照刻制的世界地图。如 1593 年秋，常州府无锡儒学训导梁辀在南京镂刻了《乾坤万国全图古今人物事迹》，参照的是肇庆版的《山海舆地图》。关于这一点，梁在序言中专门作了交代。1974 年，他的复刻图被公布于世。法国学者米歇尔·德东布认为"综合了中外一切地图而绘成了此图。这样一种大杂烩就产生了某种怪物"②。这样的评价未免有失夸张。

与该图相关的一些信息，我们还可以侧面从李之藻和叶向高等人为艾儒略《职方外纪》所做的序中得到更多了解。1623 年李之藻为艾儒略的《职方外纪》所做的序言中提到利氏地图时说："万历辛丑，利氏来宾，余从寮友数辈访之。其壁间悬有大地全图，画线分度甚悉。利氏曰：'其山川形胜土俗之详，别有巨册，已藉手进大内矣。'"③由此可知李之藻第一次看到利氏地图是在 1601 年。那时他是工部一名怀抱雄心壮志的年轻官员。利玛窦绘制的世界地图对他刺

---

① 杨文衡：《中国地学史 古代卷》，南宁：广西教育出版社，2014 年，第 627—630 页。
② [法] 米歇尔·德东布：《入华耶稣会士与中国的地图学》，载谢和耐、戴密微等编《明清间耶稣会士入华与中西汇通》，耿昇译，北京：东方出版社，2011 年，第 187 页。
③ 汤开建主编：《利玛窦明清中文文献资料汇集》，上海：上海古籍出版社，2017 年，第 168 页。

激很大，他觉得比中国舆图传统的画方分里法先进很多。他很快与利玛窦交上了朋友并向他学习地理。根据《利玛窦札记》第四卷第十五章所述，李之藻以尽可能大的比例尺重绘世界地图，所制的万国图屏风大约有六平方英尺。利玛窦增补了一些国家、著名的地方以及各种说明，还在边上绘制了太阳、星星和其他装饰，另外增加了一些对基督教风俗的叙述和对基督教教义的解释。有意思的是，刻工在制作刻板时，偷偷刻了两种板，这样就同时出版了这幅地图的两个版本；1603年新入教的李应试刊布了一套共有8幅地图的新版本，这样在北京就同时有了三个版本。① 李之藻与利玛窦合制的地图应该就是1602年8月7日在北京付梓的一套6幅地图，是《坤舆万国全图》流行最广的版本。

在1602年的《题〈万国坤舆图〉》中，利玛窦解释了修订该图的由来始末：

> ……壬午，解缆东粤，粤人士请图所过诸国，以垂不朽。彼时窦未熟汉语，虽出所携图册，与其积岁札记，紬绎刻梓，然司宾所译，奚免无谬。庚子至白下，蒙左海吴先生之教，再为修订。辛丑来京，诸大先生曾见是图者，多不鄙弃羁旅，而辱厚待焉。缮部我存李先生，夙志舆地之学，自为诸生编辑有书，深赏兹图，以为地度之上应天躔，乃万世不可易之法，又且穷理极数，孜孜尽年不舍，歉前刻之隘狭，未尽西来原图十一，谋更恢广之。余曰：此乃敝邦之幸，因先生得有闻于诸夏矣。敢不虔意，再加校阅？乃取敝邑原图及《通志》诸书，重为考定，订其旧译之谬与其度数之失，兼增国名数百，随其楮幅之空，载厥国俗土产，虽未能大备，比旧亦稍赡云。但地形本圆球，今图为平面，其理难于览而悟，则又仿敝邑之法，再作半球图者二焉。一载赤道以北，一载赤道以南，其二极则居二圈当中，以肖地之本

---

① [意]利玛窦、[比]金尼阁：《利玛窦中国札记》，何高济等译，北京：中华书局，2010年，第432页。

形,便于互见。共成大屏六幅,以为书斋卧游之具。……①

从这段序文中,我们可以了解到,万历壬午年,也就是 1582 年,利玛窦就已经在广东绘制过一幅地图。1600 年在位于南京城中心的白下对此图进行过修订。1601 年应李之藻之请以原图为基础,参考《通志》等书,作了重新考订,并增加了数百个国家名及各国风俗土产。为了让中国人更容易理解这幅摊成平面的二维地图,他仿照欧洲的做法,又绘制了南北两幅半球图。不过,这段话从时间上看是有问题的。1582 年 8 月 7 日,利玛窦才刚抵达澳门开始学习中文,1583 年他才作为罗明坚的助手,跟着罗到达肇庆。再说"然司宾所译,奚免无谬",司宾是 1584 年利玛窦在肇庆高薪聘请的住家中文老师。所以笔者推测该序文里的"壬午"有可能是"甲申"(1584)之误记。

《坤舆万国全图》局部

《坤舆万国全图》由一幅椭圆形主图和四角有补充性质的 4 幅附图以及说明文字组成。主图是世界全图,清楚地标识了各大洲、各

---

① 汤开建主编:《利玛窦明清中文文献资料汇集》,上海:上海古籍出版社,2017 年,第 98、99 页。

国、中国 15 个省的名称以及重要城市的相对位置。中国被绘置于地图中心。图中山脉以中国地图传统的写景法画出山峰突起,山脉轮廓非常清晰,长城也以象形符号表示,沙漠地带以许多规整而密集的黑点表示,河流以双曲线表示,海洋以绵延的曲线表示波浪,因此各地大致地貌从图上直观可知。地图的左上角是赤道北地半球图和日月食图,左下角是赤道南地半球图和中气图,右上角是九重天图,右下角是天地仪图,量天尺图附于主图内左下方。在地图上还有许多方块形的密密麻麻的说明文字,是对地名、主图和附图的解释,另外还有利玛窦及他人所做的序文题跋。该图将朝鲜半岛东部中段作了向外稍许突出处理,这一细节被后来的卫匡国所沿用。该图有些版本用不同色彩以区分地形地貌。现存于南京博物院的《坤舆万国全图》是一幅三色图,上面绘有鲸鱼、海豚、海鳗、锤头鲨、海象、儒艮、海马等 15 头海生动物以及犀牛、西方龙(某种蜥蜴,很可能是伞蜥)、白象、避役、巨蜥、狮子、鸸鹋(有二指及小翅膀等特征,故不是鸵鸟)等 8 头陆生动物,另外还画有 9 艘帆船。利玛窦还在附文里记录了六大洲之名,即欧罗巴、利未亚(非洲)、亚细亚、北亚墨利亚(北美洲)、南亚墨利亚(南美洲)和墨瓦蜡泥加(南极洲)。对中国人所陌生的北美洲和南美洲,利玛窦作了一些文字说明:"南北亚墨利加并墨瓦蜡泥加,自古无人知有此处,惟一百多年前,欧罗巴人乘船至其海之地方知。然其地阔而人蛮猾,迄今未详审地内各国人俗。"[1] 另外还有一些关于美洲水资源、交通、地貌、动物和居民等情况的文字说明,如:"此洪湖之水淡,而未审其涯所至,依是下舟,可达沙瓦乃国""此地大扩,故多生野马山牛羊,而其牛背上皆有肉鞍形,如骆驼""自农地至花地,其方总名曰甘那托儿,然各国有本名,其人醇善,异方人至其国者,雅能厚待。大约以皮为裘,以鱼为业,其山内人平年相杀战夺,惟食蛇蚁蜘蛛等虫"。[2] 从这幅世界地图中,我们

---

[1] 参阅方豪:《中西交通史》,上海:上海人民出版社,2008 年,第 578 页。
[2] 关于美洲的两处文字说明,均参阅赵庆庆著《加拿大华人文学史论》,北京:中国国际广播出版社,2019 年,第 16 页。

也可以看出欧洲海洋民族对于海洋的深度探索与迷恋。

利玛窦将该地图视为地理研究。他说:"这份地理研究,经常加以校订、改善和重印,进入了长官和总督的衙门,大受称赞,最后应皇上亲自请求而进入皇宫。"① 可见,他并没有单纯地将之当作普通地图,而是在地图之上,增加了很多地学知识。中国人正是从他的世界地图开始才知道除了"九州"之外,还有五大洲;才发现世界那么广阔,中国原来只是其中的一部分而已。1608年,宫中太监奉万历皇帝之命在12幅丝帛上摹绘了《坤舆万国全图》,制成6对屏风,供皇帝起居欣赏。多年以后,叶向高在《职方外纪序》中说:"(利玛窦)又画为《舆地全图》,凡地之四周皆有国土,中国仅如掌大,人愈异之……要以茫茫堪舆,俯仰无垠,吾中国人耳目闻见有限,自非绝域奇人,躬履其地,积年累世,何以得其详悉之若是乎!"② 可以说,这幅中国历史上第一幅用中文标注的世界地图,为中国人带来了许多全新的近代地理学概念,更使国人心灵大受冲击,上自皇帝下到普通人,看过此图的人们都彻底改变了对于世界地理格局的原有认知。学者邹振环认为它是明末清初中国士人瞭望世界的第一个窗口,为明末中国士人带来了闻所未闻的大量的新的知识信息,也为整个明清的世界地图绘制知识图谱提供了参考来源。③ 他还指出,利玛窦世界地图所传入的地圆意识、万国观和欧洲新知识点,使得中国士大夫开始反省自己的天下观,他们在清楚划分的五洲、分明的经纬度和到处写满了国名的世界地图前,感到了前所未有的震动和疑虑。④ 的确,利玛窦绘制的世界地图大大颠覆了中国人的天下观,破除了中国人自以为

---

① [意]利玛窦、[比]金尼阁:《利玛窦中国札记》,何高济等译,北京:中华书局,2010年,第181页。
② 汤开建主编:《利玛窦明清中文文献资料汇集》,上海:上海古籍出版社,2017年,第169页。
③ 邹振环:《晚明汉文西学经典:编译、诠释、流传与影响》,上海:复旦大学出版社,2011年,第47页。
④ 邹振环:《晚明汉文西学经典:编译、诠释、流传与影响》,上海:复旦大学出版社,2011年,第63页。

天下中心的传统观念局限。这是一重极为重要的意义。

实际上，我们还要看到，利玛窦为了打入中国上层社会，取得官员儒士们对他的信任与赞赏，以达到更好地宣扬天主教的目的，频频使用西洋新奇事物刺激中国人的兴趣和好奇心，以西方自然科学知识和技术为引子进行学术传教。这是一种自觉的、有设计的策略。比如，他送万历皇帝自鸣钟和西洋琴等物的做法都有这种策略的影响。这种策略得到后世许多来华传教士的效仿，形成了一贯的、群体性的策略。实践证明这种策略是非常有效的，而且在其他方面也得到了充分的运用。

目前，国内可以看到的利玛窦世界地图有南京博物院所藏彩色摹本《坤舆万国全图》（纵1.92米，横3.8米）、中国历史博物馆所藏墨线仿绘《坤舆万国全图》、辽宁省博物馆所藏刻本《两仪玄览图》（高约2米，通宽逾4米）、禹贡学会影印的《坤舆万国全图》、章潢《图书编》、程百二《方舆胜略》、王圻《三才图会》、潘光祖《舆图备考》中翻刻的东西两半球图和《舆地山海全图》以及台湾省台北市藏有的太监绘本《坤舆万国全图》。① 在国外，罗马梵蒂冈教廷图书馆、日本京都大学图书馆、法国巴黎国家图书馆、英国伦敦皇家地理学会以及维也纳奥地利国家图书馆都藏有《坤舆万国全图》。

3. 翻译和解释中国文化典籍

1591年，利玛窦奉范礼安之命开始翻译四书。其实，翻译四书的工作早在罗明坚、利玛窦学习中文之初即已开始。他们翻译四书里的文章，主要是将四书用作为传教士讲授中文的教材，帮助在中国和日本的传教士们学习中文和中国文化。后来，除了翻译以外，利玛窦还在一些晦涩难懂的地方加上了注释和评语。《利玛窦中国札记》中说："利玛窦神父所写并以他的注释加以增补的四书拉丁文释文，对别的神父学习中文也有很大价值。"② 法国学者梅谦立（Thierry Meynard）

---

① 参阅杨文衡:《中国地学史 古代卷》,南宁:广西教育出版社,2014年,第630页。
② ［意］利玛窦、［比］金尼阁:《利玛窦中国札记》,何高济等译,北京:中华书局,2010年,第336页。

明确指出:"最初耶稣会传教士之所以开始翻译《四书》是为了教授新的来华传教士学习中文。"① 这一观点也为美国学者孟德卫（David E. Mungello, 1943）所证实，他认为耶稣会士踏上中国的土地后不久就将全部精力放在了四书上。"有证据表明利玛窦为'四书'所作的拉丁文翻译和注释被用来作为教授刚到中国的耶稣会士中文的材料"② 。利玛窦在1593年12月致耶稣会会长阿夸维瓦神父的信中，曾明确表明他已经给石方西神父讲完了四位中国相当出色的哲学家关于道德的课程。③ 1594年11月，在致罗马耶稣会法比奥·德·法比神父的信中利玛窦又一次阐明:"前几年，我把中国最重要的道德书籍译成了拉丁文，这是一本值得一读的书，此书完全是由极为精辟的格言组成。待我明年把它整理好后，再寄给总会长神父，到那时您就可以阅读了。"④ 1599年8月14日，他从南京写信给罗马耶稣会吉洛拉莫·科斯塔神父，告诉他自己将儒家的四书翻译成拉丁文，并加上了一些拉丁文注释，该译文对传教士很有帮助，有了这个译文，传教士们只需老师稍加指点，就可以理解四书了。每个传教士都一一誊写了该译本。在日本传教的神父也需要学习四书，所以范礼安还命令日本方面也抄写了一份。利玛窦声称这项翻译工作已经完成五年之久。⑤ 可见，1594年他就完成了四书的拉丁语翻译工作。这些译稿后来被寄回了意大利。艾儒略在《大西利先生行迹》中说:"（利玛窦）曾将中国'四书'译为西文，寄回本国，国人读而悦之。知中国古书，能识真源，……皆利子之力也。"⑥

美国学者孟德卫认为，利玛窦的四书译本在中国长期被作为在华

---

① [法]梅谦立:《〈孔夫子〉:最初西文翻译的儒家经典》,载《中山大学学报》社会科学版2008年第2期。
② [美]孟德卫:《奇异的国度:耶稣会适应政策及汉学的起源》,陈怡译,郑州:大象出版社,2010年,第45页。
③ [意]利玛窦:《利玛窦书信集》,文铮译,北京:商务印书馆,2018年,第104—105页。
④ [意]利玛窦:《利玛窦书信集》,文铮译,北京:商务印书馆,2018年,第111页。
⑤ [意]利玛窦:《利玛窦书信集》,文铮译,北京:商务印书馆,2018年,第213页。
⑥ [法]裴化行:《利玛窦传》,管震湖译,北京:商务印书馆,1993年,第257页。

耶稣会士的中文课本，并成为后来柏应理（Philippe Couplet，1623—1693）等人所编译的《中国哲学家孔子》的底本。① 不过该译稿并没有得以出版，而原译本至今没被发现。

4. 创建汉语拼音系统

如前文所述，罗明坚开始学习中文时，找不到理想的老师，更遑论实用的词典及教材了，于是他编纂了历史上第一部汉外词典，即《葡汉词典》，首创以拉丁文字母标注汉语字词发音的方法。但他的汉语拼音方案并不系统和完善，并且缺少对汉语发音至关重要的声调的标注。真正的汉语拼音系统化应归功于利玛窦。

《利玛窦中国札记》提及过此事。1598年在北京折返南京的途中，传教士们编写了一份中国词汇集和几套字词表，是在中国修士钟鸣仁的帮助下编写而成的。利玛窦和郭居静等人还参照乐谱音阶，修改和完善了《葡汉词典》里的拼音方案，确定了汉语发音的五个声调和声韵母书写的方法。利玛窦对此事的具体过程记得非常清楚：

> 钟鸣仁擅长使用中国语言，由于他的可贵帮助，神父们利用这个时间编制了一份中国词汇（按：即《平常问答词意》）。他们还编成另外几套字词表，我们的教士们学习语言时从中学到了大量汉字。在观察中他们注意到整个中国语言都是由单音节组成，中国人用声韵和音调来变化字义。不知道这些声韵就产生语言混乱，几乎不能进行交谈，因为没有声韵，谈话的人就不能了解别人，也不能被别人了解。他们采用五种记号来区别所用的声韵，使学者可以决定特别的声韵而赋予它各种意义，因为他们共有五声。郭居静神父对这个工作做了很大贡献。他是一个优秀的音乐家，善于分辨各种细微的声韵变化，能很快辨明声调的不同。善于聆听音乐对于学习语言是个很大的帮助。这种以音韵书写的方法，是由我们两个最早的耶稣会传教士所创作的，现在仍

---

① ［美］孟德卫：《奇异的国度：耶稣会适应政策及汉学的起源》，陈怡译，郑州：大象出版社，2010年，第45页。

被步他们后尘的人们所使用。如果是随意书写而没有这种指导，就会产生混乱，而对阅读它的人来说，书写就没有意义了。①

该词汇集和字词表主要解决的是汉语发音问题，为传教士们确定了一套用罗马字母为汉字注音的统一方案。有了这套方案以后，学中文的人不再像以前那样随意使用某种写法，这样就避免了混乱。这对于学中文的欧洲人来说很有帮助。由于汉语里的声调有区别词义的作用，加上声韵母的发音在舌位和唇形等方面与西方语言有很多相异之处，因而，对西方人来说，学好汉语的发音的确很困难，尤其声调简直是不可逾越的障碍。1769 年 10 月 15 日，一位叫晁俊秀（François Bourgeois，1723—1792）的法国神父写信给某夫人，就将学习汉语发音的困难描绘得惟妙惟肖：

> 首先，每一个词有五个不同的声调，不要以为每个声调都是清晰可辨的。这些音节在耳边一晃而过，好像就怕被人抓住似的。中国人还省掉不知多少元音，几乎听不到双音节的词。从一个送气发音的词紧接着就是一个连音词；一个嘘音接着就是一个被吃掉的音；一会儿气流通过嗓子，一会儿气流通过上颚，几乎总是鼻音。②

18 世纪中叶，入华传教士学习中文的条件已经大为改善，利玛窦、金尼阁等传教士完善改良的汉语拼音方案已经比较成熟，可是学习中文仍是那么困难。可想而知，罗明坚和利玛窦等第一批学习中文的传教士所遇到的困难是多么巨大。应该说，利玛窦改良和完善的汉语拼音方案对传教士们的中文学习提供了极大的便利。利氏拼音系统至少在一定程度上降低了中文学习的难度，相当于为背负沉重担子的学习者减轻了不少辎重。另外，美国学者邓恩（George H. Dunne,

---

① [意]利玛窦、[比]金尼阁：《利玛窦中国札记》，何高济等译，北京：中华书局，2010 年，第 336 页。
② 参阅朱静编译：《洋教士看中国朝廷》，上海：上海人民出版社，1995 年，第 222 页。

1905—1998）认为利玛窦将大量的中文词汇按照规律和一定的顺序编排成书的方式，用它学习中文可收到事半功倍的效果。因此他将利玛窦所编写的成果视为耶稣会士们对中国的语言研究的一个开拓性进展，指出他的这些成果对后来每一个研究中文的西方人来说，都是极有帮助的；在汉学史上，也占有重要的地位。① 实际上，利玛窦他们在船上编写的中国词汇集和字词表就已经有了词典的雏形。不过，这些词汇集和字词表并没有往前再发展一步而成为词典。

5. 用中文著述和翻译西文经典

利玛窦一生勤勉，著述颇丰。根据朱维铮教授的统计，利玛窦生前公开出版的作品，主要是中文著译，现存的至少有十九种。② 利玛窦勤于写书的一个重要原因在于他发现了中国独特的宗教传播方式。他在回忆录里写道："中国人还有与众不同的事情，那就是他们所有的宗教教派的发展以及宗教学说的传播都不是靠口头，而是靠文字书籍。他们很不喜欢人们聚集成群，所以消息主要是靠文字来传布。"③ 他还发现在中国有许多传教士不能去的地方，书籍却能走进去，并且依赖简捷有力的笔墨和信德的真理，可以明明白白地由字里行间，透入读者的心内，比用语言传达更为有效。④ 在入华多年后，随着对中国社会的了解与加深，利玛窦更坚定了书籍传教的决心和信心。1609年2月15日他向巴范济神父呈交的报告里写道：

……我们便可以轻而易举地用书籍来传播我们的天主圣教，而那些书籍也将在各地畅通无阻。这样，我们的书就能向更多的人宣传和讲述我们的教义和知识，不断以更受人尊重的方式谈论

---

① [美]邓恩:《从利玛窦到汤若望》,余三乐、石蓉译,上海:上海古籍出版社,2003年,第42页。
② 朱维铮:《走出中世纪》增订版,上海:复旦大学出版社,2009年,第64页。
③ [意]利玛窦、[比]金尼阁:《利玛窦中国札记》,何高济等译,北京:中华书局,2010年,第482页。
④ [法]裴化行:《天主教十六世纪在华传教志》,萧濬华译,北京:商务印书馆,1936年,第261页。

这些事情，比用嘴说要确切得多，对此我们已有过很实际的经验。因此我们的圣教或者说是圣教的美名借助已刊印的这四五本书的力量而广泛传播，而此前我们只是用嘴宣传，或采取别的什么方式。由此我发觉，如果没有这些书籍，中国人会认为我们的圣教言过其实。这种手段我们只在中国使用，而其他任何一个东方国家都没有。我可以向您保证，如果我们能把天主教中的所有东西都准确地写入书中，那么中国人便会在这些书的感召下主动来壮大我们神圣信仰的队伍。即便是我们的神父不在他们中间的情况下，也能使那些已归信天主的教友坚定信念。①

可见在利玛窦的印象里，在中国，书籍简直可以作为一种直逼人心的传教利器。其实，这并不是利玛窦的创见。早在16世纪中期，沙勿略就曾提出向中国派遣学术修养高深、笔谈流利而长于撰述的神父，建议在中国用著述的方式以取代欧洲的口头传教方式。② 事实证明，以书籍传教的方式在当时的中国社会来说确实更容易捕获文人儒士们的心。罗明坚到肇庆不久就刊印出版了《天主实录》，可以说是这一理念的一次试水。

当然，作为外国人，罗明坚、利玛窦等人用中文著述必定还会遇到不少困难。虽然他们刻苦钻研中国语言文化多年，尤其是利玛窦，他口语流利，能引经据典，甚至舌战群儒，但以中文写作对他们来说仍非易事。因此在用中文著书时他们往往还离不开中国人的协助。1584年11月利玛窦在致阿夸维瓦的信中谈到罗明坚刚出版的《天主实录》时，声明在编辑该书的过程中，得到了中文学士们的帮助，还参照中国其他主要教派的话语模式进行了修改。③《几何原本》是利氏与徐光启合作的一大成果。在自序中他坦然承认了自己在中文写作方面的短板：

---

① [意]利玛窦：《利玛窦书信集》，文铮译，北京：商务印书馆，2018年，第336页。
② 方豪：《中国天主教史人物传》，北京：中华书局，1988年，第62页。
③ [意]利玛窦：《利玛窦书信集》，文铮译，北京：商务印书馆，2018年，第42页。

……当此之时,遽有志翻译此书,质之当世贤人君子,用酬其嘉信旅人之意也,而才既菲薄,且东西文理,又自绝殊,字义相求,仍多阙略,了然于口,尚可勉图,肆笔为文,便成艰涩矣,嗣是以来,屡逢志士,左提右挈,而每患作辍,三进三止……先生就功,命余口传,自以笔受焉。反复展转,求合本书之意,以中夏之文重复订政,凡三易稿。①

从利玛窦的这段话中,一方面我们可以看到利玛窦和徐光启二人对于译著的严谨态度;另一方面也可以看到利玛窦在写作过程中与徐光启的紧密协作。

李之藻也为利玛窦的著述和翻译作了不少贡献。1629年,李之藻在其《天学初函》中收录了利玛窦的《交友论》《天主实义》《二十五言》《畸人十篇》(附西琴八章)《辩学遗牍》《几何原本》《测量法义》《同文算指》《浑盖通宪图说》《乾坤体义》等著作。这是中国历史上第一部天主教丛书。在序言《刻天学初函题辞》中李阐释了编书的缘由:

利玛窦(左)与徐光启(右)

……皇朝圣圣相承,绍天阐绎,时则有利玛窦者,九万里抱道来宾,重演斯义,迄今又五十年;多贤似续,翻译渐广,显自法象名理,微及性命根宗,义畅旨玄,得未曾有。顾其书散在四方,愿学者每以不能尽睹为憾。兹为丛诸旧刻,胪作理、器二编,编各十种,以公同志,略见九鼎一脔。②

---

① 朱维铮主编:《利玛窦中文著译集》,上海:复旦大学出版社,2007年,第301、302页。
② (明)李子藻编:《天学初函·器编》下,黄曙辉点校,上海:上海交通大学出版社,2013年,第1437页。

可以说，利玛窦的许多著作得以保存流传至今，离不开李之藻的整理和编录之功。

利玛窦著作被收录进《四库全书》子部的有七部：《乾坤体义》《测量法义》一卷、《测量异同》一卷、《勾股义》一卷、《浑盖通宪图说》上下两卷、《同文算指》及《几何原本》。

《利玛窦中国札记》的英文翻译者、耶稣会士加莱格尔对利玛窦的学问及著述作评价极高。他说：

> 作为用中文写作的许多科学和宗教著作的作者，利玛窦以一名卓越的物理学、数学和地理学的教授、一名有学问的精通中外学理的哲学家、一名杰出的孔夫子的诠释者，特别是一名优秀的基督教的教师，而为中国受教育的阶层所熟识。他独立完成的一些中文著述，连同后来耶稣会传教士在中国官吏的帮助下所写的作品，是被列为各个时代最好的中国著作的官方书目之内的。[①]

以下对利玛窦的 9 种以中文编撰且较有代表性的著述进行逐一介绍。

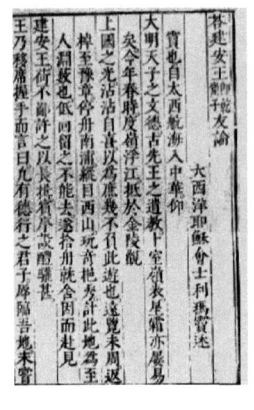

《交友论》书影

（1）《交友论》

这是利玛窦用中文撰写的第一部著作，1595 年成书，初刻于当年或次年，1599 年再刻于南京，后又刻于北京，冯应京为北京版加写了序言。关于该书的第一版刻于何时，学者们有一些不同意见。[②] 根据利玛窦写往欧洲的两封信以及《利玛窦中国札记》，可以判断出该书大致的刊印时间。

第一封是 1596 年 10 月 13 日致阿夸维瓦神父的信，他写道：

---

① [意]利玛窦、[比]金尼阁：《利玛窦中国札记·英译者序言》，何高济等译，北京：中华书局，2010 年，第 34 页。

② 张西平：《传教士汉学研究》，郑州：大象出版社，2005 年，第 38 页。

去年，我为了练习中文，选录了一些关于友谊方面的格言译成中文，这些格言都是从我们那些最好的书中摘录的。由于书中尽是显赫人物的言论，所以使中国文人大为震惊。为了使该书更具权威性，我还为它写了序，并把一本作为礼品赠送给那位有亲王爵位的皇亲。众多读书人向我索阅此书，并争相传抄，因此我总要准备下几本供他们赏阅。我们有一位挚友，他在距此不远的老家翻印了此书，而且在未告知我的情况下，在书上印上了我的名字，尽管我对此表示反对，但他的热心却值得称赞。也有其他人翻刻我们的书籍，对我们的书交口称赞。①

利玛窦在此信中提到的"一位挚友"，指的是在赣州某县任知县的苏大用。

《利玛窦中国札记》提及此事时则说："就在它付印后不久，赣州有一位知县完全用中文把它加以重印，流传于各省，包括北京和浙江。它到处受到知识阶层的赞许，并往往被权威作家在其他著述中引用。"② 可见，在苏大用之前，该书已然付梓。

第二封是1599年8月14日从南京写给罗马耶稣会吉洛拉莫·科斯塔神父的信。信中利玛窦清楚地写道：

……这部《交友论》被大家广泛阅读并认可，获得了很高的评价，并已在两个地方刊印出版。但我本人却未曾，也不能刊印这部书，因为无论我们要在这里印什么东西，都必须得到我们自己人的很多批准，我不能有任何举措，而他们要审阅这些用中文写的东西，但他们却不懂中文，根本无法看懂。③

综合以上信息，我们可以知道《交友论》编译于1595年，采用的是中西文对照方式。编撰完成后付梓刻印，书上没有利玛窦的名

---

① [意]利玛窦：《利玛窦书信集》，文铮译，北京：商务印书馆，2018年，第193页。
② [意]利玛窦、[比]金尼阁：《利玛窦中国札记》，何高济等译，北京：中华书局，2010年，第301、302页。
③ [意]利玛窦：《利玛窦书信集》，文铮译，北京：商务印书馆，2018年，第212、213页。

字。他送给建安王一本，还准备了几本供索阅此书的人赏阅。苏大用在 1595 年或 1596 年刻印了该书中文版，还在书上印上了利玛窦的名字。这本被大家广泛阅读并获得了很高评价的书，1599 年 8 月前在两个地方已经出版，但利氏由于教会规定，本人不能也没有刊印此书。

该书的写作背景也有些复杂。1595 年 4 月，一心想利用兵部侍郎佘立上任之机跟去北京的利玛窦，半路上被佘立力劝返回韶州，经过一番周旋，他在佘立家仆的陪护下到了南京。他想打着"佘爷"的旗号结交高官以争取机会久居于此，毕竟南京也算是旧都。很快他就得知，旧识原肇庆兵备道徐大任在南京鸿胪寺任职，他信心十足地以为徐一定会帮他留下来，没想到徐竟命令下属把他赶出了南京。他只好折返南昌，一待就是四年。他将南昌城的重要人物分为四类——地方官员、相公、皇亲国戚和秀才。为了立稳脚跟，他立刻考虑能通过什么途径有机会面见一些重要人物，并开始四处寻找熟人。[①] 在他的多方筹谋下，他认识了名医王继楼，跟他交上了朋友。在一次王家家宴上，利玛窦认识了明宗室建安王朱多㸅，这也是利玛窦重点要结交的目标对象。如他所愿，二人相识后友情日笃。建安王不能干预政事，但可以附庸风雅关心学术，与利玛窦来往密切，经常宴请他，并多次向他询问欧洲人对"友道"的看法。于是利玛窦就从苏格拉底（Σωκράτης, Socrates，前 469 — 前 399）的《吕西斯篇》、西塞罗（Marcus Tullius Cicero，前 106 — 前 43）的《论友谊》、圣奥斯丁（St. Augustine，354—430）的《论交友》等多部西方哲人论友谊的书中，以及他住所里的一些资料中辑引并改编了 76 则格言名句，以此阐述欧洲人对友谊问题的看法。

在《友论引》中，利玛窦详细交代了《交友论》的写作背景和缘由：

    窦也……远览未周，返棹至豫章（按：南昌），停舟南浦，

[①] ［意］利玛窦、［比］金尼阁：《利玛窦中国札记》，何高济等译，北京：中华书局，2010 年，第 130 页。

纵目西山,玩奇挹秀,计此地为至人渊薮也。低回留之不能去,遂舍舟就舍,因而赴见建安王。荷不鄙,许之以长揖,宾序设醴欢甚。王乃移席握手而言曰:"凡有德行之君子,辱临吾地,未尝不请而友且敬之。西邦为道义之邦,愿闻其论友道何如。"窦退而从述囊少所闻,辑成友道一帙,敬陈于左。①

从他这里的交代可知,《交友论》是为解建安王提出的西方友道之惑而编撰的。不过,如前所述,也就是 1596 年 10 月 13 日致阿夸维瓦神父的信中,他说编译该书是为了练习中文。这与序言说法有所不同。

该书最早采用中文与拉丁语对照的形式刊印,后来苏大用把其中的中文部分抽出来单独刻印,使《交友论》得到更广泛的流传,也为利玛窦赢得了更大的声誉。除了苏大用之外,国子监博士、明代思想家李卓吾也命人翻印了一些,寄给他在湖广的弟子,为此利玛窦在湖广一带也为人所知。② 利玛窦自己也多次说这部《交友论》被中国人广泛阅读并认可,获得了很高的评价。除了写给阿夸维瓦神父的信以外,在 1599 年 8 月 14 日写给科斯塔神父的信中,他也说这部《交友论》为他和欧洲带来了良好的声誉,比以往所得到的还要多。那些欧洲机械、手工制品和仪器也为他们赢得了声誉。又是写书,又是宣传西洋文明,一时间,他们的知识、智慧和德行也都一起得到了中国人的认可。③

其实,该书得到中国读书人的广泛认可还有一个非常重要的原因,那就是利玛窦在写作过程中从四书五经里也"汲取了大量养料"④,并刻意从内容和形式上都作了有意迎合中国人心理的处理。这

---

① 朱维铮主编:《利玛窦中文著译集》,上海:复旦大学出版社,2007 年,第 107 页。
② [意]利玛窦:《耶稣会与天主教进入中国史》,文铮译,北京:商务印书馆,2014 年,第 251 页。
③ [意]利玛窦:《利玛窦书信集》,文铮译,北京:商务印书馆,2018 年,第 212 页。
④ 朱维铮:《利玛窦在中国》,载上海博物馆编《利玛窦行旅中国记》,北京:北京大学出版社,2010 年,第 5 页。

从他在 1599 年 8 月 14 日致科斯塔神父的信中也可以看出。他写道："但我用中文无法表现出原文的优雅，因为我完全要适应中国人的习惯，在必要的地方，我还改动了我们哲学家的原话和意思，此外还有一些内容是取材于我们寓所中的资料。"① 为了迎合中国人的兴趣，根据需要，利玛窦"将许多西方哲人的名言或西方的谚语都作了随意的改动"②。他特意淡化了宗教内容，宣称"天下无友，则无乐焉"，提倡交友应"视友如己""交友之先宜察，交友之后宜信""以和为本""德志相似，其友始固""交既正，则利可分、害可共矣"等友道原则。这些理念与《论语》里的乐于交友（"有朋自远方来，不亦乐乎？"）、以信交友（"吾日三省吾身：为人谋而不忠乎？与朋友交而不信乎？""主忠信，毋友不如己者，过则勿惮改"以及"老者安之，朋友信之，少者怀之"）、与友共享（"愿车马，衣轻裘，与朋友共，敝之而无憾"）等理念非常契合。他还认为，"交友如医疾"，如果朋友有不对的地方，应当"谏之、谏之，何恤其耳之逆，何畏其额之蹙"，这与孔子所说的"益者三友，损者三友：友直、友谅、友多闻，益矣；友便辟，友善柔，友便佞，损矣"也基本相合。形式上，它采用格言体例，也与《论语》相同。这可能是他无意中受到《论语》的影响，毕竟他熟悉四书至倒背如流的地步。即使不是模仿《论语》体例，他所用的写作形式也暗合晚明时期盛行的独特文体——清言小品文。因此，利氏《交友论》广受中国文人欢迎并非偶然。而且，其影响力还不仅仅局限于中国。在日本，《交友论》同样深受日本儒家学者们的看重。平川祐弘指出，在日本整个德川时代都有人提到或赞誉《交友论》，甚至到了明治初期仍是如此，如藤原明远在《盈进斋随笔》卷三"言论部交道"中就多处引用《交友论》；土佐出身的洋学专家、日本明治政府重要官员和教育家细川润次郎也提到《交友论》，在其《吾园随笔》上卷"友谊甚重"一节中，就有对《交友

---

① ［意］利玛窦：《利玛窦书信集》，文铮译，北京：商务印书馆，2018 年，第 212 页。
② 邹振环：《晚明汉文西学经典：编译、诠释、流传与影响》，上海：复旦大学出版社，2011 年，第 86 页。

论》观点的赞赏。① 而 52 年之后卫匡国的《述友篇》受欢迎的程度完全无法与之相提并论。

利玛窦在华 28 年，交友甚广。除欧洲人外，还有各类中国友人，他与朋友们总是保持着联系。不过也有人认为，"利玛窦是友谊的殉道者，他的早逝就是因为接待宾客太多，太劳累了。"② 观察利玛窦的一生经历，这种说法似乎也并非毫无道理。

1629 年该书被《天学初函》收编，也被收入《四库全书》子部杂家类存目。现存底本有瞿太素 1599 年《大西域利公友论序》和冯应京 1601 年所作的《刻交友论序》，共 32 面，载于《天学初函》第一册，梵蒂冈教廷图书馆有藏。

（2）《天主实义》

这是利玛窦入华以来最重要的护教宣教著作。关于该书的出版时间，学界多有不同意见，如有人认为 1595 年在南昌第一次出版，1601 年在北京出版，1605 年在杭州出版，此后一版再版③；有人认为是 1596 年；有人认为是 1603 年④；有人认为 1601 年在北京重刊⑤。学者张晓林的观点是利玛窦在 1595 年至 1596 年间完成该书第一稿，1596 年至 1600 年间送呈上级审查，同时在朋友中流传。1601 年冯应京为之作序，1601 年至 1603 年获得出版批

《天主实义》书影

---

① 参阅邹振环：《晚明汉文西学经典：编译、诠释、流传与影响》，上海：复旦大学出版社，2011 年，第 86 页。
② ［意］柯毅霖：《晚明基督论》，王志成等译，成都：四川人民出版社，1999 年，第 78 页。
③ 武斌：《中国接受海外文化史 大航海与西学东渐》第 4 卷，广州：广东人民出版社，2022 年，第 83 页。
④ ［意］利玛窦：《利玛窦书信集》，文铮译，北京：商务印书馆，2018 年，第 227 页、228 页、234 页、240 页、259 页、267 页等。
⑤ 包丽丽：《"似非而是"还是"似是而非"——〈天主实义〉与〈畸人十篇〉的一个比较》，载《甘肃社会科学》2006 年第 6 期。

准,1603年在北京出版第一个木刻本,印了两百本,1604年该书初版寄送罗马耶稣会总长。① 由于1601年冯应京为《天主实义》作过序,落款是"万历二十九年孟春谷旦后学冯应京谨序"②,林金水等学者推测,1601年冯应京在利玛窦的默许下自行刻印了《天主实义》,1604年经教会上级批准正式刊印出版《天主实义》。③ 据《明史》卷237《冯应京传》,冯应京于1601年3月24日遭到税使陈奉的陷害而被捕,直至1604年10月才获释。再从《利玛窦中国札记》所述来看,冯应京入狱前曾敦促利玛窦同意马上刊行该书,但利玛窦并没有点头,他说还没有成熟到可供采摘的时机,仍需作进一步的修订。④ 因此,冯应京不太可能在利玛窦明确表示不同意的情况下私自刊印此书。接下来还有一句很关键的话:"他(按:冯应京)还重印了利玛窦的教义问答《天主实义》,版本更完备而充分,他在书中颂扬了基督教,其热情之高一如他之谴责偶像。"⑤ 这里很可能说的是冯应京在该书正式刊印后重新刻印了一个更完善的版本。

如果仔细梳理利玛窦的书信,我们可以比较明了该书撰写和出版的大致时间线。利玛窦开始以罗明坚的《天主实录》为基础撰写《天主实义》是1594年在韶州的时候。1594年10月12日,在致科斯塔神父的信中,利玛窦写道:"现在我开始编写一部讲述我们圣教的书,完全是自然之理,当它印出之后,将在全中国传布。"⑥ 1596年10月13日,利玛窦在南昌致函阿夸维瓦神父,向他报告那部很早以前就开

---

① 张晓林:《天主实义与中国学统》,上海:学林出版社,2005年,第18、19页。
② 汤开建主编:《利玛窦明清中文文献资料汇集》,上海:上海古籍出版社,2017年,第92页。
③ 汤开建主编:《利玛窦明清中文文献资料汇集》,上海:上海古籍出版社,2017年,第89页。
④ [意]利玛窦、[比]金尼阁:《利玛窦中国札记》,何高济等译,北京:中华书局,2010年,第430页。
⑤ [意]利玛窦、[比]金尼阁:《利玛窦中国札记》,何高济等译,北京:中华书局,2010年,第430页。
⑥ [意]利玛窦:《利玛窦书信集》,文铮译,北京:商务印书馆,2018年,第108页。

始撰写的《天主实义》正在审校,很多人已经看过其中一些章节,力劝他立即付梓。① 1602 年 9 月 2 日,利玛窦在致龙华民的一封短信中说到,中文版的《天主实义》已经由一位官员身份的中国学者(按:冯应京)审阅校订。② 所以,1602 年他已经完成全书的写作并交由狱中的冯应京审阅校订。其后,利玛窦自己反复提到该书的出版时间。1605 年 2 月他在北京致函马赛里神父,信中明确写道:"去年在本城刊印的《天主实义》使中国人理解了我们和留在这里的意图。"③ 5 月 9 日,在给法比神父的信中,利玛窦称"刚刚问世不久的《天主实义》引起了很多偶像崇拜者的不满,因为书中明确地驳斥了他们的教派,他们从未遭到过这样的打击。"在同一封信中,他还是说巴范济神父迫切地向他索要他们去年在北京刊印的新版《天主实义》。④ 5 月 10 日,他在北京分别致信利奇和科斯塔神父,明确说"去年,《天主实义》刊印出版""去年,我在这里刊印了《天主实义》,这对于我们来说是很有必要的,凭借这本书,我们已取得了预期的效果。……"⑤ 7 月 26 日,在致罗马耶稣会朱里奥神父和吉洛拉莫神父的信中,他又一次说:"我去年还用中文刊印了《天主实义》,我为这本书花费了很多年的时间。"⑥ 如果只有一处提到"去年",那可能为误记,但反复误记 6 次的可能性不大,毕竟《天主实义》是他多年来的心血结晶,且刊印后影响很大。综合以上信息,笔者认为该书应该是 1604 年在北京刊印出版的。不过,成书与出版时间相隔甚久,其间有无民间手抄或刻本流出难以言定。至 1605 年 5 月 10 日致科斯塔神父的信中,利玛窦称该书已重印十余版。⑦

《天主实义》是一本教理问答性质的书,分上下两卷共 8 篇。与

---

① [意]利玛窦:《利玛窦书信集》,文铮译,北京:商务印书馆,2018 年,第 192、193 页。
② [意]利玛窦:《利玛窦书信集》,文铮译,北京:商务印书馆,2018 年,第 215 页。
③ [意]利玛窦:《利玛窦书信集》,文铮译,北京:商务印书馆,2018 年,第 220 页。
④ [意]利玛窦:《利玛窦书信集》,文铮译,北京:商务印书馆,2018 年,第 227 页。
⑤ [意]利玛窦:《利玛窦书信集》,文铮译,北京:商务印书馆,2018 年,第 234、240 页。
⑥ [意]利玛窦:《利玛窦书信集》,文铮译,北京:商务印书馆,2018 年,第 259 页。
⑦ [意]利玛窦:《利玛窦书信集》,文铮译,北京:商务印书馆,2018 年,第 240 页。

罗明坚的《天主实录》体例相同，利玛窦也采用了"中士""西士"一问一答的对话形式。第一篇"论天主始制天地万物，而主宰安养之"；第二篇指出世人错认天主、以儒家经典中所说的上帝为天主的误区；第三篇论述了人魂不灭与禽兽大有区别，强调灵魂不死不灭，恶人灵魂不会散灭；第四篇以经典论证了鬼神的存在、灵魂的存在状态以及天主与人、人与万物的关系；第五篇驳斥了佛教的轮回说，阐述了天主教的"斋素"宗旨；第六篇论述了赏善罚恶理论，指出死后必有天堂地狱之赏罚，以报世人所为善恶，强调天堂地狱说与儒家思想并行不悖；第七篇阐述了人性论和天学正义，明确指出"佛道非正道"；第八篇解释了天主教国家的风俗习惯，耶稣会士为何绝色不结婚，宣扬了耶稣降生救世等奇迹。

　　虽起锚于罗明坚的《天主实录》，但利玛窦在内容上作了很大调整。中国文人从小饱读诗书，对怪力乱神敬而远之。为了使他们更容易接受，利玛窦特意删除了《天主实录》中天主启示、耶稣死亡和复活等内容，而是用以理服人的方式，采用西方哲学中的逻辑论证法，将天主教义与生活经验相结合，将抽象教理具体化，以此宣扬天主教的主要教义，驳斥佛、道和宋儒关于宇宙本体的观点。对于儒学，他实施附会和拉拢策略。裴化行指出该书"既不放弃原来依据天然秩序而运用的理由，又引述中国典籍以权威论据予以论证"[①]。裴所说的中国典籍主要指的是儒家经典。可见利玛窦在该书中将中国传统三教加以有策略的分化，视儒家为可以亲近和利用的一方，以争取一大批像冯应京、李之藻、徐光启之类的硕学之士，把他们拉过来一起对付佛、道二教。因为如果将儒学也作为敌人，极易引起冯、李、徐等大批读书人的对峙，而视儒学为合作对象，可以消弭冯、李、徐等饱读诗书的高官的对抗情绪，而他们又清楚地看到了利玛窦所带来的西方文明的先进性，对利玛窦发自内心地敬佩。他们看到利玛窦并不反对，反而赞同自己安身立命的基础，那么就很容易受其思想的影响，而不知不觉"落入教会网中"。因为佛教与道教往往秉持出世之心，

―――――――
① [法]裴化行：《利玛窦神父传》，管震湖译，北京：商务印书馆，1998年，第163页。

教徒为朝廷话事人身份者不多。对此二教,利玛窦采取的是毫不留情的对立和批判态度。比如,利玛窦直接提出对道家的质疑:"《易》曰:'帝出于震。'夫帝也者,非天之谓,苍天者抱八方,何能出于一乎。"① 对佛教,他更是严厉贬斥。由于增加了儒家这块足以缓冲思想撞击的"厚垫子",加上利氏多年心思缜密的编补修订,《天主实义》相比于罗明坚的《天主实录》更容易为中国人所接受。因此,《天主实义》成为利玛窦最为重要的宣教护教书,从理论上确定了晚明天主教在华合儒斥佛的传教策略,为其后耶稣会士及其信徒撰写宣教护教著述定下了主基调。

利玛窦敏锐地察觉出该书对中国人的心态所产生的微妙变化,他在一封信中写道:"有些人打消了对我们的疑虑,再也不担心我们有什么不良企图,但还有一些人,喜欢疑神疑鬼,这部书使他们更加仇恨我们,并开始对我们进行诋毁。"② 1605年5月在写给科斯塔神父的信中他介绍了前一年出版的《天主实义》的情况,称在该书中加入了很多例证,其中有西方大学者的言论,还有许多哲学方面的东西,都是中国人闻所未闻的。此外,他说他试图在该书中以人类寻求灵魂救赎的必要性和基督信仰为来世带来的希望来打动读者。由于书中将佛教的许多言论与设想贬斥为"虚伪",将灵魂转世等理论定性为"荒谬"。这些都引发了佛教人士的极大不满。不过,利玛窦似乎并不担心,因为他认为尚未到流血的地步。③ 该书被反天主教人士称为"第一妖书"可能与此不无关系。有人认为明清之际天主教传教史上长达百年之久的"中国礼仪之争"也与这部《天主实义》有关。

该书多次刊印再版,流传很广,为天主教在华传教打开了局面,不少人就是受该书的影响而加入了天主教。徐宗泽评价道:"是书之言论深得当时士大夫之赞许,其观念又浸润人心,有极大之威权,有

---

① 朱维铮主编:《利玛窦中文著译集》,上海:复旦大学出版社,2007年,第21页。
② [意]利玛窦:《利玛窦书信集》,文铮译,北京:商务印书馆,2018年,第221页。
③ [意]利玛窦:《利玛窦书信集》,文铮译,北京:商务印书馆,2018年,第240、241页。

阅之而感动，因而皈依圣教者不一其人，若冯应京即其一也。"① 1604 年该书被译为日语，后来又有高丽语（朝鲜语）、蒙古语、法语等版本，在东亚及东南亚地区也有较大影响。

(3)《二十五言》

《二十五言》成书于1599年。学者文铮认为该书于1605年初正式付梓出版。② 关于该书的刊印、序跋和读者反映等情况，利玛窦在1605年致路多维科·马赛里神父的信中，曾详细提及：

> 不久前，一个被视为圣人的人刊印了我的一本小书，人们为此人修建了很多生祠，相当气派。我的那本书共分为二十五段，因此称之为《二十五言》。在书中，我只谈论道德与圣善生活，语言非常朴素，就像一位自然哲学家那样，但只是从天主教徒的角度来谈，书中没有驳斥任何教派。这样，无论信奉哪一教派的人都能读这本书，它受到了大家的高度评价。其他寓所也给我写信，告诉我这本小书已在各地产生了不小的影响。……我本人未给这本小书撰写序言，因为我在书中谈论了对这个世界以及身外之物的漠视，就像那位诗人所说的那样："我就是一名道德高尚的坚定信徒。"但刊印此书的那个人却写了一篇相当重要的序言。我们的徐保禄进士也写了一篇相当重要的序言，在序言中他宣称

---

① 徐宗泽:《明清间耶稣会士译著提要》，上海:上海书店出版社，2010年，第107页。《天主实义》影响广泛是真的，不过冯应京并未受洗入教。《利玛窦中国札记》第四卷第十五章谈到冯从狱里释放出来后，忙于接受祝贺，根本找不出时间领洗。于是利玛窦亲自去了北京近郊一所房子里和他会面，想顺便给他施洗，但冯担心皇帝多疑而生事，推说回南京以后，那里的神父们可以给他安排洗礼。到后来，南京的神父们得到利玛窦的训令不失时宜地引导他皈依基督，但是"死亡跑在了他们的前面"，冯生病后没几天就离开了人世。利玛窦不无遗憾地说:"我们都希望，他既为自己的过失而忏悔，他对洗礼的渴望就足以代替这一圣礼了。"（见《利玛窦中国札记》，中华书局，2010年，第431页。）可见，冯到最后也没有真正加入天主教。宋黎明认为家有妻妾是阻碍冯入教的真正原因。（见宋黎明:《神父的新装》，南京:南京大学出版社，2011年，第173页。）

② [意]利玛窦:《利玛窦书信集》，文铮译，北京:商务印书馆，2018年，第227页。

自己是我们的门徒,即一名天主教徒。……我已经写信汇报过,这本书以及我们的其他著作都被人们刊印或传抄,以至于大家都在谈论我们,这使我们得出一个结论,即通过我们的书籍和科学可以在中国取得很大的成果。……①

信里所提到的"圣人"为冯应京,《利玛窦中国札记》里评价冯应京清正廉洁,湖广百姓将他作为值得崇敬的人物来膜拜,并为他修建了几座祠堂,常年香火不断。② 因此信中与回忆录里的两处说法完全是吻合的。1604 年,冯应京作《重刻〈二十五言〉序》,落款为"万历甲辰岁夏五月谷旦盱眙冯应京书"。万历甲辰岁即 1604 年,序名曰"重刻",说明 1605 年的《二十五言》并非初刻版,1604 年前就已经刊刻。利氏信中说到徐光启也为该书作了一篇序。实际上,徐所作的为跋,即后记,名《跋〈二十五言〉》。根据徐光启跋里的"自来京师,论著复少,此《二十五言》成於留都"③,我们可以确定利玛窦完稿于南京。因为明朝迁都北京后,南京即为留都。利玛窦自述该书广受欢迎,使他更加坚信在中国通过书籍和科学传教可以取得良效。

这本天主教的道德箴言书共收录 25 段修身格言,约 4000 字。全书以天主教精神为基调,用比喻、举例等方法宣扬气平身泰、持心忠正、以智处难、不溺爱、舍俗虑、勿惮人议、勿自夸、恭爱上帝、轻外力而重内仁、不可怨父兄、克己自律和知行合一等为人处世之道,目的在于警世和醒世。有学者认为该书没有明显的体系结构,也没有通过严密的归纳推理或演绎推理法来进行论证,而是用比喻、例证以及类比等方法阐述天主教的价值观和道德修养方法。在方法上,与中国传统文化的思维模式互相启迪;在内容上,与中国传统的修养方法

---

① [意]利玛窦:《利玛窦书信集》,文铮译,北京:商务印书馆,2018 年,第 221 页。
② [意]利玛窦、[比]金尼阁:《利玛窦中国札记》,何高济等译,北京:中华书局,2010 年,第 429 页。
③ 汤开建主编:《利玛窦明清中文文献资料汇集》,上海:上海古籍出版社,2017 年,第 124 页。

相得益彰。① 与《天主实义》直接贬斥佛道二教不同，利玛窦在《二十五言》里没有驳斥任何教派，语气平和，循循善诱。由于1604年《天主实义》问世，里面的很多内容引起了佛教徒的不满，这本小小的《二十五言》就起到了一个很重要的缓和作用，有效地缓解了佛教徒的仇恨。利玛窦也自述这本书里没有驳斥其他教派的言论，只是称赞了略有禁欲主义思想的道德，但内容都与他们的传教事业相适应。②

由于有冯应京和徐光启两人的推荐，该书很快在士大夫中间传播，大家争相阅读，在各地产生了不小的影响，评价颇高。明代医学家王肯堂在《郁冈斋笔尘》中评价它"若浅近而其旨深远"③。《四库全书》将之列入存目。

（4）《西字奇迹》

《西字奇迹》书影

该书1606年刊刻于北京。共6页、387字，里面包含利玛窦为当时著名的制墨专家程君房所写的四篇文章，分别是《信而步海，疑而即沉》《二徒闻实，即舍空虚》《淫色秽气，自速天火》和《述文赠

---

① 参阅金文兵：《高一志与明末西学东传研究》，厦门：厦门大学出版社，2015年，第101页。
② [意]利玛窦：《利玛窦书信集》，文铮译，北京：商务印书馆，2018年，第227页。
③ 徐宗泽：《明清间耶稣会士译著提要》，上海：上海书店出版社，2010年，第250页。

幼博程子》。虽然篇幅小、字数少，但该书在汉学史上的价值不可小觑。利玛窦根据1598年创建的汉字拉丁字母标注系统，为文章中的每个汉字都标注了拉丁字母发音，一共用了26个声母、43个韵母和4个次音。与罗明坚《葡汉词典》不同的是，《西字奇迹》还用5个声调符号分别为每个汉字作了标注，形成了利玛窦拼音方案的雏形。1626年金尼阁在杭州出版的《西儒耳目资》就是在利玛窦《西字奇迹》的基础上生成的。这套拼音方案被称为"利-金方案"。"利-金方案"促进了中国传统的音韵学研究方法的革新，开辟了一条标注汉语发音方法的简易途径，也为后来的汉语拼音方案奠定了基础。我国著名语言学家罗常培称之为"明末耶稣会士在中国音韵学上的第一个贡献"①。后来罗常培先生在利-金拼音方案基础上，整理出一个包括26个声母和44个韵母的汉语拼音方案。

不过，《西字奇迹》原书现已失传。

（5）《乾坤体义》

这是一本介绍西方天文学原理的自然哲学著作，由利玛窦与李之藻根据利的老师、著名数学家克拉维乌斯神父的《〈天球论〉注解》合作编译，1605年刊印于北京。利、李以中国代表天地的"乾坤"一词作为该书书名。

全书分为上、中、下三卷，上中卷论述天象，将人居住的地区分为五带，将日月星天分为九重，以水火土气为四大元素，以日月地影定薄蚀；下卷论述算术。《四库全书子部天文算法类〈乾坤体义〉提要》评价该书"委曲详明""虽篇帙无多，而其言皆验诸实测，其法皆具得变通，可谓词简而义赅者，我朝《御制数理精蕴》，多因其说而推阐之。"②

该书将西方从天地之外察看宇宙的新视角引入中国，并将新视角下所观察到的宇宙几何模式传入中国。中国人自古以来抱持天人合一

---

① 《罗常培文集》编委会主编：《罗常培文集》第八卷，济南：山东教育出版社，2001年，第211页。

② 朱维铮主编：《利玛窦中文著译集》，上海：复旦大学出版社，2007年，第552页。

的宇宙空间观。《周易》将天、地、人三者视为不可分割的整体,《周易·乾卦·文言》中说:"夫大人者,与天地合其德,与日月合其明,与四时合其序,与鬼神合其凶。"① 佛教认为天是有情众生轮回转生的六道中最好的去处。而孔子却说:"天何言哉!四时行焉。百物生焉,天何言哉!"② 与道教、佛教不同,孔子明显是肯定天的自然属性的。因此,《乾坤体义》引入的新宇宙观在一定程度上也是一种试图打破天圆地方学说,拆散儒佛联盟的努力,这也体现了利玛窦一以贯之的传教策略。

客观上说,《乾坤体义》对西方天文学传入中国起到了不可忽视的作用。清代地理学家刘献廷认为:"天文实用及地球纬图,皆利氏西来后始出。"③ 可以说,这是西方近代天文学和数学传入中国的开始。

(6)《几何原本》

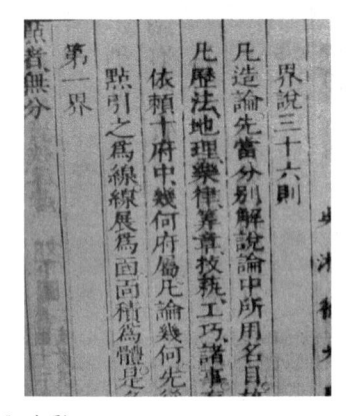

《几何原本》书影

《几何原本》是中国第一部译自拉丁文的算学专著。由利玛窦与徐光启合译而成,1607 年刊刻于北京。希腊数学家欧几里得的《几何原本》原书共 13 卷,经利玛窦的老师克拉维乌斯以拉丁文校订增

---

① 《周易·乾》,见周振甫译注:《周易译注》,北京:中华书局,1991 年,第 9 页。
② 《论语·阳货·19》,见陈蒲清注译:《论语注译》,广州:花城出版社,2007 年,第 218 页。
③ (清)刘献廷:《广阳杂记》(第二卷),北京:中华书局,1957 年,第 99 页。

补为15卷，其中后2卷为注释。利玛窦将这些书随身带入中国。到中国后，一直以此为教材讲授西方数学知识。他多次想将该书翻译为汉语，但都由于困难太大而屡屡放弃。遇到徐光启后，该书的命运有了转机。利玛窦曾说，在他认识的所有中国人中，只有李之藻和徐光启两位能够完整地、不折不扣地理解欧几里得几何学。[1] 而徐光启感于汉代以来，人们对于度数之学"多任意揣摩，如盲人射的，虚发无效"，正好"《几何原本》者，度数之宗，所以穷方圆平直之情，尽规矩准绳之用也"[2]。于是两人通力合作，合译出最重要的前6卷（平面几何部分）以及克拉维乌斯神父补充的内容。翻译工作倾注了两人不少时间和精力，从1606年9月到1607年5月，徐光启"每布衣徒步，晤于（利氏）邸舍，讲究精密，承问冲虚"[3]。他们几乎每天下午在一起翻译三四个小时，由利玛窦口授，徐光启笔录，字斟句酌，屡经推敲，力求合于原书之意，数易其稿而成。由于当时没有现成的汉外对照词表可循，他们合力创造了许多新词语来表达相应的数学概念，其中有不少神来之笔，如书名"几何"一词在汉语里本就有"衡量大小"之意，又与原文 geometria 的词头"geo"谐音，音义兼顾，堪称神译。还有书中的一些名词术语，如"点、线、直线、曲线、平行线、角、锐角、钝角、三角形、四边形、相似"等概念，不仅在中国一直沿用至今，还影响到日本、朝鲜等周边许多国家。虽然徐光启雄心勃勃地想译完全书，但后来由于各种原因（一说利玛窦不愿继续此项工作；一说徐光启因父亲去世而回乡丁忧守制，回京时，利玛窦已经去世等），后9卷的翻译无法继续。当时有人对徐光启和利玛窦的此项工作不以为然，徐光启则在《刻几何原本序》中说："余以为小用大用实在其人，如邓林伐材，栋梁榱桷，恣所取之耳。"[4] 他认为这些基础科学是一切应用科学的基础。确如他所料，作为中国最早的

---

[1] 参阅[美]邓恩：《从利玛窦到汤若望》，余三乐、石蓉译，上海：上海古籍出版社，2003年，第99页。
[2] 朱维铮主编：《利玛窦中文著译集》，上海：复旦大学出版社，2007年，第303页。
[3] 梁家勉：《徐光启年谱》，上海：上海古籍出版社，1981年，第72页。
[4] 朱维铮主编：《利玛窦中文著译集》，上海：复旦大学出版社，2007年，第304页。

自然科学译本之一的《几何原本》，对后世学者的影响极大。梁启超认为，清朝一代学者对于历算学的兴味，以及喜谈经世致用之学，很有可能是受到利、徐诸人的影响。① 梁给予它极高评价："如利、徐合译之《几何原本》，字字精金美玉，为千古不朽之作，无用我再为赞叹了。"② 他还说："在科学中此学最为发达，经学大师差不多人人都带着研究。"③ 后来康熙命人将之翻译为满文，并收入朝廷"御撰"的数学百科全书《数理精蕴》（上编），该书序言中说："《几何原本》乃度数万物之根本。"④ 可以说，该书在中国的科学发展史上具有划时代的意义。

（7）《浑盖通宪图说》

这是一本实用天文学译著，主要介绍各种星盘、日晷等天文仪器的结构和使用方法。利玛窦根据其老师克拉维乌斯神父的《论星盘》进行口述，由李之藻笔录并整理而成。通过这种方式，他们合译了克拉维乌斯三卷本《论星盘》中的两卷。

1601 年利玛窦认识李之藻后，不久即以克拉维乌斯神父的天文学著作为教材，系统地给他讲解星盘的原理及其使用方法。星盘是一种便捷的观天仪器，可以用来识星和测定时间。利玛窦在南京曾看到过中国传统的巨大而精美的青铜观天仪器，但那是给钦天监的官员使用的，其他部门的官员并没有使用权限。与欧洲人追求科学的精神不同，明朝政府曾明令民间禁止学习天文学知识。⑤ 这可能也是当时中国科学不发达的原因之一。而李之藻是工部官员，应该不在禁学之列。因此，利玛窦就将天文学知识和仪器的制作方法传授给他。1606 年李之藻遭降职，他一气之下辞官回到杭州，正好有闲暇整理编撰此书。

---

① 梁启超：《中国近三百年学术史》，北京：东方出版社，1996 年，第 11 页。
② 梁启超：《中国近三百年学术史》，北京：东方出版社，1996 年，第 11 页。
③ 梁启超：《中国近三百年学术史》，北京：东方出版社，1996 年，第 28 页。
④ 参阅李兆华：《〈几何原本〉满文抄本的来源》，载苏天钧主编《北京考古集成》，北京：北京出版社，2000 年，第 1715 页。
⑤ 肖军：《从器物到理论》，载肇庆学院编《第二届利玛窦与中西文化交流学术研讨会论文集》，2010 年，第 192 页。

1607年他在处州（今浙江丽水）拜访处州知州郑怀魁。郑将李书刊刻之事交由丽水知县樊良枢。① 万历丁未年（1607）李之藻于浙江仙居括苍洞天为该书作了一篇自序，序中也谈及得到郑和樊的相助。②

关于该书的出版时间和地点，学者们有不同意见。有的学者认为该书是于1607年秋在处州出版的③，有的认为是1607年在北京出版的④。如果依据李之藻序中所述："而郑辂思使君以为制器测天，莫精于此，为雠校而寿之梓；参知车公，妙解像数；借之玄晏。令尹樊致虚氏，又为乐玩推毂，相与有成焉。"⑤ 那么该书出版的时间地点应该是在1607年的处州。但1608年8月22日，利玛窦致函耶稣会总会长阿夸维瓦，称曾刊印过《坤舆万国全图》的学者李之藻已经跟他们学了很多数学方面的知识，并说"今年，他刊印了《浑盖通宪图说》一书"，称此书是对克拉维奥神父著作的一个概括。利随信给阿夸维瓦寄去了该书某卷的两册，他知道阿夸维瓦不认识汉字，但至少可以看到那些印刷精美的图形。⑥ 根据利玛窦此信所述，《浑盖通宪图说》

---

① 徐光台：《西学对科举的冲激与回响——以李之藻主持福建乡试为例》，载《历史研究》2012年第6期。
② 汤开建主编：《利玛窦明清中文文献资料汇集》，上海：上海古籍出版社，2017年，第170页。
③ 杜升云主编：《科技史文库中国天文学史大系 中国古代天文学的转轨与近代天文学》，北京：中国科学技术出版社，2013年，第126页。另方豪也持同样意见："是年（按：1607年）秋，处州知州郑怀魁刻《浑盖通宪图说》。"见方豪著《李之藻研究》，北京：海豚出版社，2016年，第280页。
④ ［意］利玛窦：《利玛窦书信集》，文铮译，北京：商务印书馆，2018年，第318页。
⑤ 汤开建主编：《利玛窦明清中文文献资料汇集》，上海：上海古籍出版社，2017年，第170页。
⑥ ［意］利玛窦：《利玛窦书信集》，文铮译，北京：商务印书馆，2018年，第318页。该信所涉李之藻及其译本信息，文铮所译与台湾罗渔所译有所不同，可能是依据的原稿版本不同之故。罗渔译文里写道："……（李之藻）今年再印刷《浑盖通宪图说》(1608)，是我恩师克拉威奥神父的'Astrolabio'的节译本，由我口授而他笔录。分两卷印行，兹呈上一本……"由此可以看出该书翻译之依据是克拉维乌斯神父的《论星盘》。参阅汤开建主编：《利玛窦明清中文文献资料汇集》，上海：上海古籍出版社，2017年，第169页。

刊印时间应为 1608 年,而非 1607 年。笔者认为,可能利玛窦收到李之藻给他的书是在 1608 年,但李之藻没有清楚说明该书出版的准确时间和地点。

从内容上说,它是中国第一本专门介绍星盘(李之藻译为平仪,又称浑盖通宪)制作及其使用的书,共分上下两卷 21 部分。在开篇"首卷",李之藻先对地心说、地圆说、地平坐标、地平线、子午线、经纬度、黄道十二宫等概念作了详细说明。与徐光启与利玛窦合译《几何原本》一样,李之藻和利玛窦也一起创造了许多新名词,包括表示星盘部位以及天文学上的专有名词。比如他们把"mater"译为"外盘",将"needle"译为"针芒",把"tympan"译作"地盘"等。黄见德评价该书图文并茂,实用性强,认为其引进对于中国天文仪器的制作是有一定意义的。①

该书后被收入《四库全书》。

(8)《辩学遗牍》

《辩学遗牍》一共有 4 篇文章,以书信对答形式写成。由两部分组成,前编为利玛窦与虞淳熙的往来书信,即《虞德园铨部与利西泰先生书》《利先生复虞铨部书》(又名《复虞淳熙》);后编为《〈云栖遗稿〉答虞德园铨部》和《利先生复莲池大和尚〈竹窗天说〉四端》。文后有李之藻和杨廷筠所作的两篇后跋。1609 年该书被辑入《天学初函》。

虞铨部,即虞淳熙,字长孺,一字澹然,浙江钱塘人,万历年间进士,官至吏部稽勋司郎中,掌理功赏之事。1593 年请求离职,隐退西湖,著有《浮梅槛诗》《虞德园集》《孝经集灵》等。莲池和尚,字佛慧,俗名沈袾宏,浙江仁和人,有"法门之周孔"之誉。虞淳熙在归乡守丁制期间受皈依于莲池和尚,罢官后曾主导莲池和尚组织的放生社等活动。虞还曾应江西抚州知府翁汝进之请,为翁在江西出版的利玛窦《畸人十篇》作序。1608 年 3 月 8 日利玛窦在致耶稣会总会

---

① 黄见德:《明清之际西学东渐与中国社会》,福州:福建人民出版社,2014 年,第 120 页。

长阿夸维瓦的信中称《畸人十篇》流传到了偶像崇拜盛行的浙江,有位大学者主动给他写了一封长信,利玛窦也回了信,信上论辩了信仰天主的道理。① 此信中所提到的大学者正是虞淳熙。二人因此有了信函来往。

虞淳熙致利玛窦的《与利西泰先生书》中写道:"及读天堂地狱短长之说,又似未翻其书,未了其意者。……夫不全窥其秘,而辄施攻具,舍卫之坚,宁遽能破?"② 实际上是委婉地提醒利玛窦没有好好学习佛教典籍,不了解佛经之意,却妄图攻击天堂地狱轮回之说,并不容易。利玛窦则在回信《利先生复虞铨部书》中对此进行了反击,申明自己弃家忘身来华,旨在阐明天主至道,使人人为天主肖子;虞称利不了解佛书,却攻舍卫城;利自辩自己是了解佛书的,"舍卫虽坚,恐未免负固为名也",他还反诘虞"不尽通天主经典,岂能隳我圣城,失我定吉界耶"。不过,利玛窦还是以意大利谚语"和言增辩力"为指引,希望能"抠趋函丈,各挈纲领,质疑送难,假之岁月,以求统一"③。

后编书信之一为莲池所作《〈云栖遗稿〉答虞德园铨部》,信中语气颇为激烈,用词锐利,直指利玛窦复虞淳熙书信明显是京城一士大夫所代作,顺便批评了利玛窦先前出版的《实义》《畸人》二书语言雷堆艰涩,而回复虞的书信却条达明利,推敲藻绘,不过还是浅漏可笑,且篇幅过长令人讨厌。莲池自信地声称,过去以韩愈、欧阳修的辩才、程朱之道学,都不能摧毁佛学,何况利玛窦这样的愚蠢"么魔"。他认为"么魔"诚然不足为辩,可叹的是其羽翼煽动,使名公巨卿受到鼓惑。因此莲池不惜病体,不避口业,起来拯救他们。④ 后编之二为利玛窦复莲池书。不过,陈垣在《序重刊辩学遗牍》中称此

---

① [意]利玛窦:《利玛窦书信集》,文铮译,北京:商务印书馆,2018 年,第 302—304 页。
② 朱维铮主编:《利玛窦中文著译集》,上海:复旦大学出版社,2007 年,第 657 页。
③ 朱维铮主编:《利玛窦中文著译集》,上海:复旦大学出版社,2007 年,第 659—662 页。
④ 朱维铮主编:《利玛窦中文著译集》,上海:复旦大学出版社,2007 年,第 663 页。

信"殆非利撰"①。他的依据是莲池自叙，其《竹窗随笔》②刊印于万历四十三年乙卯，即 1615 年，而彼时利玛窦已然离世 5 年。《天说四端》是《竹窗》三笔的编末之文，利玛窦应该无缘得见。从利玛窦回复虞淳熙及莲池大师两封信的语气上看，确实存在明显差异。前者语气较为平和，后者对莲池论述中关于天主、轮回、事天学说和杀生等问题逐条加以驳斥，语气严厉。徐光启作有《拟复竹窗天说》，因此，有人认为利玛窦回复莲池的信可能是徐光启假托利玛窦之名而作。而后人没有搞清楚，将它与利玛窦回复虞淳熙的书信合编为《辩学遗牍》。③我们可以从中得窥当时佛教与天主教之间论辩之激烈。

（9）《畸人十篇》

《畸人十篇》是利玛窦最后一部著作，1608 年初版于北京，1609 年于南京、南昌等地再版。一共有 10 篇文章，书名取自《庄子·大宗师》："畸于人而侔于天"。"畸人"是利氏自觉言行奇特与世人迥异而取的自谦之辞。

《畸人十篇》中的 10 篇文章，除最后一篇以外，其他 9 篇都采用问答对话的形式，记录了作者与徐光启、李之藻、吴可达、龚三益等八位著名士大夫的谈话，结合儒家学说解释天主教理，把天主教的精髓与儒家思想糅合为一体，引用西方寓言和先哲言行，用比喻、设问和逻辑推理等方法论述天主教信仰在人们日常生活中的应用。第一篇"人寿既过误犹为有"，旨在教导人们要珍惜时间、勤于修身养德。第二篇"人於今世惟侨寓耳"，阐述世间非人本乡，人只不过是世界的一个过客而已，

《畸人十篇》书影

---

① 朱维铮主编：《利玛窦中文著译集》，上海：复旦大学出版社，2007 年，第 686 页。
② 《竹窗随笔》共《随笔》《二笔》《三笔》三部，是明代高僧莲池大师，即云栖寺袾宏禅师晚年的佛学随笔小文。
③ 方豪：《中西交通史》，上海：上海人民出版社，2015 年，第 835 页。

而世界是人生试场，人当坚忍顺受。第三篇和第四篇是与徐光启所做关于死亡的讨论，"常念死候利行为详"，提醒人们应明确人生的目标与意义，免于世界的诱惑，强调修行之必要："思矣，思矣，不如退而修行。"劝世人要通过面对死亡来学会生存，轻虚名、去倨傲、安受死。第五篇"君子希言而欲无言"，教导人们要正言以养德。第六篇"斋素正旨非由戒杀"，论述斋戒的重要性，说明斋戒的原因是为了赎罪、禁欲和修德。"不戒杀，不穷味"，淡泊以全德。第七篇"自省自责无为为尤"，阐述了中士与上士的区别，提出"织恶必除，微善尽体"，要反思自省。第八篇"善恶之报在身之后"，阐述了天主教的祸福观，指出死后审判的真实存在，提出"为善亦苦，去恶亦苦，受苦一生，却能离苦"的观点。第九篇"妄询未来自速身凶"，指出算命风水的危害和预言的无用。第十篇"富而贪吝苦于贫屡"，主要是劝导人们要有正确的财富观，不要贪财吝啬，提倡"贫者士之常，善者福之府"。《畸人十篇》后还附有西琴曲意八章，分别为《吾顾在上》《牧童游山》《善计寿修》《德之勇巧》《悔老无德》《胸中庸平》《肩负双囊》《定命四达》，可能来自利玛窦的母国意大利，是一些倡导修身养德之类的歌词。

该书刊印出版后，引起中国文人的极大反响。1608年3月6日利玛窦致函其罗马耶稣会好友吉洛拉莫·科斯塔神父，告诉他用中文出版的作品中，没有一本能像《畸人十篇》那样受到文人们的热烈欢迎。徐光启还认为该书可以用来缓和在北京已经出现的、针对耶稣会士们的尖锐矛盾。在信中利玛窦还举了一个例子，说他寓所附近的一位固执的大学者，原本对传教士不理不睬，在读了《畸人十篇》后，竟十分谦恭地主动来拜访，并邀请利去他家做客了两三次。利不禁感慨在中国通过书籍传教的力量之大。① 隔日，利玛窦在致耶稣会总会长阿夸维瓦的信中又谈到了该书的写作初衷和出版后所取得的巨大成功。他声称《畸人十篇》是遵照教省副省长的命令而刊印的，是他为异教徒们撰写的，这两年他都在修改该书，该书受欢迎的程度简直出

---

① [意]利玛窦:《利玛窦书信集》,文铮译,北京:商务印书馆,2018年,第294—296页。

乎他的意料。该书也受到了前一年全国到北京述职的官员们的极大关注。那时候该书还未刊印，有些官员抄录下来，并拿回去刊印了出来。该书还流传到了浙江，如前所述，大学者虞淳熙主动给他写长信，提醒他放弃那些反对偶像的言论。① 李之藻则为《畸人十篇》作了一篇序言，序中写道：

> ……与《天主实义》相近，以行于世，顾自命曰"畸人"。其言关切人道，大约淡泊以明志，行德以俟命，谨言苦志以褆身，绝欲广爱以通乎天载，虽强半先圣贤所已言，而警喻博证，令人读之而迷者醒，贪者廉，傲者谦，妒者仁，悍者悌。至于常念死候，引善防恶，以祈佑于天主，一唱三叹，尤为砭世至论，何畸之与有？……人心之病愈剧，而救心之药不得不瞑眩。瞑眩适于德，犹是膏粱之适于口也，有知十篇之于德适也，不畸也耶？②

李之藻在序中将该书与《天主实义》的价值相提并论，可见其对此书十分推崇。

利玛窦的著述、译作以及所绘制的世界地图从一定程度上丰富和充实了中国文化和世界文化宝库。从语言学的角度来看，利玛窦对于汉语的发展也是功不可没的。利玛窦的中文著述把当时欧洲许多科学技术知识传播到中国，对当时的中国来说很多都是全新的事物和概念，所以必然会产生相应的新词语。当时由利玛窦与一些中国文人共同创造的词语，仍有相当一部分活跃于现代汉语之中，成为反复现身于相关中文著述中的经典表述，如"半圆""报时""北半球""北极""边""比例""测量""赤道""大厦""点""地平线"等。有些词语则伴随着利玛窦著作的海外传播也被其他语言所吸收，如"地球""几何""上帝""天主""审判""三角形""三棱镜""子午线"等词语就被吸收进了日语。

---

① [意]利玛窦：《利玛窦书信集》，文铮译，北京：商务印书馆，2018 年，第 302—304 页。
② 朱维铮主编：《利玛窦中文著译集》，上海：复旦大学出版社，2007 年，第 501、502 页。

三、利玛窦汉学功绩及其评价

利玛窦在华二十八年,在其传教的过程中,苦心孤诣,建立了中西文化交流互鉴的通道,既在中国人心里播撒下西方文明的种子,又将中国文化介绍到西方,促成了中国知识界和西方知识界的深度接触,这是一种自觉地将东学西渐和西学东传同时兼顾的双向式交流互融。莱布尼茨(Gottfried Wilhelm Leibniz,1646—1716)认为传教士将中国知识带到欧洲,将欧洲知识介绍到中国,两方的知识成倍增长,"这是人们所能想象的最伟大的事情"①。利玛窦对于欧洲文艺复兴后期的一些科学技术知识的东传,对当时的中国人尤其是处于社会上层、对社会极具示范影响作用的士大夫阶层的思想和认识有较大影响,从一定程度上促进了明末清初中国科技文明的进步。同时,他将中国的情况介绍到欧洲,对历史悠久而复杂多样的中国文化作了多方位、纵深式的介绍,从而在当时的西方人心目中确立了较为具体生动的"中国形象"。从影响力和贡献上说,他是汉学史上至今无人能够超越的一座高峰。

不少学者高度评价利玛窦对中国的深远影响。他们认为,利玛窦来到中国,不仅带来了天主像、圣母像、圣经、世界地图、自鸣钟、三棱镜、大西洋琴和玻璃镜等西洋方物,而且他所传播的自然科学与地理知识冲击了当时落后封闭的"中国中心论"思想,开创了中国人全新的天地观和世界观,也开启并激发了晚明国人黜虚崇实的精神,从而促进了明清之际经世致用的实学之风形成。当然,也有人对于以利玛窦为代表的传教士是否把当时西方最好的文化科学知识传给中国持怀疑态度。何兆武先生认为当时中国所需要的是文艺复兴以来人文主义思想与近代科学,但耶稣会所传来的那套经院哲学刚好是和新科学新思想相对抗的落后理论,而对于当时的古典科学,则讳莫如深,

---

① 参阅余三乐:《中西文化交流的历史见证——明末清初北京天主教堂》,广州:广东人民出版社,2006年,《引言》第4页。

故意掩盖起来。当时世界学术思想的新潮流及中国历史发展的新方向都和耶稣会的过时而且褪色的时代精神是矛盾的。所以他的观点是,我们不可以把十六七世纪耶稣会传入的"西学"看成近代中国民主主义革命时期所谓"西学"的前驱。① 笔者认为,每个历史人物都处于一定的历史背景下,带着时代的印痕,受主客观各种因素的限制。利玛窦的所作所为自然出于自己的目的,而我们无法要求一个来华传教的耶稣会士能完全站在中国人的立场上传播最先进的科学。无论如何,从总体上讲,我们还是应该肯定利玛窦在向中国人传播西方文化的过程中,在许多领域所具有的开拓性意义,包括其在汉语发展史上所做的卓著贡献。另一方面,我们也无法否认利玛窦对于东学西渐的深远影响。利玛窦的自觉带动和身体力行,开启和推动了中学西传之风。以耶稣会士为首的传教士们,在十七八世纪近两百年的时间内,不断以通信、札记、报告和著述等各种形式向西方社会介绍中国的哲学、经济、政治、人文、地理、科技、宗教和社会风俗等各个方面的情况,打开了西方社会了解中国的重要窗口,对欧洲思想家汲取中国智慧,建立和完善西方政治思想体系奠定了坚实的基础。可以说,如果没有这些生香活色、"当头棒喝式"充满悟性的东方思想元素的注入,西方哲学家们可能还将继续探索徘徊在那套陈旧、枯燥而严密的旧有路子上。这种基础性的作用无论如何都不应该为历史所低估,更不应该为历史所淡忘。法国汉学家、敦煌学著名学者戴密微对利玛窦给予了高度评价:"这位天才的意大利人是反特兰托主教会议精神(1545—1563)和反新教改革观念(如果我们可以这样说的话)的反改革观念的伟大思想家,他也是第一个沟通了欧洲和中国思想的人。所有的西方汉学家都应奉他为西方汉学的鼻祖。"② 的确,从利玛窦的汉学贡献上看,他无疑是意大利汉学史上成就最为突出的人物,也是欧洲汉学最重要的奠基者。

---

① 何兆武:《中西文化交流史论》,武汉:湖北人民出版社,2007年,第6页。
② [法]戴密微:《中国与欧洲早期的哲学交流》,载谢和耐、戴密微等编《明清间耶稣会士入华与中西汇通》,耿昇译,北京:东方出版社,2011年,第218页。

第四节 艾儒略西学东传

如果把罗明坚、利玛窦等人看作第一代入华耶稣会士的代表，那么艾儒略称得上是第二代入华耶稣会士中的杰出代表。他精通数学、天文学和地理学，勤勉博学，以中文著述，成果丰硕，被认为是继利玛窦之后中文水平最高的欧洲传教士之一，有人称他为"西来孔子"。他在中国生活了36年，与徐光启等士大夫交厚，足迹遍及开封、北京、上海、杭州、扬州、福州等地，后期主要在福建传教，继承利玛窦学术传教的方针，发展了一万多名信徒，世称"福建教宗"。

一、艾儒略生平及主要经历

艾儒略，"艾"译自其原姓Aleni的前一部分，名则为其意大利语名Giolio的音译，字思及，1582年出生于意大利米兰东北部港口布雷西亚（Brescia）的一个贵族家庭。1597年进入威尼斯圣安东尼学院学习数学和哲学，后又学习了两年文学。1600年加入耶稣会。1602年至1605年在帕尔玛耶稣会大学学习哲学，并全面学习了数学、物理及逻辑等课程，其间他请求去远东或西印度群岛传教，未被批准。1606年他被派往博洛尼亚教授文学，并被委任为神父。1607年12月进入罗马学院学习神学。在利玛窦事迹和精神的感召下，他提出要到印度和印度支那一带传教。这次他的请求被批准了。1609年，他在尚未完成硕士学位学习的情况下就被派往中国传教。他从热那亚出发，按惯例先乘船到葡萄牙里斯本，然后途经印度果阿，于1610年1月抵达澳门。跟罗明坚、利玛窦时代的耶稣会士们一样，他一到澳门就开始学习中文。据说他天资绝人，很快就对"中华典籍，如经史子集、三教九流诸书靡不洞悉"①。1611 年他与法国传教士史惟贞（Pierre Van Spiere，1584—1628）企图秘密进入中国广州，却被船家告发而遭到拘捕，耶稣会为他们交付了一大笔罚金之后他们才得以返回澳门。1613 年艾儒略与毕方济（Francesco Sambiasi，1582—1649）、史惟贞、曾德昭等神父一起终于进入中国内地。因为他精通希伯来语，所以被派往开封与当地的犹太人后裔接触，希望能研究他们保存的经书，但犹太教掌教拒绝了他的要求，艾儒略只好空手而归。后与毕方济奔赴北京。在北京他结识了徐光启，于同年秋天随徐光启前往上海。

1616 年，南京教案爆发，许多耶稣会士遭到严厉处罚，艾儒略等一部分耶稣会士避难于杭州的杨廷筠家。杨廷筠是艾儒略五年前认识的明朝著名文士和官员。他 22 岁中举，35 岁中进士，曾任监察御史、湖广道御史、光禄寺少卿等职。在北京时杨廷筠认识了利玛窦，向利玛窦学习过几何，并听过他宣教，但未入教。万历三十九年（1611），他的好友李之藻在杭州家中为其父举行天主教追悼仪式，他到李家吊唁时，认识了郭居静、金尼阁等耶稣会士，在他们的影响下弃佛受洗入教。1617 年杨廷筠献出自己的住宅作为天主教教堂，1622 年又献出杭州桃源岭大方井的祖茔作为传教士的墓地，后郭居静、金尼阁等传教士都葬于此。天主教会的史书上把杨廷筠与徐光启、李之藻并称为"中国天主教的三大柱石"。艾儒略在杨廷筠家避难时，在杨的亲自指导下继续学习中文，研究中国各种典籍。1618 年抵教、禁教形势渐渐趋缓，他才开始在杭州传教。在徐光启的推荐下，他结识了当时在扬州为官的杭州人马呈秀，并向他传授数学及其他科学知识。1620 年马呈秀父子入教。此后，由于马的任职调动等原因，艾儒略跟随他辗转走遍了陕西、山西、江苏和浙江等地。

1624 年，艾儒略在杨廷筠寓所结识了退职归里的内阁首辅叶向高，叶是福建福清人，提议艾儒略随他南下入闽传教。其实，艾儒略

———————

① ［法］费赖之：《在华耶稣会士列传及书目》（上册），冯承钧译，北京：中华书局，1995 年，第 265 页。

很早就有入闽传教的打算，但因为去福建的路途艰险，语言难懂，只好作罢。这次有了叶向高这位大员作依傍，几乎是千载难逢的机会。艾儒略随叶向高乘船到达福州。从 1625 年春天开始，他在福建传教长达近 25 年，开创了外国人入闽传教的先河。与利玛窦等传教士一样，艾儒略非常重视走上层路线，每到一地必先拜谒地方官，与地方官员和当地名士（如福建巡抚张肯堂、督学周之训以及曾异撰、孙昌裔、翁正春、张瑞图、何乔远、苏茂相、黄鸣乔、林侗、陈鸿等）都有不错的交情。艾儒略经常参加当时福州书院举办的各种活动，常常凭借着流利的汉语发表即席演说，与士大夫们讨论天学，宣扬"天命之谓性"等主题，同时提出各种天主教概念，扩大天主教的影响。与利玛窦一样，除传教外，他还向士大夫们介绍西方的学术思想和科学技术知识。事实证明他的方法是卓有成效的。费赖之称"儒略既至，彼（叶向高）乃介绍之于福州高官学者，誉其学识教理皆优，加之阁老叶向高为之吹拂，儒略不久遂传教城中，第一次与士大夫辩论后，受洗者 25 人，中有秀才数人"①。叶向高的两个孙子、一个曾孙和一个孙媳也都受洗入教。1625 年叶向高长孙叶益蕃在福州宫巷为艾儒略建造了"三山堂"，也叫"福堂"，这是福州第一座天主教堂。艾儒略在福州十分活跃，一边宣传天主教教义，一边传播西方科学文化知识，使当地士大夫对他刮目相看，不久便声名大振，被人誉为"西来孔子"。

在福建的二十多年时间里，艾儒略走遍了大小城镇，不仅在当地名流中传播基督教，同时也注重在平民阶层中传播教义，共创建大堂 22 座，小堂不计其数，受洗信徒 1 万余人，费赖之称他"（在）福安、建宁、延平、邵武、汀州、兴化、泉州、漳州等初建教堂开教，其余别处成立会口，尤不计焉"②。除了耶稣会以外，多明我会和方济各会教士也相继入闽传教。1632 年，郭奇（Angelo Cocchi）和谢拉

---

① ［法］费赖之：《在华耶稣会士列传及书目》（上册），冯承钧译，北京：中华书局，1995 年，第 134 页。
② 徐宗泽：《中国天主教传教史概论》，上海：上海书店出版社，1990 年，第 318 页。

(Tommaso serra)两位多明我会士在福安创建了闽东第一座天主教堂。1633 年 7 月,方济各会士利安当(Antonio de Sante Maria Caballero, 1602—1669)和多明我会士黎玉范(Jean Baptiste Moralès, 1597—1664)进入福安罗家巷传教,很快就有信徒受洗入教。但方济各会和多明我会与耶稣会士不同,他们反对利玛窦创立的文化适应传教策略,反对中国教徒祭孔祭祖。因此,在天主教传教活动势头正盛之际,当地反对天主教的上层文人和佛教徒的不满与抵制日益加剧。反天主教人士严厉抨击耶稣会传教士的"合儒诋佛"思想,认为天主教是"邪教"。适逢 1637 年西班牙、荷兰等势力争夺台湾,福建沿海经常遭到他们的船只骚扰,外国传教士又多次偷渡入境。这三大因素叠加作用,最终导致了福建教案的爆发,这也是艾儒略在华传教事业的一个重大变故和转折点。1637 年 12 月 16 日,福建巡海道施邦曜发布《示禁传教》通告:"凡有天主教夷人在于地方倡教煽惑者,即速举首驱逐出境,不许潜留,如保内有士民私习其教者,令其悔改自新;如再不悛,定处以左道惑众之律,十家连坐并究,决不轻贷。"① 12 月 20 日,福建提刑按察司徐世荫和福州知府吴起龙也在福州张榜禁教,严禁天主教传播,并指名驱逐艾儒略和阳玛诺(Emmanuel Diaz, 1574—1659)。1638 年 11 月,福州府左中右三卫千百户掌印李维垣与闽、侯二县儒学生员陈圻等发表《攘夷报国公揭》,严厉谴责天主教布满天下,煽惑民众。在政府与民众强烈的反对声中,天主教在福建的发展迎来了沉重打击,"各处教堂十六七座,概遭封禁,没收入官;教友或受板责,或枷号示众,或锁押监中,甚有监毙者一名。"② 这被封禁的十六七座教堂也包括艾儒略的三山堂等多所教堂在内。艾儒略被迫藏匿到乡下,在阁老张瑞图、好友曾樱(时任观察使,福州知府的上司)和蒋德璟等人的斡旋保护下,一方面四处躲避风头,另一方面通过各方关系缓解教案所产生的不良影响。这里有件事有必要提及:1638 年艾儒略等教士在泉州避难时,发现了三块刻有十字架的石

---

① 参阅何绵山编:《福建民族与宗教》,厦门:厦门大学出版社,2010 年,第 286 页。
② 参阅何绵山编:《福建民族与宗教》,厦门:厦门大学出版社,2010 年,第 287 页。

刻，经艾儒略的考证，断定在明清之前景教（天主教的一支）就到过福建。此为研究泉州历史和基督教传教史的重要材料。直至1639年，福建的反天主教浪潮才渐趋缓和，教产被发还，教会恢复运行。同年农历七月十四日，教案之后艾儒略首次在福州教堂做公开弥撒。

艾儒略对利玛窦传教思想的继承是全方位的，他不仅继承了利玛窦的文化适应传教策略，而且继承了利玛窦的学术传教策略。他勤于笔耕，出版了《职方外纪》《西学凡》《性学觕述》《三山论学纪》《涤罪正规》《悔罪要旨》《耶稣圣体祷文》《万物真原》《杨淇园先生事迹》《弥撒祭义》《大西西泰利先生行迹》《几何要法》《天主降生言行纪略》《天主降生出像经解》《天主降生引义》《西方答问》《圣梦歌》等一大批著作。由于大量著作出版较为集中，一时间，福州成为耶稣会在中国刻印出版中文著作的中心之一。艾儒略著述内容涉猎甚广，涉及神学、哲学、数学、医学和地理学等诸多方面的知识，为西学东渐作出了很大贡献。

1641年，罗马教廷认为艾儒略贤明温厚，熟悉中国风俗，于是任命他为耶稣会中国教区副区长，管理南京、江西、湖南、四川、浙江、福建等地教务，下辖教士15人。1643年，由于李自成农民起义军和清军的双面夹击，北京告急，艾儒略在史可法的邀请下经邵武、绥安北上，准备讨论在澳门筹备抗清之事，但史可法的军队才到浦口，清兵已经进入北京，崇祯自缢于煤山（景山）。艾儒略只得折返福州。1645年隆武帝于福州登基，赐匾予三山堂。1646年10月，清军攻入福州，许多人惨遭杀戮，艾儒略与阳玛诺神父及范有行修士等逃至莆阳，1647年到1648年，避难于延平（今南平）。延平地处偏僻，相对安全，但生活物资奇缺。艾儒略一边编撰书籍，一边继续传教。

1649年8月，67岁的艾儒略病逝于延平，葬于福州北门外十字山。1999年，因为大规模城市建设，艾儒略墓被迁至莲花山墓园一隅。

二、艾儒略的汉学活动

在杭州期间,艾儒略就已经开始用中文著述,在福建活动的前十二年间,他写作了三十多种书籍。他最重要的著作有《西学凡》《职方外纪》《性学觕述》《三山论学记》《天主降生言行纪略》《天主降生出像经解》和《西方答问》等。下面分别作一简述:

1. 《西学凡》

该书于 1623 年在杭州出版,1626 年在福建重刻。1628 年与《职方外纪》一起被李之藻收入《天学初函》的《理编》篇。由杨廷筠作序、许胥臣作引。该书主要介绍了欧洲当时的教育体制以及 17 世纪欧洲大学所教授的各学科的课程纲要。这是中国首次引入与中国传统教育和科举取士制度完全不同的西方知识分类体系和西方学校的课程教学体系。

《西学凡》书影

该书以问答形式,分六大科目介绍欧洲学校课程的分科情况以及各科的教学内容和教学顺序。六大科目分别为文科、理科、医科、法科、教科和道科。文科,即文史知识、写作和演讲辩论等;理科,即哲学,有逻辑学、物理学、形而上学、几何学、伦理学。从教育顺序上来说,哲学学成后,可进入医科、法科、教科和道科等课程的学习。出于他的传教士立场,艾儒略将道科置于最高地位。因为他认为道科"乃超生出死之学,总括人学之精,加以天学之奥。……使天主教中义理,无不立解,大破群疑,万种异端无不自露,其邪而自消灭,万民自然洗心以归一也。"①

在《西学凡》篇末,艾儒略阐述了他撰写此书的美好愿望。他写道:"旅人九万里远来,愿将以前诸论与同志翻以华言。试假十数年之功,当可次第译出,更将英年美质之士,乘童心之未泯,即逐岁相因而习之。始之以不空疏之见,继加循序递进之功。洞彻本原,阐发自广,渐使东海西海群圣之学,一脉融通。"② 其后"西学"一词成为概说西方学术与文化的代名词。

不过,据学者梅谦立的考证,第一位以"西学"一词概言西方学问的是意大利籍耶稣会士高一志(Alfonso Vagnoni,1566—1640)。③ 高一志在1632年《西学》山西绛州重刻本序言中曾说:"此稿脱于十七年前,未及灾木,同志见而不迁,业已约略加减刻行矣。兹全册既出,不得独逸此篇,遂照原稿并刻之。"④ 也就是说有一位"同志"已经在他书稿内容的基础上略作了些"加减"并先于他付梓出版。从1632年上推17年,高一志完稿时间,应该在1615年前后。结合高一志《西学》和艾氏《西学凡》的内容,可以知道他所言"同志"极有可能就是艾儒略。在《西学凡》中,艾儒略以"科"取代高一志的"学",突显六科之学的西学学科分类意义。自此,西学六科构成的观念得以定型。

为了便于中国文人接受来自西方的新型知识分类,艾儒略还尽量

---

① [意]艾儒略:《西学凡》,见《四库存目·子部·杂家类》,第93册,济南:齐鲁书社,1995年,第635页。
② 季美林主编:《四库全书存目丛书·西学凡》,济南:齐鲁书社,1997年,第638页。
③ [法]梅谦立:《理论哲学和修辞哲学的两个不同对话模式》,载景海峰编《拾薪集:"中国哲学"建构的当代反思与未来前瞻》,北京:北京大学出版社,2007年,第82页。
④ [意]高一志:《童幼教育·西学》,见[比]钟鸣旦等编《徐家汇藏书楼明清天主教文献》(一),台北:辅仁大学神学院,1996年,第370页。

采用术语本土化的做法。如将"philosophy"译为"理学",称之为"义理之大学也"。在《四库全书总目提要》里纪昀是这样介绍和评价《西学凡》的:

> 明西洋人艾儒略撰。……是书成于天启癸亥,《天学初函》之第一种也。所述皆其国建学育才之法。凡分六科:所谓勒铎理加者,文科也。斐录所费亚者,理科也。默第济纳者,医科也。勒斯义者,法科也。加诺搦斯者,教科也。陡禄日亚者,道科也。其教授各有次第,大抵从文入理,而理为之纲。文科如中国之小学,理科则如中国之大学,医科、法科、教科者,皆其事业,道科则在彼法中所谓尽性至命之极也。其致力亦以格物穷理为本,以明体达用为功,与儒学次序略似。特所格之物皆器数之末,而所穷之理又支离神怪而不可诘,是所以为异学耳。①

对于当时欧洲国家设立的培育人才的学科分类,中国人极为陌生,因而上述介绍中用了一大堆不知所云的音译词,并把西学的文科类比为中国的小学,把西学的理科类比为中国的大学,把西学的医科、法科和教科视为专业学科,把道科看作西学中最高深的尽性至命之学。但评价者显然对西学分类很是不屑,认为西方人所考察分析的都是些末端的具体器物,探究的道理支离破碎而又神神怪怪无法细究,只能被视为异端学说。

看了这段评价,笔者心情沉重。艾儒略的母国意大利是世界上第一座大学的起源地。博洛尼亚大学创建于1088年,创立之初便以法学和医学闻名欧洲。在人体解剖被严格禁止的中世纪欧洲,它却获得特许而设置了世界上第一个医学解剖室。但丁、彼德拉克、伽利略、哥白尼等都曾在该大学学习或执教。牛津大学创建于1167年,培养了许多国王、总统和诺贝尔奖获得者。巴黎大学成立于12世纪初期。威尼斯附近的帕多瓦大学则成立于1222年。而反观中国,直至大批

---

① 汤开建主编:《利玛窦明清中文文献资料汇集》,上海:上海古籍出版社,2017年,第529页。

欧洲传教士入华的 17 世纪初,整个国家自上而下闭关自守、夜郎自大,看不到或者干脆无视九州之外发生的翻天覆地的变化,仍自负傲慢地将西学视为异端,不可不令人扼腕。

该书还首次介绍了亚里士多德和托马斯·阿奎那,介绍亚里士多德时用的是"一大贤,名亚里斯多",给予他见识卓越、学识渊博、才能旷逸等极高评价。[1]

1944 年史学家嵇文甫在《晚明思想论》中认为该书"讲西洋建学育才之法,把当时欧洲教育制度学问门类已介绍其大概"[2]。不过,该书在晚明中国并不受重视,反而被视为异端之学,因而影响力并不大。艾儒略希望以此书促进东西群圣之学一脉融通的愿望自然没有实现。

2. 《职方外纪》

《职方外纪》是明末第一部系统介绍世界地理知识的著作。1623 年首刊于杭州,1626 年在福州修订后重新刻印。这是艾儒略在庞迪我和熊三拔(Sabbatino de Ursis,1575—1620)所著底本的基础上加以增补,并由杨廷筠汇记而成的。

李之藻在《职方外纪序》中说:"……会闽税珰(按:掌管税收的宦官),又驰献地图四幅,皆欧罗巴文字,得之海舶者。而是时,利已即世,

谢方注解《职方外纪校释》封面

熊、庞二友留京,奉旨翻译。庞附奏言:地全形凡五大州,今阙其一,不可不补。乃先译原幅已进,别又制屏八扇,载所见闻,附及土

---

[1] 参阅《古籍研究》编辑委员会编:《古籍研究》总第 65 卷,南京:凤凰出版社,2017 年,第 297 页。

[2] 邹振环:《晚明汉文西学经典:编译、诠释、流传与影响》,上海:复旦大学出版社,2011 年,第 225 页。

风物产,楷书贴说甚细。"[1] 结合艾儒略自序中的"已而吾友庞氏又奉翻译西刻地图之命"[2],可知《职方外纪》的底本,应该是福建税珰为投万历帝所好,进呈的两幅欧洲版世界地图(全图共计四幅)。由于只有两幅,所以庞迪我将屏风按照原来的式样画图,补全四幅中缺失的两幅,并用中文进行了翻译。新图画好后,再将各国政教、风俗和土产之类另外列成一篇。又在地图周围加上中文说明,编为一篇。这样将四幅地图和文字说明一起献给万历皇帝。

书名中的"职方"一词源于《周礼》,原指夏朝官职中掌管地图和各地朝贡的官员,后指收集向中国朝贡国家消息的部门。该书所及内容为自古以来舆图之所无,不属于"职方"权限之内,因此是"职方外"的事,故名《职方外纪》。李之藻为该书作序,序中清楚地解释了该书题名之由来:"凡系在职方朝贡附近诸国,俱不录,录其绝远旧未通中国者,故名《职方外纪》"[3]。除了李之藻序以外,该书还有杨廷筠、瞿式榖和艾儒略自序各一篇,后来 1626 年在福州重版时又增加了叶向高序。李氏、叶氏和艾儒略序中都提及利玛窦所作地图,从中可知该书与利玛窦的《山海舆地图》有着密切的联系。该书杭州版分为 5 卷,卷首有以利玛窦《坤舆万国全图》为蓝本修订而成的《万国全图》,分为西半球和东半球两幅。接着每卷介绍一个大陆。第一卷介绍亚洲;第二卷是欧洲,介绍了西班牙、意大利等地中海国家;第三卷介绍非洲;第四卷介绍美洲和南极洲;第五卷为四海总说,列举了海名、海岛、海产及海道等情况,介绍了西方的常见海船

---

[1] 参阅汤开建主编:《利玛窦明清中文文献资料汇集》,上海:上海古籍出版社,2017 年,第 168 页,原文为"又驰献地图四幅"。经多方查证徐宗泽《明清间耶稣会士译著提要》(2006)以及李之藻编、黄曙辉点校的《天学初函·理编》(2013)等文献,均为"又驰献地图二幅",结合庞迪我补全缺失的 2 幅图画,可以确定原序言应为"又驰献地图二幅"。

[2] 汤开建主编:《利玛窦明清中文文献资料汇集》,上海:上海古籍出版社,2017 年,第 168 页。

[3] 汤开建主编:《利玛窦明清中文文献资料汇集》,上海:上海古籍出版社,2017 年,第 168 页。

及两条主要来华航道：一条是经非洲南端好望角后越过印度洋的航线，另一条是跨越大西洋至美洲再越过太平洋至菲律宾的航线。该书的 1626 年福州版分为 6 卷。由于第二卷涉及他的母国意大利，艾儒略作了尤为详细的介绍。意大利汉学家白佐良认为他把欧洲描绘得过于美好——没有战争，也没有敌对冲突；从不严刑逼供；没有必要设置收税官员，因为国民自动缴税，税务不少于所得的 10%；遗失物品若找到原主必定归还；有设备极好的医院；学校体制完善。① 过度的夸大在一定程度上损害了该书的客观性。

全书内容非常丰富，艾儒略试图以各种奇闻来吸引中国人的好奇心。根据邹振环教授的研究，全书有多达 21 处使用"奇"字来进行描述，特别强调介绍"奇事""奇人""奇兽""奇物""奇观"，"通过有关世界的各种奇风异俗、奇人奇事、野草鲜花、海岛怪兽等大量新奇信息的描述，为中国人展示了一幅全球自然世界和人文世界的壮丽图景。"② 该书的主要价值在于它第一次全方位地向中国介绍了欧洲概况及各国的民情、地貌、气候、物产、风俗、建筑、交通、教育、宗教和赋税等情况，也第一次向中国详细介绍了"阁龙"（哥伦布）远航新大陆等情况，是继利玛窦的《坤舆万国全图》之后介绍世界五大洲地理最为详细的文献之一，是 19 世纪以前中国人学习欧洲地理的重要书籍，被收入《四库全书》史部地理类。著名中外关系史学者、古籍整理专家谢方高度评价了该书的意义，认为这是传教士用西方宗教地理学观点写成的中文版的第一部世界地理著作，也是传教士众多译著中较有名气的一种，是研究明末清初中西文化交流史的重要史籍。他还认为，《职方外纪》不但对中国人来说是一部陌生的世界地理著作，而且对西方人来说也是一部有着 17 世纪最新资料的世界

---

① [意]白佐良、马西尼：《意大利与中国》，白玉昆译，北京：商务印书馆，2002 年，第 118 页。
② 邹振环：《晚明汉文西学经典：编译、诠释、流传与影响》，上海：复旦大学出版社，2011 年，第 266、267 页。

地理书。① 值得一提的是，艾儒略还在该书的第二卷专门向中国读者介绍了欧洲各国的图书馆，如西班牙图书馆的大小和品类（"三十步，长一百八十五步。同列诸国经典书籍，种种皆备。即海外额勒济亚国之古书，亦以海泊载来，贮于此处"）、藏书的数量和质量（"书院积书至数十万册，毋容一字蛊惑人心，败坏风俗者"）以及官方图书馆的使用规则（"其都会大抵皆有官设书院，聚书于中，日开两次，听士子入内抄写诵读，但不许携出"）等情况。② 这些是中国目前所知最早关于西方图书馆的介绍。

在第四卷《亚墨利加总说》中，艾儒略还对哥伦布发现新大陆之事作了生动的情景化再现：

> 至百年前，西国有一大臣名阁龙（按：哥伦布）者，素深于格物穷理之学，又生平讲习行海之法，居常念天主化生天地，本为人生据所……毕竟三州之外，海中尚应有地。一日行游西海，嗅海中气味，忽有省悟，谓此非海水之气，乃土地之气也，自此以西，必有人烟国土矣。因闻诸国王，资以舟航粮秣器具货财，且与将卒以防寇盗，珍宝以备交易。遂率众出海，辗转数月，茫茫无得，路既危险，复生疾病，从人咸怨欲还。阁龙志意坚决，只促令前行。忽一日，舶上望楼中人大声言，有地矣！众共欢喜，颂谢天主，函取道前行，果至一地，初时未敢登岸。因土著人未尝航海，亦但知有本处，不知海外复有人物；且彼国之舟，向不用帆，乍见海舶，既大又驾风帆迅疾，发大炮如雷，咸相诧异；或疑天神，或谓海怪，皆惊窜奔逸莫敢前，舟人无计与通。偶一女子在近，因遗之美物锦衣，金宝装饰，及玩好器具而纵之归。明日，其父母同众来观，又与之宝货，土著人大悦，遂款留西客，与地作屋以便往来。阁龙命来人一半留彼，一半还报国王，致其物产。其明年，国王又命载百谷百果之种，并携农师巧

---

① 谢方：《职方外纪校释》，见《中外交通史籍丛刊》，北京：中华书局，2000年，前言第1—3页。
② 曾主陶：《我国对西方图书馆的认识过程》，载《图书馆理论与实践》1988年第2期。

匠，往教其地。①

从叙事美学的角度来看，艾儒略这段既描述历史又带有演义性质的文字，注重叙事结构和情节的铺陈，同时注重人物心理的变化，并突出细节，把哥伦布发现新大陆的过程描述得颇有情节剧的味道。

该书对中国地理学的影响较深，据说魏源的《海国图志》至少有33处引述了其中内容。不过，可能书中对奇闻异事过于强调，而且对欧洲的描述过于美好，容易给人夸大之感，因而书中大部分内容被当作"异闻"而没有得到重视。清朝大学士纪昀在《四库全书总目》中对《职方外纪》就作出了"所述多奇异不可究诘，似不免多所夸饰。然天地之大，何所不有，录而存之，亦足以广异闻也"的评价。②实际上还是抱持着漠视的态度，仅仅将这些地学新知视为异闻。

3.《性学觕述》

该书是艾儒略以葡萄牙科英布拉大学的心理学教材《亚里士多德心理学教程》为底本编译的一本问答式心理学综合读物。成书于1623年，1646年刊行于福州。这是最早传入中国的介绍西方心理学思想的著作之一。

该书主要阐释了天学与人学两个概念，介绍了天主教的灵肉观。全书共分八卷，第一、二卷论灵魂及其性体；第三卷论生长及四液；第四卷论知觉外观，即目、耳、鼻、口、体五种视、听、嗅、味、触等感觉器官；第五卷论知觉；第六卷辨觉性与灵性，论嗜欲、爱欲及运动等；第七卷论记心、论梦等；第八卷论嘘吸、夭寿、老稚等。艾儒略在书中指出人之觉魂是靠目、耳、鼻、口、体这外五官与人脑的总知、受相、分别、涉记这内四职来发挥作用的。该书较为全面地描述了人类的各种心理现象，如感觉、知觉、表象、记忆、思维、言

---

① [意]艾儒略:《职外方纪》，见张至善《哥伦布首航美洲》(文献)，北京：商务印书馆，1994年，第14页。
② 汤开建主编:《利玛窦明清中文文献资料汇集》，上海：上海古籍出版社，2017年，第520页。

语、情欲、意志以及人的生长发育、睡眠、梦和死等。但他把天地万物全然归于上帝的创造，认为只有神学才能帮助人们认识人生的"本体"，"明确地说即是先通过对性学的阐述，而达到宗教信仰（相信只有天主既是起源又是归宿，灵魂得救，死后到天堂享福）的目的"①。这就使得书中的论述带上了浓厚的宗教唯心主义色彩。

该书书名中的"性学"指的是关于人之本性的学问，艾儒略在自序中对此的解释是："性学为天学、人学之总，另辟廓途，俾诸学咸得其正焉。"② 他认为性学深渊广博，他的论述难以囊括全部内容，因此他谦以"觕（粗）述"命名。而"人学"，他认为需要通过西方医学知识来帮助人们正确认识人体。所以书中有不少西方医学知识，比如对人体五官、消化器官及人脑机能的介绍等。以下仅举一例：

> ……此养大抵由三化而成，一口化，一胃化，一肝化也。口化不惟在齿牙之咀嚼，亦在津液调和，以助饮食之化，而输之于胃。至胃为第二化，胃之左边有胆，胆有细脉，以通热气于胃，如火上之加薪；右边有肝有脾，是为血府，自有余热到胃。胃所化既，为百骸所需。百骸各以其火输焉。胃化饮食，乃成白色，如乳汁之凝，引入大肠，肠有多脉，吸之至肝，肝因以所吸之精华，化为四液，即肝之第三化也。③

可见艾儒略对人体消化吸收器官、功能及整个过程的描述是极为详细的，也具有很强的唯物主义色彩。

徐宗泽认为该书有一定的科普意义，"此书可谓心理学之常识，而杂以辩论，对于吾国民众之谬解随论纠正"④，但同时他对该书的文笔评价不高。

---

① 杨鑫辉、赵莉如主编：《心理学通史第 2 卷 中国近现代心理学史》，济南：山东教育出版社，2000 年，第 38 页。
② 徐宗泽：《明清间耶稣会士译著提要》，上海：上海书店出版社，2010 年，第 159 页。
③ 参阅廖育群：《岐黄医道》，沈阳：辽宁出版社，1991 年，第 253、254 页。
④ 徐宗泽：《明清间耶稣会士译著提要》，上海：上海书店出版社，2010 年，第 156 页。

4.《三山论学记》

这本75页的小册子于1627年初刻于福州，后重刻于杭州和绛州，是艾儒略与叶向高等人在福州的谈话记录，艾儒略以之宣扬天主教义。"三山"原指屏山、乌山和于山，唐末五代后福州城范围扩大，将该三山圈入城内，此后福州就有了"三山"之雅称。湘隐居士黄景昉及石水道人苏茂相分别为该书作序。

该书以作文谋篇、建造宫室楼台等为喻，阐明天主造天地万物之学、赏善罚恶及降生救赎的道理以及万物皆有用等观点，大致分为四个部分：第一部分论述天主是创造天地万物的全能者；第二部分是对世间善恶祸福等问题的解答；第三部分论述灵魂不灭、死后审判；第四部分是对天主降生的考证和释疑。该书目的在于教人尊崇天主、遵行教诫。这是一部凸显两种异质文化碰撞的谈话实录。书中还记录了有一次在叶向高府邸，艾儒略与曹学佺对于佛教与天主教"趋向"不同的解释，书中写道："丁卯初夏，相国再入三山，一日余造谒，适观察曹先生在坐。相国笑而谓曰：'二君俱意在出世，故一奉佛，一辟佛，趋向不同，何也？'儒略曰：'大都各以生死大事为重耳。'观察公曰：'吾于佛氏亦择其善者从之'"。[①] 从这段绘声绘色的记录中，我们可以感觉到虽然艾儒略与曹氏观点完全不同，但当时的谈话气氛是平等且轻松友好的。书中还涉及西方教会和国家分权的政教体系以及国家政治体制改革等一些内容。

该书在梵蒂冈教廷图书馆和法国国家图书馆都有藏本。

《三山论学记》

———————
① [意]艾儒略:《三山论学记》，见吴相湘编《天主教东传文献续编》第一册，台北:学生书局,1966年,第435页。

5.《天主降生言行纪略》和《天主降生出像经解》

1635年，艾儒略发表《天主降生言行纪略》。这是中国最早的一部中文福音书节译本，共8卷21节，内容多取自《新约》，主要记录了耶稣一生的言行，实际上是一部微型的耶稣传记。因为此书，中国人第一次能够用母语来阅读天主教义，因而它在中国天主教传教史上有着重要的地位。而刻于1642年的《天主降生出像经解》，是《天主降生言行纪略》的版画图集，被认为是对前书的进一步完善，以图文并茂的形式帮助中国人了解耶稣的主要事迹。

该书文笔流畅，通俗易懂，生动形象地描绘了耶稣诞生、传道和死后复活等故事。《天主降生出像经解》内的56幅木刻版画，很多人认为可能是中国福建版画师的作品。每幅图的上部有大字标题，中间是大面积的版画，下方有简洁的文字说明。版画笔法细腻，具有较强的观赏性和可读性。艾儒略采用类似于连环画的方式，很可能是对中国读者喜爱连环画形式的一种迎合。

《天主降生出像经解》扉页　　《天主降生出像经解》插图

6.《西方问答》

该书于1637年刻于福建。由艾儒略撰写，经阳玛诺等人修订、蒋德璟校阅。它以艾儒略与福建士大夫一问一答的对话形式，回答中国士人提出的对西方充满好奇的40多个问题。分上、下两卷，篇幅不多，但涉猎甚广，分条介绍了西方的各种风土国情。上卷分国土、路程、海舶、海险、海奇、土产、制造、国王、西学、官职、服饰、五伦等,下卷分地图、历法、交蚀、列宿、年月、岁首、年号、西土、堪舆、术数、风鉴、择日等。后康熙皇帝向传教士问询西方风土人情,利类思(Lodovico Buglio,1606—1682)、安文思(Gabriel de Magalhães,1609—1677)和南怀仁(Ferdinand Verbiest,1623—1688)等传教士就节录《西方问答》里的相关内容,撰成《御览西方要纪》一书进呈康熙。明代诗人米嘉穗在为该书写的序中说:"学者每称象山先生东海西海、心同理同之说,然成见作主,旧闻塞胸,凡经载所不经,辄以诡异目之,思宇宙大矣,睹记几何"①。可见该书是当时中国人了解欧洲的一个窗口。该书流传较广。②

从1639年福建教案结束到1649年去世这十年间,因为教务繁忙、受教案影响以及躲避战乱等缘故,艾儒略只出版了三部著作,即1642年的《圣教四字经文》、1644年的《圣体要理》以及1645年的《五十言余》。

三、艾儒略的汉学贡献和评价

艾儒略"历尽沧溟九万程,廿年随处远经行"③。他学识渊博,通晓中文,在天文、历学、心理学、哲学、医学及教育等多个领域都颇有研究和建树。他继承利玛窦传教思想,尊重中国人祭孔祭祖等传统,巧妙地利用自己的优势开展传教活动,结交上层官员,下达地方百姓,以中文著述论辩,努力使西学本土化,出版了三十多部著作,虽然"先生西来著书凡数万言,总而归之无言,惟一天主"④,但客观上极大地促进了西学东渐之风尚,一时间,晚明社会出现了一股学

---

① 葛兆光:《中国思想史 第2卷 七世纪至十九世纪中国的知识、思想与信仰》,上海:复旦大学出版社,2019年,第335页。
② 沈福伟:《中西文化交流史》,上海:上海人民出版社,1985年,第417页。
③ 参阅晋江天学堂辑:《熙朝崇正集》,载吴相湘主编《天主教东传文献》,台北:学生书局,1982年,第652页。
④ 徐宗泽:《明清间耶稣会士译著提要》,上海:上海书店出版社,2010年,第253页。

习西学之热潮——"所谓泰西文明便普遍地成了士大夫中间时髦的学问。"① 因此，中国近现代中医医史文献学家范行准（范适）在其著作《明季西洋传入之医学》中对艾儒略有这样的评价："于中国学术颇多贡献，而于传入西洋医学之功，亦足多焉。"② 这样的评语是十分中肯的。由于艾儒略"道容德貌，迥超凡俗，又语言给捷……因有西方孔子之称，此亦其他西士所不及也"③，可以说艾儒略是当时入华传教士中最受欢迎的人之一。方豪也说："在中国天主教外来传教士中，再没有比艾儒略更受学者欢迎。《圣教信徵》说他被誉为'西来孔子'，这样崇高的尊称，连利玛窦也没有获得。"④ 虽然他不如利玛窦那么有名，其著作也大多没有受到应有的重视，但观察其言行著述对当时社会的影响来看，他无疑称得上是意大利汉学史上的杰出人物。

第五节　卫匡国钻研中国文史地

有人认为，在十六七世纪所有来华传教士中，撰写中国史方面最为成功的当属17世纪的意大利传教士卫匡国，他对中国史的研究水平，反映了那个时代欧洲人对中国历史了解的最高程度。⑤

一、卫匡国生平及主要经历

卫匡国，字济泰，本名 Martino Martini（马尔蒂诺·马尔蒂尼），1614年出生于意大利北部城市特伦托（Trento）。1631年10月8日他

---

① 侯外庐主编：《中国思想通史》第5卷，北京：人民出版社，1956年，第28页。
② 范行准：《明季西译传入之医学》，上海：上海人民出版社，2012年，第11页。
③ 范行准：《明季西译传入之医学》，上海：上海人民出版社，2012年，第10、11页。
④ 方豪：《中国天主教史人物传》（上册），北京：中华书局，1988年，第185页。
⑤ 吴孟雪：《明清欧人对中国历史的研究和介绍》（二），载《文史知识》1994年第8期。

卫匡国

在罗马加入耶稣会，入罗马学院学习数学。其数学老师是德国籍著名数学家、耶稣会士基歇尔（Athanasius Kircher，1602—1680）神父。该神父也是著名的东方学家，可能从那时起卫匡国就受老师的影响对东方产生了兴趣。1638年，卫匡国被派到中国传教。由于船只在非洲几内亚湾遭遇风暴，他们不得不折返里斯本。1640年他与20多名耶稣会士同行，再度出发。直到1642年8月，他与同伴们才到达澳门。1643年10月，卫匡国途经广州、南雄、南昌等地，到达杭州，经过上海的时候，会友潘国光（Francesco Brancati，1607—1671）教他学习中文，并帮他取了"卫匡国"这个中文名字。当时的中国正处于朝代更迭的混乱时期，在李自成的农民运动和后金努尔哈赤第八子皇太极的双重攻击之下，明朝廷风雨飘摇，社会动荡不安。所以"卫匡国"这个名字有"匡救国家、保卫大明"的美好寓意，这也是卫匡国意欲匡时救国的一种心意表达。入华之初，卫匡国主要在浙江杭州、兰溪、分水、绍兴、金华、宁波一带传教。之后逐渐走出浙江，足迹遍及当时中国15个省中的7个省，到过南京、北京、山西、福建、江西、广东等多地进行传教。每经过一地，他都会仔细测量并绘制地图，确定该地的经纬度。因此，他对中国的地理人文有着相当准确的了解，这对他后来编写《中国新地图集》很有帮助。

南明弘光帝朱由崧1645年5月被俘后，同年6月唐王朱聿键称帝于福州，改年号为隆武。隆武帝一心试图出兵北伐、恢复大明，听说卫匡国熟知数学、弹道发射学以及大炮火药生产等方面的知识，对他十分器重，几番邀他入宫做官。朝廷还命他穿上绣花官服，卫匡国却以此为做弥撒时用的圣袍。有一次，卫匡国受隆武帝的委托，前往温州活动。不料遇到清军来袭，当时他正躲避在温州瑞安的一所大宅里。机智的卫匡国并没有逃走，而是在住所的门楣上贴了一张红纸，上面写着"泰西天学修士寓"①，说明自己的身份是欧洲来华传教士，并把平日里保存的望远镜、书籍和圣像等一些物品摆放在客厅里，自己则神情坦然地在院子里写起诗来。他的举动引起了一名稍有文化的清军军官的注意，与卫匡国聊了几句之后，军官知道他确实是西方传教士，于是劝他投靠清政府。卫匡国很快就被"做通了思想工作"，穿上了清军士兵的衣服，并把头发梳向脑后，看上去颇像新政权的支持者。在这名军官的护送下，卫匡国回到了杭州的教堂内。费赖之在《卫匡国传》中生动还原了当时的情形：

> 1645年，卫匡国与一些避难的人居住在离杭州不远的Wen-Choei的一座大宅内。听到鞑靼兵（清兵）快到了，卫匡国灵机一动，在门上写了"泰西传布圣法士人居此"，然后将"所携之书籍，望远镜及其他诸物陈列桌上，屋内桌于中设坛，上挂耶稣像"。清兵见此情景，非常惊异，"未将害，其主将召匡国至，礼接之，去其汉人衣，易以鞑靼服，遣回杭州教堂，出示禁止侵犯"②。

---

① 参阅石青芳：《西方人眼中的浙江 新航路开辟后西方人对浙江认知的递进》，北京：海洋出版社，2009年，第43页。该文所写的卫匡国门上题字与费赖之所述及有些说法都有所不同，有的认为门上的字是"大西天学修士寓此"，有的说是"泰西天道大学士之寓"。石青芳从白佐良的《卫匡国生平及其著作》中卫匡国自述在自己寓所外贴出的纸条上写了7个汉字，故采信门上纸条书"泰西天学修士寓"之说。笔者认为此说较为可信。
② [法]费赖之：《在华耶稣会士列传及书目》（上册），冯承钧译，北京：中华书局，1995年，第261页。

从这个事件里我们也可以看出当时的耶稣会士为了达到传教的目的，其变通性、灵活性是很强的，可以同任何政治势力甚至是与原先完全对立的政治势力达成合作。

1643年，多明我会教士黎玉范上书罗马教廷，认为祭孔祭祖等中国礼仪应被视为迷信，请求教廷裁决。1645年9月12日，教皇英诺森十世（Pope Innocent X，1644—1655在位）作出答复，支持多明我会士的主张，发布禁令："凡是敬城隍，敬孔子，敬祖先的祭祀，都加禁止，除非圣座以后另有规定"①。其实，关于中国的传统礼仪是否符合天主教义的争论由来已久。早在明末耶稣会士们入华之初，利玛窦对于中国人的一些传统习俗采用较为宽容的调适政策，认为中国人所谓的"天"和"上帝"在本质上与天主教的"唯一真神"没有分别，中国人祭祖、祭孔也只是缅怀先人、纪念先哲的一种形式，并不含有迷信的成分，因此中国人的祭天、祭祖、祭孔并没有违反天主教的教义，应被视作可接受的礼俗。利玛窦的这一观点和传教策略一直为后来到中国传教的耶稣会士所遵从和继承。利玛窦去世前，指定龙华民接任中国耶稣会总会长之职。龙对利玛窦的传教策略抱有不同意见，他认为中国人所说的"天"指苍茫之天，"上帝"也并非代表造物主，因此主张废除"天""上帝""天主"等词，直接采用音译词。耶稣会内部派系之间的不同意见和纷争，后来被多明我会介入并利用。多明我会在中国起步比耶稣会稍迟，声望也不如耶稣会，为了争夺在华传教的控制权，他们使礼仪之争矛盾扩大化，争论不断升级。前文所述的黎玉范上书教廷，就充分表明中国礼仪之争在当时的白热化程度。教皇英诺森十世禁止中国信徒祭孔祭祖的答复，显然对中国耶稣会传教团不利。

耶稣会为了改变不利局面，遂于1650年委派知识渊博而又能言善辩的卫匡国为中国耶稣会传教团代理人，回欧洲向教廷为中国礼仪辩护。根据白佐良的说法，1652年他被巴达维亚（Batavia）的荷兰

---

① 罗光:《教廷与中国使节史》,台北:台北传记文学出版社,1983年,第85页。

人扣留了八个月,可能就是在那段时间里,他完成了《中国文法》的手稿。① 1653 年,卫匡国抵达罗马,向教廷阐明中国礼仪的意义,请求教廷收回成命。1654 年,卫匡国和波兰耶稣会士卜弥格(Michel Boym,1612—1659)与多明我会会士在罗马展开了关于中国礼仪之争的激烈辩论,最后以卫匡国的见解获胜告终。1656 年 3 月 23 日,教皇亚历山大七世(Alexander Ⅶ)及传信部枢机团颁布圣令,确认"尊孔祭祖纯属民间的政治性崇拜"②,准许中国教徒在无碍于天主教传播的情形下可以照旧进行。

虽然其后礼仪之争仍在继续,但卫匡国在改变罗马教廷的意向方面起到了决定性的作用,使利玛窦的文化适应传教策略在中国延长近 50 年之久,直至 1704 年 11 月罗马教皇克莱孟十一世(Pope Clemente XI,1700—1721 在位)发布禁止中国礼仪的决定。故而欧洲入华传教士的活动在很长一段时期内仍得以顺利地开展。

完成使命的卫匡国再次被派往中国。1657 年 4 月,他与殷铎泽、南怀仁等十七名耶稣会传教士从葡萄牙里斯本乘船出发来华。经长途跋涉后到达广州,顺治帝颁谕准其进入中国。抵京后他觐见了顺治皇帝,交谈之后,顺治帝对他深厚的汉学功底印象颇深。1658 年,他返回杭州传教。回杭州后,他得到当时浙江巡抚佟国器等人的大力支持。教会在今杭州下城区中山北路天水桥附近购买了土地,按西方的方式,建造了杭州教堂。该教堂 1659 年开工,1661 年完工,成为当时中国最为宏伟壮丽的教堂,被称为"中国西式教堂之首"。

1661 年 6 月 6 日,卫匡国因感染霍乱、误服过量泻药死于杭州,年仅 47 岁。他被安葬在杭州西湖区留下镇老东岳大方井天主教墓地。1736 年该墓地得以重修,立"天主圣教公坟"碑。后墓地一度被毁,1985 年墓地重建。现为浙江省重点保护文物单位。

---

① [意]白佐良等编著:《卫匡国生平及其著作》,载张西平主编《把中国介绍给世界——卫匡国研究》,上海:华东师范大学出版社,2009 年,第 17 页。
② [英]约·弗·巴德利:《俄国·蒙古·中国》下卷第 2 册,北京:商务印书馆,1981 年,第 1288 页。

卫匡国墓

虽然卫匡国真正在中国生活的时间只有十来年（分为两个时段：1643—1650，1658—1661），但他对天主教在中国的传播和对汉学研究的贡献都是相当突出的。一方面，卫匡国足迹遍布中国多省，到处传教，为中国礼仪辩护，得到罗马教廷赞同，为传教士在中国活动扫除了障碍；他继承了耶稣会一贯以来走上层路线的传统，广交江南名士、达官贵人，取得中国官员的支持，扩建了教堂，扩大了教会在中国的影响力。另一方面，因为广泛游历，走遍了大半个中国，他熟知中国人文地理，编写了《中国新图集》，同时又致力于汉语及中国文化研习，阅读了大量中华典籍舆志，对中国历史文化稔熟于心，写作了《逑友篇》《鞑靼战纪》《中国历史十卷》《中国文法》《中国耶稣会教士纪略》等极具影响力的书籍，使他拥有了在意大利汉学界不可撼动的重要地位。

1997年卫匡国的家乡特伦托大学成立了卫匡国研究中心，几年后该中心编译出版了6卷本的《卫匡国全集》，第1卷为《书信集》，第2卷为《小作品集》，第3卷为《中国新地图集》（分上、下两册），第4卷为《中国历史十卷》，第5卷为《鞑靼战纪以及其他》，第6卷为其他文献和索引。

奠定卫匡国在西方汉学界重要地位的许多著述，都是在西方汉学史上有着筚路蓝缕之功的扛鼎之作，很有必要进行详细介绍，让我们直接触摸卫匡国在西方汉学研究上留下的深刻烙印。

二、卫匡国主要著述

1. 《逑友篇》

该书成书于 1647 年，定稿于 1661 年，是卫匡国在中国教徒祝石（子坚，浙江兰溪人）的帮助下，由卫匡国口授、祝石笔录而成的一部中文著作。书前有小引及杭州张安茂、松江徐尔学（徐光启之孙）以及祝子坚所做的三篇序文。该书是卫匡国阐述交友主张与理念的专著。它与利玛窦的《交友论》书名相似，但内容并不雷同。意大利汉学家白佐良指出两者的写作方式和特点不同："利玛窦只限于翻译某些古典哲学家和神学家所著书中的一些段落；卫匡国则自由地引述他们的论点，还不时加进自己的评论和观点。"① 该书可以说是在利玛窦《交友论》的基础上对欧洲友谊观的进一步阐发。《交友论》仅列出一条条格言，而《逑友篇》更偏重于论证说理，引用了许多古代的格言和故事，包括西塞罗《论友谊》中的一些论述。不过，跟利玛窦一样，卫匡国也在书中根据自己的人生体验结合西方哲人关于友谊的阐述，找到了儒家思想与天主教义之间的相近之处，由此继承并发展了利玛窦所倡导的合儒主张。其立足点自始至终扎根于天主教教义，因此，其宗教色彩较利玛窦的《交友论》更为浓厚。如《逑友篇小引》中，卫匡国将交友与他所称述的"至尊真主"上帝相关联。他写道："缘旅人自西海观光上国，他无所望。惟朝夕虔祝，愿入友籍者，咸认一至尊真主为我辈大父母，翼翼昭事，为他日究竟安止之地。此九万里东来本意也"②。又如《逑友篇》多处引用《圣经》里的话，指出交友的德性来自上帝，讲究交友之道首先在于认识上帝的思想。祝石在该书的序中也认同他的观点，指出求友之道乃上帝所赋予的秉

---

① [意]白佐良：《卫匡国论友情与他的其他中文著作》，卫匡国与中西文化交流国际学术讨论会论文，1994 年 4 月。
② 徐宗泽：《明清间耶稣会士译著提要》，上海：上海书店出版社，2010 年，第 265 页。

性,是"上主所定之公性也";贯彻其中的爱,亦"上主所赋之仁性也"。① 卫匡国还用了相当长的篇幅来讨论报仇问题,提倡"不复仇"甚至"爱其人",认为不仅要喜爱朋友,而且要喜爱敌人。他在引用《圣经》的基础上阐发道:

> 或曰:报仇不可,然以直报怨足矣,何必以德报怨邪?曰:以直抱怨,匪罪亦匪功;以德报怨,甚感天主之心而成大勋也。以直抱怨,不为彼仇;以德报怨,不但解仇,且化为友,俾其改过矣。亲仇之爱,必反深于亲友之爱,盖爱仇为克己之至,不惟不怨其仇,且以我之真爱化仇为德,如火然,且化物为火。故报怨之德,甚于报德之德也,难行,其功更丰。②

从中可以看出卫匡国对于复仇的态度是否定的,他认为虽然以正直回报怨恨也就够了,但以正直回报怨恨,虽不是罪恶但也称不上功劳。以德行来回报怨恨,却能感动天主圣心,从而成就伟大功勋。以正直回报怨恨,不会被对方所仇恨。而以德行去回报怨恨,不但可以化解彼此的仇恨,还可以把怨恨转化为友爱,给对方以改正错误的机会。爱仇敌的感情必然比爱朋友的感情更深,因为爱仇敌是达到克己之极致。不但不怨恨自己的仇敌,还以自身真诚的爱将仇恨转化为德行。这就像火燃烧的时候,也把别的东西变成火一样。所以他认为回报怨恨的德行比回报德行的德行更伟大。而正是因为这一点很难有人能够做到,所以功德自然更大。实际上,"爱朋友,也爱敌人"是天主教一直所倡导的基本教义之一。《新约马太福音》第 5 章第 39 节里耶稣说:"有人打你的右脸,连左脸也转过来由他打。有人想要告你,要拿你的里衣,连外衣也由他拿去。有人强逼你走一里路,你就同他走二里。有求你的,就给他。有向你借贷的,不可推辞。"这与"以眼还眼、以牙还牙"的同态复仇观点大为相左,与孔子所提倡的"以

---

① 徐宗泽:《明清间耶稣会士译著提要》,上海:上海书店出版社,2010 年,第 267 页。
② 参阅石衡潭:《从合儒、补儒到超儒——利玛窦〈交友论〉与卫匡国〈逑友篇〉试论》,载《世界宗教研究》2016 年第 5 期。

直报怨，以德报德"的主张也大相径庭。

卫匡国还进一步提出了轻己重友甚至舍身救友的主张。他说："爱之能力，甚巨。心性伟烈，不辞鸩毒，不避兵刃，以救其所亲爱。盖视友之命如己，且尊于己。故宁轻己之生，而冀久生厥友。"[①] 可以看出，他认为爱的能力非常大，能使一个人为了拯救他所爱的人而变得伟大和刚烈，即使是饮鸩毒、冒着生命危险也在所不辞。这是因为他把朋友的生命视同自己的生命，甚至比自己的生命更为重要。所以宁可舍弃自己的生命，也希望朋友的生命得以保全。

在《述友篇》中，我们处处可以看到卫匡国的"友道"与天主教教义之间的紧密结合。这可能体现了卫匡国的一番苦心，他希望以这种诠释友谊的方式在中国读者心里树立天主和《圣经》的权威。不过也许正是因为书中将友谊与天主教教义进行了过分紧密的结合，影响了中国文人的感受和接受度，该书在中国只出版了一次。而利玛窦的《交友论》却得以多次出版，为许多中国文士所认可，影响力更大。吕同六认为，《述友篇》在今天仍然具有现实意义。因为在这个日益变小的世界中，各国、各民族之间的物质生活和精神生活的发展，再也不可能在封闭的、孤立的状态中进行，人们需要以友谊为纽带进行共处和合作。友谊带来和谐和稳定；友谊也是调节人们关系和行为的准则和尺度，是自我认识的一种必要的手段。[②] 他对卫匡国《述友篇》的价值和意义给予了高度肯定。

2. 《中国文法》

如前文所述，1650年，中国天主教内部发生了激烈的礼仪之争，耶稣会士们推举学识高深并熟悉中国民风习俗的卫匡国赴罗马教廷就有关中国礼仪问题进行申辩。1651年至1652年间，卫匡国在回欧洲的路上，被荷兰人扣押在印度尼西亚的巴达维亚（今雅加达）长达八个月。

---

① 参阅石衡潭：《从合儒、补儒到超儒——利玛窦〈交友论〉与卫匡国〈述友篇〉试论》，载《世界宗教研究》2016年第5期。
② 吕同六：《卫匡国研究的复苏：总结与展望》，载陆国俊、孟庆龙编《永远的吕同六》，合肥：安徽文艺出版社，2008年，第390页。

在这八个月里，他用拉丁文撰写了欧洲第一部汉语语法书——《中国文法》（Grammatica Sinica）。离开巴达维亚前，他将《中国文法》的一部手稿抄本赠送给了一个荷兰医生。这部著作由于印刷和费用等问题从未正式出版，一直以手抄本的形式流传于世。在长期流传过程中，不断地被修改和完善，衍生出众多版本。据白佐良考证，目前有三个抄本仍存于英国格拉斯哥大学图书馆。其中有一个抄本的扉页上有卫匡国的原名，并有注释说明该抄本是克利耶 1689 年从巴达维亚寄给一位想学中文的德国医师克里斯丁·门泽尔（Christian Mentzel）的。[①] 该抄本用拉丁文和中文写成，个别词使用希腊文、荷兰文、葡萄牙文、德文、西班牙文和法文等。

《中国文法》封面

　　该书共分三章，每章下分节。第一章是汉语词条表，收录了 318 个单音节词，每个词条下有汉字及其拉丁文注音和释义；第二章和第三章介绍汉语语法，第二章是名词、代词和动词及其变位；第三章是介词、副词、感叹词、连词、比较级和数量词等。语法规则部分以中文为例加以解释。例句大部分来源于当时的明朝官话口语，有些来自南方方言，如"好过他""小得紧""好得紧""不好得紧"等。三章之外还收录有 330 个汉字部首。白佐良在整理这些资料的时候发现，文章中手写的拉丁文部分非常清晰，而声调和区别音符的符号加注得漫不经心，毛笔字写得非常拙劣。[②]

　　作为欧洲传教士编著的第一本较为系统的汉语语法书，《中国文

---

① ［意］陆商隐：《从〈中国文法〉到〈中国语文文法〉：卫匡国语法的流传与不断丰富的过程探讨》，载卫匡国著《中国文法》，白佐良意大利文翻译，白桦中文翻译，上海：华东师范大学出版社，2011 年，第 30 页。

② ［意］白佐良等编著：《卫匡国生平及其著作》，载张西平主编《把中国介绍给世界——卫匡国研究》，白桦译，上海：华东师范大学出版社，2009 年，第 17 页。

法》自然而然地把欧洲人所习惯的西方语法理论套用在了汉语上。虽然一直没有出版,但"在那些年代里,任何一位想学习中文的人都不得不满足于手抄字典和语法书,而这些书籍又是很难弄到手的"①,因此它的稀缺性和珍贵性不言而喻。它为当时的欧洲人了解汉语的基本情况以及学习汉语都提供了许多方便。意大利学者陆商隐(Luisa Paternicò)认为卫匡国"应被看作是官话语言学的开拓者"②。白佐良则认为如同在地理和历史领域中一样,卫匡国在中国语法领域中也扮演了一位先锋的角色,并成为欧洲汉学的奠基人之一。③

3.《鞑靼战纪》

该书完成于卫匡国奉命回欧洲向罗马教廷申辩中国礼仪问题的途中,从1650年开始撰写,直到1653年完成,历时三年。从书名的字面义就可以看出该书记载的是鞑靼人(当时西方人对中国北方蒙古族与满族人的统称)的战争情况,可以说是一部纪实性的新闻报道。虽然清兵入关发生在1644年,但在当时交通不便的情况下,发生在中国十年前的事,对于欧洲人来说,仍然几近于新闻。

2008年中华书局版
《鞑靼战纪》封面

卫匡国以其在中国的所见所闻、亲身经历以及他从儒生、传教士、官员们那里打听到的有关清兵入关战事的传闻作为该书基础。在前言中卫匡国就说明写作该书是为了回答

---

① [意]白佐良等编著:《卫匡国生平及其著作》,载张西平主编《把中国介绍给世界——卫匡国研究》,白桦译,上海:华东师范大学出版社,2009年,第17页。

② [意]陆商隐:《从〈中国文法〉到〈中国语文文法〉:卫匡国语法的流传与不断丰富的过程探讨》,载卫匡国著《中国文法》,白佐良意大利文翻译,白桦中文翻译,上海:华东师范大学出版社,2011年,第40页。

③ [意]白佐良等编著:《卫匡国生平及其著作》,载张西平主编《把中国介绍给世界——卫匡国研究》,白桦译,上海:华东师范大学出版社,2009年,第17页。

欧洲人所提的有关中国国情、民族和文化等问题,他说:"我不打算记述他们之间发生的所有战争,这里只记载我们记忆的及目睹的事。其余的详情见于我记中国的一部书中。"① 可见卫匡国的写作基本上是以自身及其教友的见闻为基础的。

在书中,卫匡国以旁观者的身份记录了从1619年努尔哈赤攻克明朝边关重镇开原至1650年底以及1651年初清摄政王多尔衮病逝的一段历史,以颇为冷静和客观的笔触记述了明清交替之际的重大历史变革,向欧洲读者介绍了明朝自朱元璋开国以来与女真部落的关系,论述了天启、崇祯时期的中国国内政治形势,特别是详细地记载了清兵南下和江南沦陷等许多重大历史事件。书中不乏对史可法等忠良之臣的歌颂和对清军屠杀平民等残暴行为的揭露。如书中对史可法血战扬州和清军屠城有这样的描述:

> 这些地方中有一座城市英勇地抗拒了鞑靼的反复进攻,那就是扬州城。一个鞑靼王子死于这座城下。一个叫史阁老的忠诚的内阁大臣守卫扬州,他虽然有强大的守卫部队,最后还是失败了,全城遭到洗劫,百姓和士兵悉遭屠被杀。鞑靼人怕大量的死尸污染空气造成瘟疫,便把尸体堆在房上,城市烧成灰烬,使这里全部变成废墟。②

这与当时幸存者王秀楚在《扬州十日》中对沦陷后的扬州全城被戮所记的"耳所难闻,目不忍睹"的惨烈情形完全吻合。③ 不过,书中也客观地评价了清军占领南方诸省后废除了明朝对于女性的许多严厉禁锢以及在政务上的快速有效,如集市上汉族平民的伸冤能受到及时处理等。该书对努尔哈赤、阿巴亥和多尔衮等人的文治武功也作了评述。它按照历史发展的顺序客观地介绍了明末清初战事的翔实情

---

① [西]帕莱福等著:《鞑靼征服中国史·鞑靼中国史·鞑靼战纪》,何高济译,北京:中华书局,2008年,第342页。
② 朱学勤主编:《顺治》,呼和浩特:远方出版社,2002年,第57页。
③ 参阅梅桑榆:《解剖帝王》,北京:中共党史出版社,2007年,第181页。

况,不是简单地以编代著,而是结合自己的亲身经历,力图通过他者立场的观察评论和引述他人的意见,再现这段战争的整个过程,并探讨了引起明朝战败的深层次原因。对于明朝为什么灭亡,他分析出三个主要原因:一是明后期内治几乎由宦官把持;二是赋税过重;三是官员贪腐严重。这几个因素叠合,导致明末国力衰落、民心涣散,许多兵士看到鞑靼人进攻就像羊看到了狼四处逃跑,根本无心抵抗而不战自败。他还指责了吴三桂愚蠢的引狼入室行为。书中处处体现了卫匡国敏锐的洞察力和思辨力。

作为耶稣会士,卫匡国自然非常关注在战乱中天主教发展和教徒们的安危。因此书中也介绍了明清之际中国天主教发展的基本状况;证实了孙元化、瞿式耜等明末官员的天主教徒身份;记录了各地传教士们在战乱中的经历和遭遇,如葡萄牙籍耶稣会士鲁德照(曾德昭)在广州被清军逮捕和获释后受到的礼遇,以及利类思和安文思在成都与张献忠的交往等,从侧面可以反映出当时天主教在中国已经广泛传播并已深入帝国腹地的事实。

清朝执政后将涉及明朝的不利于清朝的文献全部禁毁,并全面篡改了明朝的历史,对一些重大事件避重就轻。比如对清军在扬州惨绝人寰的屠城行为,《清史》里只用了一句"丁丑,拜尹图、图赖、阿山等克扬州,故明阁部史可法不屈,杀之。"[①] 轻描淡写地带过。因此,卫匡国"真笔无隐"的记载,成了当时历史的重要见证,对明末清初历史的研究具有很高的参考价值。方豪也认为它"于清军入关及南下情形,所记至详,直言不隐,足补我国正史之阙略"[②]。1654 年《鞑靼战纪》的拉丁文本在安特卫普(位于现在的比利时,当时比利时还不是独立国家)出版,由于其具有较强的新闻性、生动性和冲击力,该书在出版之初就大受欢迎,在欧洲文化界产生了极大的影响。随后,《鞑靼战纪》的德语版、英语版、荷兰语版及意大利语版分别

[①] 参阅刘毅编著:《清朝全史》,北京:北京燕山出版社,2010 年,第 40 页。
[②] 参阅许明龙:《欧洲十八世纪"中国热"》,北京:外语教学与研究出版社,2007 年,第 66 页。

在德国科隆（1654）、英国伦敦（1654）、荷兰阿姆斯特丹（1655）和意大利罗马（1654、1655）等地相继出版。据统计，《鞑靼战纪》从1654年到1706年间共发行了九种不同语言的21种版本，足见其在当时学界流传的广泛程度。许多欧洲学者盛赞该书为当时第一部中国现代史和欧洲第一部中国政治史。①

4. 《中国新图志》

《中国新图志》，又译作《中国新地图集》或《中国新地图册》，是一部地图集。卫匡国在实地游历考察中国各地并参考大量的相关文献的基础上编绘而成。对于该图志的准确编绘时间，卫匡国没有专门说明。但他曾说："当接到奉召回欧洲的时候，编纂工作方才开始，带了五十多种中文著作上船，以备战胜晕船，也是为了排遣长途航行的沉闷。"② 可见，卫匡国编纂该书始于1651年回欧洲的旅程中。1653年该图志才告完成。

1655年阿姆斯特丹版《中国新图志》封面

与一般的地图集有所不同，它的每幅地图后面都配有详细的说明文字，因此实际上是地图与地志合二为一的地理志。这也是书名中"新"的最重要含义。该图集很可能参考了明代罗洪先的《广舆图》，因为跟罗明坚的《中国地图集》一样，卫匡国也沿袭了罗洪先将浙江宁波的象山半岛绘成独立岛屿的错误。跟利玛窦《坤舆万国全图》一样，该图也将朝鲜半岛东部中段向外稍许突出，说明卫匡国在绘图时很可能也参考了利氏世界地图。不过在制图方法上，卫匡国跟罗明坚所采用的方法有所不同，罗明坚采用的是

---

① 参阅许明龙：《中西文化交流先驱——从利玛窦到郎世宁》，北京：东方出版社，1993年，第145页。
② 参阅汤家厚、任小玖编著：《海外徐霞客研究概览》，北京：北京科地亚盟图文设计有限公司，2011年，第55页。

中国传统的地图制图法"计里画方",而卫匡国的《中国新图志》是以西式制图法绘制的。

书中共收录17幅黑白图:1幅中国全图,15幅分省(直隶、山西、山东、陕西、河南、四川、湖广、江西、江南、浙江、福建、广东、广西、贵州、云南)地图,还有1幅是日本及其周边地区的合图。总图按比例尺大小约为1∶18000000绘制,省图比例尺约为1∶3000000。书中有一篇20页的前言,还有一个19页的目录,穿插着长达171页的拉丁文说明文字,还配有中国各区域城关的经纬度表,按中国省份和城市的大小进行排列。

相较于其他地图或地方志,该书有以下三个明显的特点:

第一是富有科学精神。卫匡国自称为该书的写作作了十年之久的准备。一方面他广泛参考了中国古代地理书籍和各种地图,如罗洪先、陆应旸、利玛窦、徐光启、李之藻和徐霞客等人有关中国地理的记载和研究成果;另一方面他在旅途中进行了细致的实地考察和测量,充分利用他的老师基歇尔神父传授给他的数学知识和欧洲近代先进的科学仪器,收集了各地多达1754处的经纬度。卫匡国在将该书呈献给奥地利奥波尔德大公的题词中自称:"在中国停留期间,为了传教的神圣职务,或是为了逃避鞑靼(按:清军)的凶焰,使我到处奔走,漫游了中国的广大地方,我考察了各省和各城市的位置,并对它们进行准确的测量……直到长城为止。"① 他的"到处奔走"和"漫游"使他获得了许多珍贵的一手资料,加上他的多方求证,故而避免了许多疏漏偏颇,大大提高了地图志的科学性。可能也是出于科学性方面的考虑,卫匡国没有采取使用拉丁文标注地名的做法,而是直接用中文进行标注,使书中的中国地名所指的地理位置具有更高的准确性。

第二是内容丰富。《中国新图志》虽然是一部地理著作,但他的知识容量很大。欧洲传统地理学认为,地球表面是一个多种要素相互

---

① 参阅汤家厚、任小玫编著:《海外徐霞客研究概览》,北京:北京科地亚盟图文设计有限公司,2011年,第55页。

作用、相互联系而成的综合体。研究地理学，不应拘囿于研究单个要素，而是应该将地理学与一些相邻学科进行联系。因而，地理学被视为一门综合性的学科。《中国新图志》就很好地体现了综合性学科的性质。该书前言以作者自己在中国旅行中的见闻为基础，结合西方文献中有关中国的资料，介绍了包括中国的地理位置、自然环境、居民组成、城乡风貌、手工技艺、建筑、科学、宗教信仰、历朝纪年表、中国长度单位等方面在内的诸多内容，还涉及女真族的历史、语言、习俗、宗教及其与汉族关系的介绍与分析。各分省的解说部分则涵盖了各地区的地理位置、面积方位、称谓来源及其变更、建置沿革、气候、物产矿藏、名山大川、主要城市、人口赋税、风俗习惯、人文古迹及逸闻掌故等许多内容。在每幅地图的四周都有经纬度格，还有他亲手绘制的与中国地理沿革、地名来源等有关的神话人物。他甚至还记录了战火中的城市变迁，如他第一次到福建延平时，延平还是一座繁华的城市，而他第二次途经时，那里却到处是残垣断壁，几乎完全毁于战乱。从这个角度来说，他的地理书还兼具一定的史学价值。卫匡国还第一次提出"中国"一词的英文名称 China（拉丁文 Sina）是来源于中国第一个封建王朝——秦的音译的观点。这一说法虽仍存争议，但已为大多数学者所认可。[①] 可以说，《中国新图志》第一次系统而具体地把中国的自然面貌结合政治、经济、社会、历史等人文情况综合起来介绍到欧洲，这就使得该图志的内容非常充实和丰富。

第三是描述详细生动。卫匡国在每幅分省图的四周都标出了精密的经纬度数，并附有反映当地风土人情或传说掌故的图饰。比如在北直隶（Pechili）地图上，就有皇帝、皇后和龙凤等图案，形象直观地表示该地为全国的政治中心所在地；在四川（Suchuen）地图中画有关羽像；在云南（Iunnan）地图上绘有观音、大象等图案。这些图案加上说明文字，使地图集显得非常直观且生动有趣。图集中有些介绍细致到无以复加的地步，比如在介绍泉州的洛阳桥时，卫匡国写道：

---

① [法]费赖之:《在华耶稣会士列传及书目》（上册），冯承钧译，北京:中华书局，1995年，第265页。

"两个桥墩之间铺放五块同样的巨石，巨石长约 18 步，这是我以慢步行走时的步幅测得的。"① 历史学家马雍惊叹于该书的详细和正确的程度，他还举了卫匡国书中的几个例子，如卫匡国清晰地记述了浙江省湖州府的历史沿革，还清楚地解释了浙江省金华府的名称来源、介绍了台州府的第 19 洞天、指出了桐庐县富春山的位置等。马雍认为卫匡国这样一个 17 世纪来华的外国人能对中国地理有如此深入的了解并作出如此细致入微的报道非常了不起。因此，他对该地图集给予了极高评价，认为该地图集不仅在 17 世纪有着相当的科学价值，直到今天仍有其科学价值；不仅对欧洲人研究中国历史地理来说是一部经典著作，对中国人研究自己的历史地理，也是一部珍贵的参考书。②

该地图集 1655 年首次以拉丁语出版于荷兰阿姆斯特丹，采用铜版刻制、彩色手工印刷，非常精美。由于具有地图绘制的科学性、内容的丰富性和描述的生动性等特点，该图集甫一出版即引起欧洲地理学界的重视，成为当时欧洲人了解中国地理人文状况的必读书目，被欧洲地理学界视为地图史上的里程碑。③ 此后，各地相继出现了各种版本，其中以江浦拉（Giovanni Blaeu，1596—1673）的印刷版最为人们所称道（地图增至 27 幅，解说文字达 260 页），在欧洲影响甚广。在 1735 年法国神父杜赫德（Jean Baptiste du Halde，1674—1743）出版"法国汉学三大奠基作之一"的《中华帝国全志》之前，卫匡国的这部地图集一直被欧洲地理学界视为关于中国地理状况的权威参考书，即便是对于研究相关课题的中国学者来说，《中国新图志》也是十分宝贵的域外史料。英国汉学家玉尔认为，17 世纪中叶所绘制的欧

---

① 泉州市人民政府地方志编纂委员会编：《外国人在泉州与泉州人在海外》，福州：海风出版社，2007 年，第 101 页。
② 马雍：《近代欧洲汉学家的先驱马尔蒂尼》，载《历史研究》1980 年第 6 期。
③ 沈定平：《论卫匡国在中西文化交流史上的地位与作用》，载《中国社会科学》1995 年第 3 期。

洲国家地图无一能和卫匡国的相比。① 可见《中国新图志》的影响力之广、享誉之盛。

5.《中国历史十卷》

《中国历史十卷》又名《中国上古史》《中国历史概要》《中国史初编》等，是卫匡国用拉丁语写成的一部编年体历史名作，完成于1654年，1658年首版于慕尼黑（今德国拜恩州首府），4开本，共362页。次年该书在阿姆斯特丹以拉丁语再版。1692年该书的法文版在巴黎发行。

原书全名很长，为 Sinicae Historiae Decas Prima Resà Gentis Origine ad Chirstum Natum in Extrema Asia, sive Magno Sinarum Imperio Gestas Complexa（《中国历史最初的十个时期，从人类诞生到耶稣降世的远东大事记，或中华大帝国周邻记事》）。从其原书全名中我们可以看出，作者主要讲述的是从人类起源到耶稣诞生即西汉哀帝元寿二年（前1年）之间的中国上古史，为断代史。它以中国古籍为依据，将中国史发端定于公元前2952年——伏羲时代的起始。按时间顺序叙述了神农、黄帝、少昊、颛顼、帝喾、尧、舜等传说中"三皇五帝"的事迹。全书共分10卷：首卷介绍了中国神话传说中宇宙的起源和人类发展的脉络，涉及"混沌说"及"三皇五帝"的事迹；第二卷为夏代史，从禹到桀；第三卷是商代卷，自汤至纣（纣被卫匡国称为Nero，即罗马暴君尼禄）；第四、第五卷为周代史，包括西周和东周，自周武王至公元前255年周赧王亡国。卫匡国在第四卷中分析和评价了老子、孔子和释迦牟尼的思想学说，认为老子奠定了当时三大哲学体系之一的道教哲学体系，是"真正的伊壁鸠鲁"。与利玛窦一样，卫匡国认为在中国占据统治地位的儒家思想有其积极的社会作用，因为它帮助人们发展"本性的理智"，人们通过学习儒家思想能意识到该做和不该做的事情。该书第六卷为秦代史，自秦昭王五十三年（前254年）至公元前206年秦王子婴率众向刘邦投降；第七至十卷为西

---

① [英]亨利·玉尔:《论卫匡国在地图绘制方面的功绩》,载《地理杂志》1987年7月。

汉史,自公元前 206 年汉纪元开始到哀帝刘欣公元前 1 年病逝。卷末附有编年表。卫匡国对每一个帝王在位的时间都以中国特有的干支纪年法和公元纪年法两种方法作了统计。

作为一个西方人,要把三千年中国上古历史交代清楚,其难度可想而知。卫匡国为此付出了极大的艰辛努力。他在该书第一部的前言中自述该著作资料全部来自具有天才、勤奋、细致和治学严谨的作者。他说自己为研究和编纂这部历史著作,十年来除了日常祈祷外其余时间都在全力以赴。他自己需要辨别六万多的书目,还要辨别字形和意义彼此截然不同的中国文字,发掘那浩如烟海的中国文化等。[①]

这部由欧洲人执笔、系统地介绍中国历史的著作,对中国人的世界起源观"混沌说"、"三皇五帝"、《易经》及中国文字等方面所做的详细介绍,极大程度上丰富了欧洲人对于中国历史的认知。正是通过卫匡国,欧洲人才第一次知道了中国的《易经》,这比比利时汉学家柏应理对《易经》的介绍早二十九年。他提出《易经》是中国第一部科学数学著作的观点。[②] 书中详细介绍了易经卦图中"阴"和"阳"及其各种组合所代表的意义。他还把中国的文字和埃及的象形文字进行了比较,提出中国文字是伏羲而非仓颉发明的观点。也正是通过卫匡国,欧洲人初步了解了孔子和儒家学说。虽然他没有专门评价孔子的论著,但《中国历史十卷》及《中国新图志》都有对孔子和儒家学说较为详细的介绍以及卫匡国本人对于孔子敬慕之情的明确表达。在《周灵王》一章中,他提及孔子的诞生。在周景王和周敬王纪事中,他对孔子的生平、政治主张和主要经历以及重要的儒家典籍等作了详细介绍和评价。他从孔子的言行中总结出孔子和儒家学说的一些基本特征,他认为儒家学说最重要的一点是始终不退避,直面人

[①] 参阅自许明龙:《中西文化交流先驱——从利玛窦到郎世宁》,北京:东方出版社,1993 年,第 136 页。

[②] [美]孟德卫:《奇异的国度:耶稣会适应政策及汉学的起源》,陈怡译,郑州:大象出版社,2010 年,第 125 页。

生和社会。为了说明孔子在中国和中国人心目中的地位，卫匡国描述了孔子死后所享有的尊荣，如历代君王都给予孔子嫡传后代以"贵族头衔"；在中国许多城市建有"孔子学校"（文庙），他很清楚地了解孔子所受到的极大尊崇。他如此评价孔子和儒家学说："孔子是最受中国人民称赞的思想家，他所创立的由文人学士组成的儒家学派，乃是中国三大宗派中最著名的。"① 可以说，他对孔子及儒家思想的认识与利玛窦一脉相承，也是将儒家思想当作与佛教和道教并列的三大宗教之一来介绍的。

另一方面，由于著作的第一章讲到"中国第一位皇帝"伏羲即位于公元前 2952 年，这样按时间来推断的话，就比诺亚大洪水（前 2348 年）早了六个多世纪，这实际上与《圣经》所记载的人类起源是有矛盾的，这自然使人们对《圣经》的可靠性产生了怀疑。因此，该书引起了欧洲学术界、思想界的高度关注，引发了长时间的宗教和学术争议，在一定程度上动摇了基督教会的权威，并为 18 世纪以伏尔泰为代表的启蒙思想家进行历史批判和确立新的史学观提供了史学依据。该书内容丰富，取材新颖，涉及面广泛，虽神学色彩浓厚，但观点独到大胆。在 1777 年法国汉学家冯秉正（J. de Moyriac de Mailla，1669—1748）编撰的《中国通史》出版之前，该书一直被认为是有关公元前中国历史的最好著作，享有极高声誉。

三、卫匡国的汉学贡献和评价

卫匡国是继利玛窦之后又一位在中西方文化交流领域有着杰出贡献的意大利人。他的《逑友篇》以及对孔子和儒家学说的推崇，继承和发展了半个世纪以来利玛窦的中国文化适应传教策略。他远赴罗马为"中国礼仪"据理力争，为天主教在中国赢得了 50 来年的平稳发展。其《鞑靼战纪》《中国新图志》和《中国历史十卷》三部巨著，

---

① 参阅梅文健：《耶稣会士卫匡国著作中的中国哲学和古学》，载《纪念利玛窦来华四百周年中西文化交流国际学术会议论文集》，新北：辅仁大学出版社，1983 年。

将中国的历史、地理、文化和风土人情等各个方面的情况详细地介绍给欧洲，使欧洲人对中国有更为全面、更为深入的了解和认识，尤其是他所编撰的《中国新图志》一直被奉为欧洲地理学界关于中国舆地的权威参考书。相对于以往任何地图而言，他绘制的中国的海岸线最为准确；他清楚地标明了黄河、珠江及长江自金沙江以下的流向；他准确地描绘了中国十五个省的省界及各个府州的分界；他还详细地说明了中国各地的风土人情、户口田赋和矿产资源的分布情况。因此，近代德国著名地理学家李希霍芬称他为"中国地理学之父"。而《中国历史十卷》不但为当时的欧洲人了解中国提供了更为完整的全新视角，而且其中某些篇章至今仍可以作为中国历史、地理研究的依据和参考。

当然，卫匡国的著作，除了他作为学者的一种本能爱好以外，还隐含着他作为来华耶稣会传教士的实用主义目的。因为只有让欧洲充分认识到中国基督化的价值，才能获得他们的支持。但无论如何，卫匡国以各种努力继承和发展了利玛窦所创立的文化适应策略，客观上维护和推动了中西方文化的交流，在推动欧洲汉学的发展上起到了重要作用。

这个集地理学家、历史学家和神学家以及欧洲中期著名汉学家等诸多身份于一身的耶稣会士，本当与利玛窦一样为人们所熟知，但在三个世纪的时间里他却几乎为世人所遗忘。直到 20 世纪 60 年代，卫匡国故乡特伦托的方济各会修士波尼法契奥·波罗尼亚尼（Bonifacio Bolognani）在研究该会神甫欧塞比奥·基尼（Eusebio Francesco Gino, 1645—1711）的时候，意外发现了卫匡国。欧塞比奥·基尼是卫匡国的表弟，受卫匡国的影响，决定追随卫匡国的足迹到中国传教。但向西航行的欧塞比奥·基尼并没来到亚洲，而是阴差阳错到了美洲，成为当地富于传奇色彩的传教士。波罗尼亚尼在大量考证研究的基础上，1977 年出版了《欧洲发现中国的面貌——马尔第诺·马尔蒂尼神父第一传记》和《一个在东方中国和西方之间沟通的先知——卫匡国传略》①，介绍了卫匡国的经历及其在中西文化交流史上的功绩，这

---

① 参阅徐明德:《论意籍汉学家卫匡国的历史功绩》，载《世界宗教研究》1995 年第 2 期。

才引起人们对卫匡国的广泛关注。其后，特伦托大学的创始人德尔马奇教授也对卫匡国产生了浓厚的兴趣。在他的倡导下，1981年在特伦托隆重举办了"卫匡国：地理学家、制图学家、历史学家和神学家"国际学术研讨会。1983年意英合刊《卫匡国纪念国际会议文件记录册》出版。特伦托大学成立了卫匡国研究中心，《卫匡国全集》的意语版和中文版也相继面世。其后，卫匡国的墓地也在杭州被找到并于1985年进行了重建。2004年9月，中意两国学术界在北京外国语大学举办了"让西方了解中国——中西文化交流的使者卫匡国学术研究会"。这位曾一度被湮没在历史尘埃中的汉学家终于重新进入世人的视线，并重新为学界所认识和研究。

第六节 殷铎泽全面译介儒家学说

在17世纪来华耶稣会士中，有一位第一个将《论语》完整地翻译为拉丁语的欧洲人，成为孔子的第一个欧洲译者。他还组织耶稣会士将《中庸》等中国经典古籍翻译为拉丁语，并带回欧洲出版。他也由此成为第一个系统全面地向欧洲人介绍孔子及儒家学说的西方人。从他开始，中国的儒家思想远播西方，并逐渐引起欧洲人的广泛关注。他就是殷铎泽，一个在东学西渐中产生过重大影响的意大利人。

一、殷铎泽生平及主要经历

殷铎泽，字觉斯，1625年8月28日出生于意大利西西里岛一个名为皮亚察阿美利纳（Piazza Armerina）的小镇。17岁时进入卡塔尼亚耶稣会学院学习法学，其叔父是该学院著名的神学家。但他很快转到梅西纳学院学习。1644年底，他结束了梅西纳学院的学业，进入巴勒莫（Palermo）圣方济各沙勿略学院学习文学，并完成了为期两年的学习。接着他一边教授语法，一边自学逻辑、物理和哲学等学科。

1655年夏，他被派往中国传教。

1656年1月8日，他与卫匡国、南怀仁等教士一起从热那亚港起航出发。但还没离开热那亚湾，他们的帆船就遭到了海盗袭击，殷铎泽一行10人行李被抢劫一空，并被作为人质关押了起来。后来海盗收到赎金才将他们释放。辗转之下，直至1656年底，殷铎泽与16名同会修士才到达葡萄牙里斯本港口。1657年4月，他们从里斯本启程出发。海上航行常常遭遇海盗和风暴等各种困难，很多人都患上了重病，最后只有6个幸存传教士到达印度果阿。1658年，他们到达中国澳门，开始学习中文。1659年，殷铎泽进入中国内地，先在江西建昌传教，后被派到浙江杭州。1662年，他和葡萄牙耶稣会士郭纳爵（Ignatius da Costa, 1599—1666）在江西建昌出版了《中国之智慧》。1665年9月，杭州教案发生，康熙下令逮捕耶稣会士，殷铎泽被捕。两个月后，他与意大利耶稣会士聂伯多（Pierre Canevari, 1594—1675）神父一起，被押送至北京。1666年他与其他23名教友被转往广东软禁了一段时间。1667年12月18日到1668年1月26日，耶稣会士们在广州举行了一次会议。会议期间，耶稣会士因对儒家经典的态度问题而分为两派，殷铎泽和大多数耶稣会士认为，儒家经典的翻译应该作为传教工作的基础。会议选举了殷铎泽作为"中华耶稣会传教区代表"前往罗马，向教廷报告传教士们的在华遭遇，请求耶稣会总会给予支持。中国政府准许他返回欧洲，但要求澳门派一位耶稣会士到广州接替他。1669年1月21日，殷铎泽带着已故耶稣会士汤若望的112本著作回到里斯本，然后途经热那亚，最后于1671年初抵达罗马。他将汤若望的著作捐赠给了教皇克莱孟十世（Pope Clemente X, 1670—1676在位）。1671年12月10日，他向耶稣会总会长报告了耶稣会士们在中国的传教情况，提出两个要求：豁免一些准备晋铎的中国神甫的条件，主要是有教会认定为重婚的中式婚姻状况，以及批准用中文进行弥撒仪式。但这两条都事关敏感的中国教仪问题，故而他的要求没有得到支持。为此殷铎泽在3月24日向耶稣会传信部提交了一份长达20页的《情况报告》。但耶稣会枢机委员会审查后还是没有同意殷铎泽的意见。①

1673年3月15日，殷铎泽重新踏上前往中国的旅途，于1674年8月第二次回到中国，并被上级派到杭州，创建了中国历史上第一个耶稣会士初学院，培养中国初学修士。1676年，他升任中国及日本传教团视察员。从1678年到1690年，他担任耶稣会中国教区副省会长，负责杭州教务。其间他在杭州近郊大方井加购土地，扩建了传教士墓区和教堂，并将所有死在杭州的传教士的遗骸集中起来迁葬于大方井墓地。1679年，杭州有三兄弟认为卫匡国当年所兴建的圣堂有碍当地风水，因而向传教士们发难，殷铎泽向巡抚申诉后，三兄弟被拘捕杖责，后在殷等说情下被释放。1689年，康熙南巡至杭，殷铎泽两次迎驾，觐见康熙，获赏赐。1691年9月8日，浙江巡抚张鹏翮发布告示禁止天主教，宣布要驱逐欧洲传教士，禁止百姓信仰天主教，并审问了殷铎泽。殷铎泽向北京的法国传教士张诚（Jean François Gerbillon，1654—1707）告急，请求帮助。张诚与葡萄牙传教士徐日升（Thomas Pereira，1645—1708）等上疏面见皇帝，求弛教禁。1692年3月22日，北京教士得到康熙的保教诏书（所谓的"1692年宽容敕令"），允许天主教在中国自由、合法地传播，教禁才得以解除。殷铎泽随即赶往北京向康熙谢恩，并带着皇帝圣旨要求在杭州另建新堂。巡抚只好把杭州城内一所精美的府邸交由神父使用。1692年8月2日，该教堂发生火灾，对殷铎泽来说打击沉重。

1696年10月3日殷铎泽在杭州去世，享年71岁，被安葬在杭州大方井天主教墓地，与钟鸣仁、金尼阁、郭居静、卫匡国等传教士墓地相邻。

二、殷铎泽的汉学活动及贡献

殷铎泽在华三十余年，从事传教和汉学活动，是沟通中西文化

---

① 参阅金国平、吴志良：《早期澳门史论》，广州：广东人民出版社，2007年，第590页。

之间的又一座重要桥梁。他的汉学贡献主要表现在他对中国经典古籍的译介上。他的译介成果有《中国智慧》《中国政治伦理知识》和《中国哲学家孔子》等著作,其中《中国哲学家孔子》影响最大。

1. 《中国智慧》(*Sapientia Sinica*)

这是 1662 年殷铎泽和郭纳爵一起在江西建昌用木版刻印的一本拉丁文书籍,内容包括孔子的生平传记、《大学》前五章的译文以及《论语》前五章的译文,共 102 页。此书分《大学》和《论语》上下两册。这是《论语》第一次被正式译为拉丁文并刊行。很多文章称这是四书第一次被正式译成拉丁文刊行①,这是不够准确的说法。其实早在 1590 年,罗明坚就已经开始从事把中国的经典古籍译为拉丁文的工作,回到意大利后,翻译了四书中《大学》的部分内容,并于 1593 年正式发表于波赛维诺的《历史、科学、救世研讨丛书选编》一书中。② 不过罗明坚译文的影响力和影响范围较小,而殷铎泽与郭纳爵的这一译著影响较大,被称为 "开启了中国经典西译之先河,是中西文化交流的 '第一个里程碑'"③。该书还有个名字叫《中华箴言录》。学界曾认为此书已失传,后来位于上海的徐家汇藏书楼在整理中发现《论语》一册的前五章,一时震惊海内外。目前该书存世仅三部,被称为世界上最为罕见的孤本之一,分别藏于徐家汇藏书楼、法国国家图书馆和大英博物馆。

2. 《中国政治伦理知识》(*Sinarum Scientia Politico-Moralis*)

该书为殷铎泽与郭纳爵、柏应理等十一名耶稣会士的《中庸》拉

---

① 郑绩等认为"这是《四书》第一次被正式译成拉丁文,并刊刻印行"。见郑绩、周静、俞强著《浙江历史人物读本 启智开物》,杭州:浙江古籍出版社,2013 年,第 265 页。

② 详见罗明坚节。

③ 陈燮君:《百年书香——徐家汇藏书楼》,见《上海历史文物建筑》,上海:上海教育出版社,2008 年,第 76 页。

丁文翻译，以《中国政治伦理知识》为名（也译作《中国的政治道德学》），1667年于广州刻印（未完成，只刻印了26页）。1668年殷铎泽带着印刷本离开广州返欧，1669年途经印度果阿时又续刻了其他刻板，并将印刷本的前后两个部分进行了合订。1672年，殷铎泽在欧洲修改了译稿并以法文版刊行于巴黎，书名改为《中国之科学》（La Science des Chinois），书名中的"La Science"并不是指现代意义上的"科学"，而是有"哲学智慧"之意。该书内容包括殷铎泽所写的序言、《中庸》的拉丁文译文以及法文和拉丁文的孔子传记。该书今藏于罗马耶稣会档案馆内。

《中国政治伦理知识》拉丁文版封面

3.《中国哲学家孔子》（Confucius Sinarum Philosophus）

该书的基础是殷铎泽及柏应理、鲁日满（Franois de Rotagemont，1624—1676）、恩理格（Christian Herdtricht，1624—1684）三位教士的四书拉丁文译本。这项翻译工作始于1666年，当时殷铎泽组织了柏、鲁、恩等耶稣会士一同参与。1668年，殷铎泽返回欧洲前，把四书的后续翻译工作交给这三位教友，他们花了三年时间继续翻译。为了提升四书的学术价值，他们还加上了中国注疏家们的注释及其译文。由于工作量太大，他们最终放弃了对《孟子》的翻译。1671年，译稿从广州寄往罗马，寄到的时候殷铎泽已经离开。所以他委托德国耶稣会士基歇尔编辑译稿，但基歇尔没有时间处理。1680年，基歇尔去世，译文稿子被存放于耶稣会的罗马学院。1685年，柏应理在罗马学院找到了这批15年前的广州译稿。他把译文带到巴黎，请求法国国王给予出版支持。1687年，译文终于以精装对开本成书出版，书名为《中国哲学家孔夫子，或中国知识——用拉丁文表述，通过殷铎泽、恩理格、鲁日满和柏应理的努力》（Confucius Sinarum Philosophus，sive Scientia Sinensis latine exposita studio et opera Prosperi Intorcetta，

Christiani Herdtrich，Francisci Rougemont，Philippi Couplet）。虽然该书中的《中庸》和《大学》并非孔子作品，但都被归到了孔子名下。全书共412页，内容包括四个部分：第一部分是柏应理给法王路易十四（Louis XIV，1638—1715）的《献辞》；第二部分是106页的中国经籍导论；第三部分是8页的孔子传记（含欧洲出版物中最早的孔子绘像——身穿儒服、头戴儒冠、手持象笏板子的孔子全身像，见下图）；第四部分是主要部分，共288页，总标题为《中国之智慧》，内容包括《大学》《中庸》《论语》的拉丁译文和注解。该书中文名为《西文四书直解》，实际上缺少《孟子》，仅为"三书直解"。书的最后还附有柏应理所编《中华帝国年表（前2952年—1683年）》。

《中国哲学家孔子》中的孔子全身像

1688年至1689年《中国哲学家孔子》的两个法文节译本《孔子的道德》和《孔子与中国道德》出版，1691年英文节译本《孔子的道德》出版。殷铎泽、柏应理、恩理格和鲁日满等教士编译该书的最初目的是以此为传教士的汉语教材，后来由于在中国传教中出现了礼仪之争等问题，他们也想借此书为礼仪之争作辩护之用，以证明中国天主教徒的祭祖祭孔等活动的合理性，故而编译者站在天主教的立场上对原书内容作了较大的发挥和阐述，他们将中国描绘成一个完美的文明国度，是一个值得赞美和模仿的理想之国。书中还对理学作了详细介绍，称"太极"是万物本原，通过动与静的持续变化，产生了天、地、人以及万物。孔子则被描绘成智者和圣贤形象，被尊为天下先师。可以说，该书第一次较为完整详细地向西方介绍了中国的传统文化，极大提升了儒家学说在欧洲知识界和宗教界的知名度和影响力，成为17世纪欧洲人认识并了解孔子及儒家学说最为详尽的书籍。随后，各种译本纷纷问世，各界人士也纷纷撰写文章加以介绍和评论。① 美国学者孟德卫认为1500—1800年期间，西方人对中国人的认识源于孔子的形象。他说："关于这位博学的圣人的最著名的描绘是他身处于一个放满书籍的书屋里。这一形象最初出现在1687年巴黎出版的《中国哲学家孔子》一书中，后来又经局部改动在这一时期的欧洲其他发行物上不断再版。"② 可见，书中的孔子绘像也成为欧洲人最直观的中国先哲形象基础。

由于反响巨大，孔子和儒家思想为越来越多的欧洲人所了解。这位被"西化"的孔子被称为"中国的苏格拉底"、道德原则的老师。当时及后来的一些名人，如英国学者威廉·坦普尔（William Temple，1628—1699），英国最著名的东方学家、语言学家威廉·琼斯爵士（Willian Jones，1746—1794），18世纪德国最重要的科学家、历史学家和哲学家莱布尼茨，以及古典学家、历史学家、语言学家巴耶（T. S. Bayer，1694—1738）等对该书都相当推崇。

坦普尔在读完《中国哲学家孔子》一书后给予该书极高评价。他认为孔子是一位极其杰出的天才，学识渊博，品性高超，既爱自己的国家，也爱整个人类。他赞赏孔子的文章"词句典雅，巧譬善喻"。在《讨论古今的学术》一文中，他把孔子的思想与希腊哲学相提并论，他说："希腊人注意个人或家庭的幸福，至于中国人则注重国家的康泰。"③ 他对孔子思想尤其是治国理政思想作了独特的阐述：

---

① 武斌：《孔子西游记：中国智慧在西方》，广州：广东人民出版社，2021年，第48页。
② [美]孟德卫：《1500—1800 中西方的伟大相遇》，江文君等译，北京：新星出版社，2007年，第14页。
③ 参阅[美]孟德卫：《1500—1800 中西方的伟大相遇》，江文君等译，北京：新星出版社，2007年，第14页。

孔子的著作，似乎是一部伦理学，讲的是私人道德，公众道德，经济上的道德，政治上的道德，都是自治、治家、治国之道，尤其是治国之道。他的思想与推论，不外乎说：没有好的政府，百姓不能安居乐业，而没有好的百姓，政府也不会使人满意。所以为了人类的幸福，从王公贵族以至于最微贱的农民，凡属国民，都应当端正自己的思想，听取人家的劝告，或遵从国家的法令，努力为善，并发展其智慧与德性。①

威廉·琼斯早在 23 岁时，就已读过该书。他写了一篇名为《论教育的论文设想》（Plan of an Essay on Education）的论文，目前流传下来的只有论文的大纲部分。大纲部分开头就引用了《大学》开卷之语："大学之道，在明明德，在亲民，在止于至善。" 1770 年 6 月，他在致密友波兰语言学家瑞维茨基伯爵（Count Charles Reviczky）的信中，提到他钻研和翻译《诗经》里的《淇奥》的过程——他从巴黎皇家博物馆收藏的《诗经》手稿中找到该诗原文，与柏应理他们的译文相对照，用拉丁文重新将该诗歌翻译了一遍。他把《淇奥》译文寄给了瑞维茨基。在信中，他把孔子称为"中国的柏拉图"②。

据说莱布尼茨早在 1676 年就开始研究儒学，他对孔子的伦理道德观和仁政学说非常认同。1687 年，他在致友人伊伦斯特（Landgrave Ernst of Hessen Rheinfels）的信中说："今年巴黎曾发行孔子的著述，彼可称为中国哲学之王者。"③ 他对孔子的"岁寒，然后知松柏之后凋也"之说非常赞赏，并作出了自己的解读："他说唯有在严冬里观察保持绿叶的大树，人才能明白事理。同样，在平静和幸福的日子里，所有的人看上去似乎都是一样，但正是在危险和混乱中才能看

---

① 参阅李平：《西方人眼中的东方文学艺术》，上海：上海教育出版社，2004 年，第 40 页。
② 参阅陈满华：《汉语事实的描写与考察》，北京：中央文献出版社，2007 年，第 208 页。
③ 参阅王世明：《孔子伦理思想发微：现代生活语境中的〈论语〉解读》，济南：齐鲁书社，2004 年，第 482 页。

到大智大勇的人。"① 他对孔子给予高度评价："这位哲学家超越了我们所知道的几乎全部希腊哲学家的时代，他总有着熠熠闪光的思想和格言。"②

法国启蒙思想家也大都读过《中国哲学家孔子》，伏尔泰在《风俗论》中就引述了该书中的孔子学说，认为孔子一生中从未放弃过传授和推行他的思想的使命。③ 孟德斯鸠认真阅读了这部用艰涩的拉丁文撰写的书，并作了详细的笔记。在笔记中，他写下了一些读书体会及自己的观点，并将书中的许多段落译成法文。

白佐良对该书评价极高，认为它对于欧洲人认识孔子、了解儒家学说具有开创性和重大影响力。"开启了欧洲理解儒家思想的新纪元，因为它开始进入普通人的视野之中"④。

2010 年 8 月 16 日在上海世博会上，意大利馆展出了珍贵的殷铎泽的《中庸》拉丁文译本手稿。

2010 年上海世博会意大利馆展出的殷铎泽手稿——《中庸》的首份拉丁文译本

---

① 参阅吴孟雪：《明清时期欧洲人眼中的中国》，北京：中华书局，2000 年，第 194 页。
② 参阅李长林：《柏应理在欧洲早期汉学发展中的贡献》，载《社会科学战线》1998 年第 1 期。
③ 参阅李凤鸣：《伏尔泰》，长春：东北师范大学出版社，2020 年，第 257 页。
④ [意]白佐良：《意大利汉学：1600—1950》李江涛译，载朱政惠主编《海外中国学评论》第 3 辑，上海：上海辞书出版社，2008 年，第 260 页。

第七节　四书承载多重意义

从前文所述我们不难发现，无论是最早进入中国内地的罗明坚、利玛窦，还是相继而到的卫匡国、殷铎泽等耶稣会士，他们对于四书的重视都超乎寻常。最先学习中文的罗明坚和利玛窦也最先发现了四书这一宝藏，并充分地加以利用。他们先以四书为教材学习中文及中国文化，以消除与中国人的日常沟通障碍；同时又从四书入手了解和熟悉中国士大夫文化，走耶稣会惯用的上层传教路线，制定了文化适应传教策略。他们还翻译并注释了四书并将其介绍到欧洲，以争取耶稣会上层人士的认可和支持；并以他者文化视角对四书作了深入研究，形成独特的认知见解，在一定程度上充实和丰富了欧洲的思想文化研究。这些早期来华耶稣会士对于四书的研究和译介，促进和推动了欧洲汉学乃至世界汉学的发展，意义重大。下文将对此一一进行较为深入的剖析。

一、翻译注释，用作学习中文的教材

如前所述，范礼安制定了来华耶稣会士先学习中文和中国文化，做好语言上的准备，然后再进入中国内地传教的策略。其后，在澳门学习中文就成了入华教士们的必修课之一。对于学好中文的益处，利玛窦直言："潜心学习他们的语言和文学对我的帮助很大，使我生活在异教徒中而不会遇到麻烦。"[①] 要学习中国的语言，就离不开可依托的教材。于是传教士们找到了四书，即《论语》《孟子》《大学》《中庸》这些儒学典籍，将之作为学习中国语言和文化的母本。若从中观层面和视角考察这些早期来华耶稣会士的汉语学习，我们可以发现四

---

① [意]利玛窦：《利玛窦书信集》，文铮译，北京：商务印书馆，2018年，第101页。

书对于他们的第一重意义指向就是教科书作用。

明朝开科取士,钦定的教科书和标准是朱熹所著的《四书集注》。备考科举的学生需苦读四书五经这些官定经学教科书。这些中国考生庙堂之学的教科书也成为罗明坚和利玛窦学习中文的教材。他们进入中国内地的第一站是肇庆,在肇庆期间他们聘请了一位家庭教师。《利玛窦中国札记》里多次提及罗明坚刻苦学习中国学术典籍的情形①,利玛窦自己也十分投入。他写信给朋友和上司,报告他和教士们的中文学习情况和初步的宣教成果②,并说自己亲身研究了中国人的习俗和法律,还专心攻读了中国人的文献,等等。③ 利玛窦在1593年写给耶稣会会长阿夸维瓦神父的信中也表明四书是他给同伴石方西神父讲课的内容,还特别说明四书是中国文人都要下功夫学习的关于道德的课程。④

通过对四书等中文教材的潜心学习和研究,罗明坚和利玛窦的中文进步很快。尤其是利玛窦,赢得了中国文人士大夫的普遍赞誉。为了真正理解四书内容,也为了更好地给别的神父讲解,罗明坚和利玛窦逐字逐句地用拉丁文翻译四书里的文章并作了注解。耶稣会传教士翻译四书以及给四书注释是为了教授新的来华传教士学习中文这一观点也为孟德卫所证实。⑤ 这也是利玛窦多次在写往欧洲的信中所述及的,如他曾在信中告诉阿夸维瓦会长,说他们除了翻译以外,还要加

---

① [意]利玛窦、[比]金尼阁所著《利玛窦中国札记》中多次提及罗明坚学习中国典籍情形,如"……他通宵钻研中国的典籍,在礼拜日和节日,葡萄牙人到他隐居的地方去作弥撒,接受圣礼。在别的日子里,当他们做生意时,他单独留下来进行学习……""他在译员的帮助下,用很多时间攻读中国书籍。"(见第145、146页)"神父们并不满足于欧洲的知识,正在日以继夜地钻研中国的学术典籍"(第171页)
② [意]利玛窦:《利玛窦书信集》,文铮译,北京:商务印书馆,2018年,第40页。
③ [意]利玛窦、[比]金尼阁:《利玛窦中国札记》,何高济等译,北京:中华书局,2010年,第3页。
④ [意]利玛窦:《利玛窦书信集》,文铮译,北京:商务印书馆,2018年,第104页。
⑤ [美]孟德卫:《奇异的国度:耶稣会适应政策及汉学的起源》,陈怡译,郑州:大象出版社,2010年,第45页。

上简短的评注，以便讲清楚书中涉及的问题。他们觉得这项工作不仅对在中国的教士有帮助，对在日本的传教士也大有裨益。① 1594 年，利玛窦完成了四书的翻译工作。如前文金尼阁所说，利玛窦所写并以他的注释加以增补的四书拉丁语译文，也帮助了许多其他神父的中文学习。② 可以看出，四书及其拉丁文翻译对于神父们的中文学习和中国文化培训起了重要的教材作用。

在明末这个特定的历史时期，包括罗明坚和利玛窦在内的这些特定历史人群把四书当作学习中文的教材，而他们的学习成效也得到了当时中国学士大儒们的认可和后世修士们的崇敬。这是一件很有意义的历史事件，因为它带来的后续影响之巨大，恐怕是他们始料未及的。

二、曲意附会，获得中国文人好感

早在 16 世纪中期，在日本传教的耶稣会创始人之一的沙勿略就制定了自上而下的传教方针。在他看来这种直接走上层路线的传教策略快捷而简便，一旦成功便将使统治者属下的广大区域全部改宗，从而迅速有效地实现传播福音的目的。③ 沙勿略死后，范礼安管辖东亚事务，辖区包括日本、中国、印度等地，利玛窦是他的学生兼得力下属，两人联络极为频繁，利氏应该非常清楚耶稣会在日本传教的经验和理念。利玛窦心心念念要去北京觐见万历皇帝，以期说服皇帝信教就是受这一上层路线的指引。他在一封信里清楚地表达了这一愿望："现在我所希望的是，通过某种方式进入朝廷，获得皇帝的批准，能够自由地宣讲福音。"④ 除了皇帝以外，高官也是他的目标，他也明确

---

① [意]利玛窦：《利玛窦书信集》，文铮译，北京：商务印书馆，2018 年，第 104 页。
② [意]利玛窦、[比]金尼阁：《利玛窦中国札记》，何高济等译，北京：中华书局，2010 年，第 336 页。
③ 戚印平：《日本早期耶稣会史研究》，北京：商务印书馆，2003 年，第 30 页。
④ [意]利玛窦：《利玛窦中国书札》，芸娸译，北京：宗教文化出版社，2006 年，第 56 页。

表明希望"同许多朝廷中地位显赫的重臣和官宦们接近"①。可见他走上层路线的策略是多清晰而又执着。

罗明坚和利玛窦等传教士初入中国内地时对中国传统文化了解甚少,因此穿着僧服,以西僧自居,并没有想到利用儒家学说来打开中国的传教大门,甚至对儒学抱着并不友好的态度。吃了不少苦头以后,他们才了解到儒学是中国人的第一大"宗教",孔子及儒家学说在中国的社会地位和影响力远非道教和佛教所能比拟。② 他们知道在管理国家方面,明朝在立法时严格地从法律上规定了儒家的优先地位。③ 在与官员和儒士们的频繁交往中,罗明坚与利玛窦不断印证了自己的这一新发现和新认知。觉察到可以利用四书中的儒家精神以帮助宣扬天主教义方面,罗明坚是最早的先知先觉者和践行者。他在1581年所著的拉丁文《天主圣教实录》中就曾提到了《论语》:

> 第一,每个理性健全的人都应承认天主为一切的创造主,他是唯一的真天主,并应以至高的热爱来朝拜他;第二,这仿佛人性的一个戒律,己所不欲,勿施于人;相反,己所欲,施于人……我承认,第二条戒律在我们儒家书籍里也有传述,但是第一条我想孔子并没有提出过。④

这是他第一次将孔子思想与他的天主教教义放在一起并列进行论述。在1584年肇庆出版的中文版《天主圣教实录·引》的开头,罗明坚就提出"报亲是良知良能"的观点,理由是"尝谓五常之序,仁义最先,故五伦之内,君亲至重。人之身体发肤,受于父母,为人子

---

① [意]利玛窦:《利玛窦中国书札》,芸娸译,北京:宗教文化出版社,2006年,第80页。
② [意]利玛窦、[比]金尼阁:《利玛窦中国札记》,何高济等译,北京:中华书局,2010年,第101页。
③ [意]利玛窦、[比]金尼阁:《利玛窦中国札记》,何高济等译,北京:中华书局,2010年,第113页。
④ 参阅高源:《儒家典籍在欧洲首次译介考辨》,载《历史研究》2021年第1期。

之报父母者，皆出于良知、良能，不待学而自然亲爱。故虽禽兽性偏，亦有反哺跪乳之恩，矧伊人乎?"① 有了这段极有同理心、颇得儒士之心的"知心话语"以后，紧接着他就开始比附，提出要"报天主之恩""奉敬天主，必承其福"等观念。这就巧妙地偷换了报恩的概念和内容。可以说，利玛窦后来调整传教策略，主动以儒家学说作为与官吏、儒士交流的话语基础离不开罗明坚的影响，实际上是对罗明坚策略的一种延续和扩展。为了让长期在中国传统教育中熏染成长起来的文人们信服天主教义，相信传教士们描绘的天堂景象和奇异功能，死心塌地地跟随教士们追随"天主"，必须要有真正打动他们内心的东西。利玛窦费尽心思地在中国古代典籍中搜寻类似的说法，终于他发现四书里面有一些义理与天主教义相通，有些则可以曲意附会，这对于利玛窦来说，不啻找到了一个传教之法宝。他完全了解这一法宝的威力："在我看来，掌握他们的文学比让一万名教友归信天主还要重要，因为如果我们能够学好中国文学，那么对全中国的归信都会大有裨益。"② 利氏口中的"中国文学"正是四书。

　　不过以四书为主要载体的儒家学说，从根本上与天主教存在着难以调和的矛盾和冲突。儒学的基本精神是重视现世，注重个人的道德修养，提倡修身齐家治国平天下，并不关心人死后是否有灵魂、是否有鬼神等。《论语》中孔子就一再强调"未能事人，焉能事鬼""未知生，焉知死"以及"敬鬼神而远之"等无神论思想；而天主教相信并寄希望于来世，并将来世的抽象概念具体化为天堂、炼狱和地狱等，宣称大罪而死入地狱，小罪而死进炼狱，成圣而死则升天堂，也就是说，死后到哪儿去，要根据生前的功过来区分。为了体现地狱和炼狱惩罚的恐怖，天主教极尽能事地描绘灵魂在地狱与炼狱炼净时遭受的极度痛苦。人最大的恐惧往往来自未知，天主教正是将这种恐惧最大化且形象化。仅从这一点来说，闪耀着理性主义光辉的儒学思想与充满传说与神谕的天主教之间就存在着天壤之别。这也正是天主教

---

① 徐宗泽：《明清间耶稣会士译著提要》，上海：上海书店出版社，2010年，第105页。
② [意]利玛窦：《利玛窦书信集》，文铮译，北京：商务印书馆，2018年，第338页。

为法国启蒙主义思想家伏尔泰所诟病之处。

但儒家学说不仅只有无神论,其仁、义、礼、智、信、恕、忠、孝、悌等九大核心思想囊括了社会生活的各个方面,其中许多与天主教教义并行不悖。作为一个传教士,利玛窦殚精竭虑地寻找两者的相同及相近之处,努力将两者拉近。利玛窦曾在致耶稣会总会长阿夸维瓦的信中,告诉他在四书以及其他6部经典里也找到了关于天主唯一、灵魂不死和享受真福荣耀等许多有助于传播天主教的章句。① 他努力从孔子话语中寻找与天主教教义相契合的见解,引用儒家典籍中那些意义模糊不清的章句,作有利于宣扬天主教教义的解释。他的想法是如果继续站在儒、道、佛三教的对立面,对三教同时发起进攻,那么一旦失败就很难有回旋的余地。②

正是出于这样的考虑,利玛窦制定了"斥佛合儒"的策略以取悦和分化中国的文人儒士。他深入研究儒学经典,寻找其中与天主教教义相近之处,选择性地介绍天主教知识,用天主教教义阐发儒学典籍中的思想观念。比如,儒学以忠君爱国为一体,利玛窦则偷换概念,提出"邦国有主,天地独无主乎? 国统于一,天地有二主乎?"③ 同时,他推出中国人所尊崇的尧、舜、周公和孔子等人物来增强自己论证的说服力:"窦也从幼出乡,广游天下,视此厉毒无陬不及,意中国尧舜之氓,周公仲尼之徒,天理天学,必不能移而染焉,而亦间有不免者,窃欲为之一证。"④ 见多识广而又忧心忡忡的传教士形象呼之欲出。

《论语》多次提到交友之道,如"吾日三省吾身,为人谋而不忠乎? 与朋友交而不信乎?""无友不如己者""益者三友,损者三友"等。利玛窦则巧妙地找到了中西方友谊观的相同之处,撰写了《交友

---

① [意]利玛窦:《利玛窦书信集》,文铮译,北京:商务印书馆,2018年,第175页。
② 参阅《中国人文社会科学博士硕士文库》编委会:《中国人文社会科学博士硕士文库(续编)·哲学卷》,杭州:浙江教育出版社,2005年,第862页。
③ 朱维铮主编:《利玛窦中文著译集》,上海:复旦大学出版社,2007年,第6页。
④ 利玛窦:《〈天主实义〉引》,载汤开建编《利玛窦明清中文文献资料汇释》,上海:上海古籍出版社,2017年,第89页。

论》,根据需要随意更改和阐发亚里士多德、西塞罗、圣奥斯丁等西方哲人论友谊的名言及天主教的交友观,其中"视友如己""交友之先宜察,交友之后宜信""友以和为本""德志相似,其友始固"① 等说法,很能触动中国文人的内心。在内容上利玛窦找到了耶儒两种异质文化之间的相同因子。日本学者平川祐弘认为,在形式上,利玛窦也有意模仿了《论语》的格言体例,这一文学形式没有给中国读者带来任何不和谐的感觉。因为这种短小精悍、哲思绵长的清言小品在当时相当流行,故而文体上的适时应景也十分利于它的传播。学者邹振环认为,利玛窦在编译该书的过程中,努力追求的是天主教文化与儒学文化的同质性,尝试通过"友道"来给中国人展示西方的伦理。②无论如何,利氏《交友论》引发了处于晚明社会动荡、人心不安时期中国文人们的强烈共鸣。以他自己的话说,《交友论》受到中国人的广泛认可和高度评价,为他赢得了很大的声誉。③

晚明时期商品经济开始萌芽,手工业生产中的资本主义因素勃兴,而时局渐趋动荡,一大批重家国情怀的文人儒士对由重德轻智的儒学传统所造成的虚空作风甚是反感。这正好给了利玛窦用先进的西方科学知识进行学术传教的好时机。他察觉要顺利传道必须先获取中国人的尊重,以学术收揽人心是他认为能找到的最好的方法。④ 除了展示自鸣钟、三棱镜等西方物件外,他更多的是以介绍西方自然科学知识等方式来吸引中国文人们的兴趣。他编制的《坤舆万国全图》、与徐光启合译的《几何原本》《测量法义》、与李之藻合作撰写的《同文算指》《浑盖通宪图说》,艾儒略撰写的《西方答问》《性学觕述》《职方外纪》《几何要法》,清初汤若望修订的《西洋新法历书》和撰写的《火攻挈要》,南怀仁撰写的《欧洲天文学》

---

① 朱维铮主编:《利玛窦中文著译集》,上海:复旦大学出版社,2007 年,第 108、109 页。
② 参阅邹振环:《晚明汉文西学经典编译、诠释、流传与影响》,上海:复旦大学出版社,2011 年,第 90—92 页。
③ [意]利玛窦:《利玛窦书信集》,文铮译,北京:商务印书馆,2018 年,第 212 页。
④ [法]费赖之:《在华耶稣会士列传及书目》上册,冯承钧译,北京:中华书局,1995 年,第 32 页。

《神威图说》《形性之理推》，等等。大量这些由来华耶稣会士介绍西方自然科学及军事知识的书籍，营造了明末清初浓厚的科学主义氛围，激起了身经易代、饱受磨难的中国儒士们审视自身、检讨传统的意识，兴起了将人生价值、内在道德与社会实践及自然探索紧密结合的实学思潮。

可以说，利玛窦的策略和做法是相当成功的，"西儒利氏"的名气越来越大，每到一处他总是能结交上一些官员，甚至得到了一些朝廷重臣的支持，如叶向高、徐光启、李之藻和杨廷筠等官员都成为天主教徒或天主教的有力支持者。这些晚明人士对天主教的偏向甚至皈依，一方面是他们看到了在某些方面儒学与天主教本质上的契合，另一方面他们也寄寓以天主教弥补儒学不足的希冀。

但是，利玛窦是真正从内心深处认可儒家学说吗？似乎并没有。1599年李贽与利玛窦相识于南京，之后有过两次比较深入的交流。一方面他很看重利玛窦的人品，另一方面对利玛窦不远万里而来的目的心怀疑虑，他隐约感觉利玛窦"意其欲以所学易吾周孔之学"，后又称"恐非是尔"，推翻了自己的揣测。[1] 其实，他的疑虑不无道理。因为正如前文所说，直到进入中国十多年后的1596年10月13日，利玛窦还在一封致其兄弟安东尼奥·玛利亚·利奇的信中，将中国三教比作古希腊神话中的多头怪蛇，应该被杀死。他写道：

> ……在中国有三个最重要的教派，每一教派又分为不同的派别。我觉得这里的偶像崇拜就像生有三头的海德拉一样，砍掉其中一颗头，便马上生出三颗头来。所以现在这里需要一位新的赫拉克勒斯用他的大棒将这怪兽杀死，而这个人不是别人，正是我们的救世主耶稣以及那无上神圣的十字架。但愿天主把我视为一个渺小的工具，用以实现如此神圣的伟业。[2]

信中所说的中国"三个最重要的教派"，他早在1584年的一封信

---

[1] （清）李贽：《续焚书》，北京：中华书局，1975年，第35页。
[2] ［意］利玛窦：《利玛窦书信集》，文铮译，北京：商务印书馆，2018年，第187页。

里有过说明:"这三个教派分别是:佛教、道教和流传最广的文人教派"①。"海德拉"是希腊神话中的怪蛇,生有九个头,其中最大的头无法被杀死,砍掉了马上会生出两个新的头。"赫拉克勒斯"则是希腊神话中的大力神。在信中,利玛窦表达了要协助耶稣消灭三大异教的强烈愿望。而在1593年,利玛窦在给阿夸维瓦的信中曾对儒家典籍四书予以高度评价,1596年利玛窦却仍将儒教与释、道二教并列视为该彻底消灭的异端。那么,在短短的几年后,利玛窦就能完全消除对儒家学说的成见,从而真正认同儒家思想吗?笔者认为更有可能的是,对于利玛窦等耶稣会士而言,儒家学说更是一种可以用来走入儒士们内心世界的桥梁和媒介,利氏内心或许从来没有真正完全认同过儒家学说。有学者认为,利玛窦致力于基督教教义与中国传统文化相通之处的思考,这种思考仅仅是工具性的,在根本上利玛窦是反对传统中国宗教的。②包丽丽认为,利玛窦在骨子里对儒家怀着既忌惮又反感的复杂心情。他明确贬斥道教和佛教的空无观,至于儒家观点,他推说自己尚未完全研究透彻。他不满儒学只重国泰民安,不看重个人救赎,回避死后之事,但他还是附会先儒学说,刻意强调基督教与儒家相一致的方面。③对于两者明显相悖之处,利玛窦采取有意避而不谈的方式以免失去"回旋的余地"。

在经历了中西方文明的巨大冲突,承受了因对中国文化误解所带来的种种困惑和失败之后,利玛窦等人利用儒家学说及时转变策略,开展了适应中国国情和风俗习惯的传教策略,表面上尊崇儒家伦理学说,支持中国教徒祭孔祭祖,并辅以学术传教。可以说这是四书对于早期来华耶稣会士们的第二重意义。实施适应传教策略后,与最初那些年他们步履维艰、收获甚少,甚至被官员驱赶、路人嘲笑形成鲜明

---

① 参阅《中国人文社会科学博士硕士文库》编委会:[意]利玛窦:《利玛窦书信集》,文铮译,北京:商务印书馆,2018年,第40页。
② 参阅《中国人文社会科学博士硕士文库》编委会:《中国人文社会科学博士硕士文库(续编)·哲学卷》,杭州:浙江教育出版社,2005年,第862页。
③ 包丽丽:《"似非而是"还是"似是而非"——〈天主实义〉与〈畸人十篇〉的一个比较》,载《甘肃社会科学》2006年第6期。

对比的是，耶稣会士们渐渐地"备受敬仰"，人们不但不再像从前那样回避他们，反而在他们寓所中久久不愿意离开。很多人认为利玛窦是"无所不知的畸人，是西方绝无仅有的奇才"①。他们去中国人家里做客时，也被视若上宾。利玛窦受中国人之邀赴宴时，常常给人们讲他来华时途经各国的见闻和异域生活，顺便宣传天主教义。② 他房间的一面墙摆放着中文书籍，另一面墙摆放的全部是烫金的华丽的西方书籍，这种颇费心机的布置吸引了很多朝廷重臣甚至全国的官员去参观。③ 他认为，对书籍与科学的共同崇尚使得那些统治中国的文人士大夫对耶稣会士们表现得最为友善。④

利玛窦死后极享尊荣。当时客死中国的传教士们都必须迁回澳门神学院墓地埋葬，利玛窦希望自己死后能葬在北京，为此提前作了一些对自己后事的安排。⑤ 不过，他最后下葬的墓地不是他自己买的，而是明神宗赐予的京师西郊滕公栅栏墓地。自此，此地成为京师第一处洋人墓地。自利氏以来，相继有邓玉函、龙华民、汤若望、南怀仁、郎世宁等数百名传教士安葬于此。他不仅为自己，也为后继者争取到了这种来自中国皇帝赐予的殊荣。能得到这样的荣誉，离不开内阁首辅叶向高等明朝许多重要官员的奔走呼吁。从这个意义上说，利玛窦借儒家学说赢得众多高官大儒的认同，这种策略无疑是非常成功的。

三、过度美化，争取耶稣会上层认可

作为早期由耶稣会派遣至中国的传教排头兵，利玛窦们一方面要积极发展中国信徒，另一方面要得到耶稣会上层领导的认可。而中国

---

① ［意］利玛窦：《利玛窦书信集》，文铮译，北京：商务印书馆，2018年，第175页。
② ［意］利玛窦：《利玛窦书信集》，文铮译，北京：商务印书馆，2018年，第349页。
③ ［意］利玛窦：《利玛窦书信集》，文铮译，北京：商务印书馆，2018年，第340、341页。
④ ［意］利玛窦：《利玛窦书信集》，文铮译，北京：商务印书馆，2018年，第351页。
⑤ 美国学者魏若望在《晚明时期利玛窦在中国的传教策略》中指出："当将近他在北京生活的最后一年时，利玛窦开始着手为自己和同伴们购买一块墓地。"见余三乐《早期西方传教士与北京》，北京：北京出版社，2001年，第92页。

信徒祭孔祭祖等一些根深蒂固的习俗与把上帝视为唯一真神的天主教之间存在着不可逾越的鸿沟。利玛窦要让两头满意，绝非易事。有些教会内部人士认为利玛窦允许中国教徒祭孔祭祖的做法严重违背了耶稣会的教规，应该坚决加以禁止。为了继续推动在中国的传教事业，利玛窦请示了范礼安，希望尊重和允许中国教徒保留祭祀习俗。他的请求得到了范礼安的支持。为了进一步获得欧洲耶稣会领导层对中国这种适应传教策略的认可，利玛窦找出了儒家典籍与天主教义之间的相通之处，尝试站在基督教立场去解析儒学伦理。在写往欧洲耶稣会上层人士的信中，他用各种溢美之词盛赞孔子及其学说，将孔子塑造为"圣人"，是一个德高望重的圣贤先师，是中国人普遍尊崇的伟大人物。对于四书，他同样不吝赞美之词，高度评价四书所表述的伦理思想，认为在道德方面，四书完全可以与他们欧洲任何一位异教著名作家相提并论。[①] 他认为四书作为由极为精辟的格言组成的中国最重要的道德书籍，很值得一读。[②]

继利玛窦之后，卫匡国对孔子、对四书也进行了深入的研习，并不失时机地大力宣扬。1650年卫匡国被同门教士推举回欧洲向教廷阐明中国礼仪的性质和意义，请求教廷收回禁止中国信徒祭孔祭祖之成命。卫匡国对孔子和儒家学说的认识与阐释与利玛窦一脉相承，也对儒家思想占据中国统治地位抱持积极的肯定态度，也认为孔子是最受中国人称赞的思想家，将儒家学派视为中国三大宗派中最著名的教派。[③] 他在名作《中国历史十卷》第四卷中详细地阐述了老子、孔子和释迦牟尼的思想。在介绍孔子的生平事迹及孔子死后所享尊荣等基础上，他对孔子和儒家学说的社会责任观予以高度评价，认为儒家思想帮助人们意识到自己的责任与界限。从一定意义上说这也是一种为"中国礼仪之争"争取舆论支持的努力。

[①] ［意］利玛窦：《利玛窦书信集》，文铮译，北京：商务印书馆，2018年，第105页。

[②] ［意］利玛窦：《利玛窦书信集》，文铮译，北京：商务印书馆，2018年，第111页。

[③] 梅文健：《耶稣会士卫匡国著作中的中国哲学和古学》，载《纪念利玛窦来华四百周年中西文化交流国际学术会议》论文集，新北：辅仁大学出版社，1983年。

在卫匡国之后，殷铎泽对孔子及儒家学说进行了更为系统和全面的介绍和评述。他与郭纳爵、柏应理、鲁日满和恩理格等耶稣会士一起花费数年时间翻译并注释了《大学》《论语》和《中庸》等儒学经典，并于1687年出版于法国巴黎。他们此举的目的之一也是想借此证明中国天主教徒祭孔祭祖的合理性，为"中国礼仪之争"作辩护之用。1688年1月，法国著名的《学者杂志》（Journal des Savants）载文称中国人的博爱与基督徒的博爱没有什么区别。中国人的道德原则与基督教的理性并无二样。同年6月，该杂志又载文高度评价了中国人对于德行、智慧、信义、仁爱、慈惠、礼貌、威仪、谦逊以及畏天敬神之道的注重。[1] 可以说，殷铎泽等耶稣会士对于儒家思想的阐述很可能让欧洲人有了中西方文明具有相同的内核的错觉。这也是利玛窦等耶稣会士惯常的做法，也就是将四书的诠释尽量往天主教教义上靠拢。朱谦之指出："耶稣会因争取在中国传教，对于中国的祭孔、祭天之礼加以附会曲解，认为并不与神学违背。"[2] 卫匡国、殷铎泽等忠实继承者们都延续了利玛窦的这一做法。

就这样，耶稣会士们以异域文化介绍和传播的方式，使欧洲人了解了孔子，了解了四书，也了解了中国人的道德原则。既然孔子这个中国"圣人"这么伟大，他的学说这么深入人心，而且与天主教义理又这么契合，那么中国教徒的祭孔祭祖习俗自然就可以被理解、被允许了。终于在1656年，教皇亚历山大七世及传信部枢机团确认祭孔祭祖在中国纯属政治礼仪，是古老东方单纯的社会活动，于是颁布敕令准许中国教徒在无碍于天主教传播的情形下可以照旧进行。耶稣会士们争取到了暂时的胜利。可以说，利玛窦及其后继者对孔子及儒家学说的利用，不仅使他们赢得了中国文人们的共鸣和赞誉，也使适应中国国情和风俗的传教策略得到了欧洲教廷的认可和首肯。这是四书对于早期来华耶稣会士们的第三重意义。

---

[1] 参阅姚公骞、汪叔子主编：《爱国情》，南昌：百花洲文艺出版社，1994年，第252页。

[2] 朱谦之：《十七八世纪西方哲学家的孔子观》，载《人民日报》1962年3月9日。

四、东学西渐，助推欧洲汉学之滥觞

罗明坚、利玛窦、卫匡国和殷铎泽等许多在华耶稣会士通过写信、日记、报告、翻译、出版等活动，源源不断地将中国国情、历史和文化等各方面情况介绍到欧洲。作为中国文化的重要内容之一，作为从汉武帝时期起即成为中国社会正统思想和精神支柱的、对中国及整个东方文明有着重要影响的意识形态，儒家学说从 17 世纪开始，在欧洲知识阶层中逐渐蔓延传播，被寻求思想革新和社会进步的哲学家和思想家们奉若至宝。他们将儒学理想化，对遥远的东方帝国古老的文明产生了敬仰和崇拜，在一定程度上为 18 世纪欧洲的"中国热"提前作了"预热"。而这一切都离不开四书这一重要媒介。可以说，耶稣会士们对四书的译介和出版极大提升了孔子及儒家学说在欧洲的知名度和影响力，成为十七八世纪欧洲人认识并了解孔子及其学说最为直接的渠道。

耶稣会官方史官巴尔托利（Daniello Bartoli，1608—1685）利用在华耶稣会士们发回的第一手资料撰写了专著《耶稣会史·中国（亚洲部分第三卷）》，高度赞扬孔子担负起改革国家、恢复礼制等重任。他认为儒家学说以伦理纲常为纽带，使曾经分裂的人民重新团结在一起，对于社会秩序的恢复起了很大作用。①

英国学者威廉·坦普尔爵士把《论语》视为一部讲述私人道德、公众道德、经济道德和政治道德的伦理学著作。在他眼里，孔子是一位极其杰出的天才，学识渊博，品性高超，既爱自己的国家，也爱整个人类，对于自治、治家、治国之道，尤其是治国之道颇有见地。②

莱布尼茨与入华传教士保持着长期的联系，他十分关注中国，也很认同孔子的伦理道德观和仁政学说。他把中国称为"地球另一端的

---

① 邹银兰：《孔子形象在意大利的最初构建》，载《中国社会科学报》2021 年 12 月 13 日第 8 版。
② 李平：《西方人眼中的东方文学艺术》，上海：上海教育出版社，2004 年，第 40 页。

东方的欧洲",认为大陆两端的中国和欧洲汇集了"全人类最伟大的文化和最发达的文明"①。在《中国近事》中莱布尼茨甚至以难以置信的口吻说道：

> 然而谁曾经想到，地球上还存在着这么一个民族，它比我们这个自以为在所有方面都教养有素的民族更加具有道德修养。自从我们认识中国人之后，便在他们身上发现了这点。如果说我们在手工艺技能上与之相比不分上下，而在思辨科学方面要略胜一筹的话，那么在实践哲学方面，即在生活与人类实际方面的伦理以及治国学说方面，我们实在是相形见绌了。承认这点几乎令我感到惭愧。②

莱布尼茨认为相较于其他国民，中国人无疑是具有良好规范的民族。在庞大的社会群体中，中国人取得的成效比宗教团体的创始人在小范围内达到的大得多。中国人十分尊长、敬重老人，同辈之间或相互关系不深的人们之间彼此尊重，礼貌周全。他还对统治着那么大一个帝国的皇帝夸赞有加，认为中国皇帝尽管高居于万人之上，却遵守道德规范，礼贤下士，是一位空前伟大的君主。③

莱布尼茨的学生、德国哲学家和数学家沃尔夫（Christian Wolff,1679—1754）也对儒家学说十分赞赏。伏尔泰曾在《哲学词典》中用轻松幽默的语气提及沃尔夫发表于1721年的一场演讲："哈雷大学的数学教授、著名的沃尔夫先生，有一天发表了一个相当不错的演讲，赞扬中国人的哲学、那个古老的文明、那个不同于我们的民族——他们的胡子、眼睛、鼻子、耳朵还有他们思维的方式都不同于我们……"④ 伏尔泰所说的是一场名为"中国的实用哲学"的校园演

---

① 陈乐民编著：《莱布尼茨读本》，南京：江苏教育出版社，2005年，第291页。
② 陈乐民编著：《莱布尼茨读本》，南京：江苏教育出版社，2005年，第292页。
③ 陈乐民编著：《莱布尼茨读本》，南京：江苏教育出版社，2005年，第293、294页。
④ 参阅邱正伦：《身体的镜像：中西人体艺术价值踪迹》，北京：文化艺术出版社，2013年，第88页。

讲。沃尔夫在演讲中宣称中国的儒家哲学，也就是他所说的实用哲学，包含了一种既有逻辑一贯性，又能给个人和社会提供实际利益的理性伦理。他不无夸张地指出中国人靠着治国之术（the Art of Governing）使得中国在所有方面都超过了别的国家。这个演讲使中国成了启蒙时代理性主义者和基督教虔敬主义者争议的焦点[1]，也导致沃尔夫被限令在24小时内离开哈雷大学，否则将面临被立即处死的危险境地。[2]

当时的法国启蒙思想家也大都读过《中国哲学家孔子》，有的受该书影响甚深，如伏尔泰。孟德卫指出，伏尔泰对中国的了解来源于由传教士撰写的充满赞赏口吻并强力介绍孔子及其哲学的大量书籍。[3]其中殷铎泽等耶稣会士的四书译介应该是他的中国知识的重要源泉之一。伏尔泰非常喜欢孔子学说中所蕴含的道德色彩，他指出孔子的理论对于西方世界有许多可借鉴之处。他还话中有话地说："对于中国的儒家学说，我要充分表达我的敬意。这里面看不到迷信，看不到传说和死板的教条，到处都是对理性的无比尊崇。"[4] 其中对天主教的批判不言自明。这样的春秋笔法在他的著作里多处可见。如《哲学辞典》里"DIEU, DIEUX 上帝，诸神"的第二节中他就用了类似的手法描述中国：

> 中国人，虽然很古老，也只是在印度人之后而兴起的；他们从远古时代就承认有一位独一无二的上帝；上帝以下什么属神都没有，在上帝和人之间什么神仙或魑魅魍魉都不存在；什么显圣、降神谕之类的事也没有；根本没有什么抽象的教条；在通儒

---

[1] [美]孟德卫：《1500—1800 中西方的伟大相遇》，汪文君、姚菲、丁留宝等译，北京：新星出版社，2007 年，第 170、171 页。
[2] 参阅[美]顾立雅：《孔子与中国之道》，郑州：大象出版社，2014 年，第 262 页。
[3] [美]孟德卫：《1500—1800 中西方的伟大相遇》，汪文君、姚菲、丁留宝等译，北京：新星出版社，2007 年，第 171 页。
[4] [法]伏尔泰：《哲学辞典：为普通大众撰写的思想启蒙读物》，北京：北京出版社，2008 年，第 85 页。

文士之间也从来没发生过神学一类的争论；皇帝本人就是教长；那里宗教一贯是庄严纯朴的。所以这个幅员辽阔的帝国虽然经过两次被异族征服，却仍然保持它的完整性，而且令它的征服者遵守了它的法律，以致就在人类被罪行和灾难纠缠着的时候，它却依然是地球上最繁荣昌盛的国家。①

伏尔泰直言中国拥有比任何欧洲国家更为古老优越的文明，称中国人的宗教摆脱了迷信和荒谬的传说。他视以儒家的理性价值观来治理国家的中国为开明君主制的榜样，认为中国士大夫的文化精神可以作为欧洲社会伦理和政治的榜样。② 有意思的是，据说伏尔泰甚至在自己家里挂上孔子像，晨夕礼拜，还作诗赞美孔子。③ 法国史学家莱姆森（G. Lamson）认为，十七八世纪的欧洲，思想的转变，不仅由于抽象之思考，且亦由于具体的新事实的发现。这个具体的新事实，指的就是中国文化传入欧洲，给予当时的思想家以鼓励。④ 美国汉学家顾立雅则指出，儒学是导致十七八世纪法国"精神革命"许多因素中的一项，它在民主的方向上，使整个西方世界逐渐地再次朝向了东方。⑤ 两人的观点有一定的相同之处。

德国著名哲学家霍尔巴赫（Paul Heinrich Dietrich Holbach，1723—1789）也深受儒学影响。在《自然的体系》《社会的体系》等著作中，他明确主张以中国的社会制度代替西方的社会制度，以儒家道德代替基督教道德。⑥ 他认为中国是世界上唯一将政治的根本法与道德相结合的国家，并以自己悠久的历史向人们显示，国家的繁荣必须依靠道

---

① ［法］伏尔泰：《哲学辞典》，王燕生译，北京：商务印书馆，1991年，第428页。
② ［美］孟德卫：《1500—1800中西方的伟大相遇》，汪文君、姚菲、丁留宝等译，北京：新星出版社，2007年，第171、172页。
③ 参阅匡亚明：《孔子评传》，南京：南京大学出版社，1990年，第408页。
④ 参阅张允熠：《中国主流文化的近现代转型》，合肥：黄山书社，2010年，第303页。
⑤ ［美］H. G. Greel：《孔子与中国之道：现代欧美人士看孔子》，高专诚译，太原：山西人民出版社，1992年，第379页。
⑥ 参阅张能为：《多视角中的诠释：儒学文化的现代展开与实践》，合肥：安徽大学出版社，2008年，第310页。

德。道德成为一切合于理性的人们的唯一宗教。与伏尔泰所持有的观点一样，他认为理性对于君主的权力发生了不可思议的效力，使中国的征服者反而被征服了。①

如前文所述，英国最著名的东方学家、语言学家威廉·琼斯爵士自年轻时代就开始了解《中国哲学家孔子》。他在自己的著作中引用《大学》的开卷之语，在致密友波兰语言学家瑞维茨基伯爵的信中，将孔子与柏拉图相提并论，将孔子称为"中国的柏拉图"②。这一切都可以看出他对于中国儒家思想的认同。

可以说，利玛窦、卫匡国和殷铎泽等早期入华耶稣会士，对于孔子及儒家学说的译介和多维叙述，在很大程度上扩展了欧洲人对中国及东方文化的认知，引发了欧洲知识界对中国文化思想的极大兴趣和关注，丰富和充实了欧洲的思想文化库。耶稣会士们的这些汉学活动，为欧洲知识阶层了解、学习和吸收中国经验和智慧，为他们建立和完善西方政治和思想文化体系都奠定了一定的基础，也引领了明末以来东学西渐的风尚，大大促进了中西方文化的深度交流，助推了欧洲汉学之滥觞，对世界汉学发展居功至伟。这是四书对于早期来华耶稣会士们的第四重意义。天主教东传史专家戚印平高度评价了这些早期耶稣会士们的智慧："正是由于耶稣会士对于异质文化的体认及其对传教策略的不断修正，才使得东西方的文化交流进行得如此深入。"③

第八节　叶尊孝编纂《汉字西译》

从罗明坚、利玛窦开始，入华传教士进入中国后最重要的任务之

---

① 参阅匡亚明：《孔子评传》，南京：南京大学出版社，1990年，第403、404页。
② 陈满华：《汉语十七八世纪西方哲学家的孔子观事实的描写与考察》，北京：中央文献出版社，2007年，第208页。
③ 戚印平：《日本早期耶稣会史研究》，北京：商务印书馆，2003年，第25页。

一就是学习中文，汉外工具书的编纂也由此应运而生。最早的当属罗明坚编纂的《葡汉词典》，首创以拉丁文标注汉字发音的方法。接着，利玛窦和郭居静等传教士于1598年在北京折返南京的航行途中，一起编写了中国词汇和字词表，确定了汉语的五个声调和音韵书写的方法。1605年，利玛窦在北京出版了《西字奇迹》，书中的每个汉字都标注有拉丁文发音和声调，形成了利玛窦拼音方案的雏形。1626年，金尼阁在杭州出版了《西儒耳目资》，对利玛窦的拼音方案加以改进和完善。他们这些重要的基础性工作，为其后汉外词典的编写者和中文学习者带来了极大便利。当时所谓的编写汉外词典，主要是按一定顺序或分类将汉语与外语词汇的读音和意义进行对照，类似于汉外词语对照表。后来，随着传教士们中文水平的提高及学习经验的不断积累，汉外词典的编纂水平也相应提高，出现了一些较受欢迎的工具书，其中《汉字西译》（*Dictionnaire chinois–latin*，又名《汉拉字典》）是同类语言工具书中最早按汉字部首的笔画数顺序排列的词典，代表了当时汉外词典编纂的最高水准。其编纂者就是意大利方济各会教士叶尊孝。

一、叶尊孝生平及主要经历

叶尊孝，中文名叶宗贤，1648年3月25日出生于意大利乌迪内省弗里乌利区的杰莫纳市（Gemona），从幼年时起即接受了良好的教育，后进入高利希亚市（Gorisia）的耶稣会大学学习人文学科。1670年他加入方济各会，1674年成为方济各会的牧师。1680年10月18日，他与伊大仁（Bernardo Della Chiesa，1644—1721）、余宜阁（Giovanni Francesco de Nicolais）等方济各会修士从威尼斯出发前来中国，途经的黎波里港、苏拉特、巴达维亚、暹罗等地，终于在1684年8月24日到达广州。

在广州，叶尊孝开始学习中文，并协助时任浙江、湖广、贵州、四川省宗座代牧的伊大仁开展传教工作。1686年到1690年间，他们的足迹遍布江西、福建、广东、浙江、南京和上海等地。1692年3月

22 日，康熙颁布了容教令，准许传教士在中国自由传教，于是伊大仁和叶尊孝前往南京开展活动，购买土地创建教堂。叶尊孝负责南京圣约翰教堂的管理事务，在那里生活了 8 年时间。在南京期间，尽管他身体状况不是很好，但还是投入了《汉字西译》的编纂工作之中。1696 年 10 月 25 日他被任命为山西和陕西教区的首任代牧。1700 年 6 月 25 日，叶尊孝陪伊大仁离开南京前往北京，7 月 25 日到达济南，次年 5 月 2 日到达西安。由于长期操劳，叶的健康状况极为不济，1704 年 7 月 16 日他在陕西去世，时年 56 岁。

叶尊孝所编写的《汉字西译》一直以手抄本的形式流行于世，直至他去世一个世纪以后，该词典的命运有了戏剧性的转变。当时法国没有一部可以帮助法国人学习中文的词典。1800 年，法国皇帝拿破仑命人尽快编出一部汉语字典。而当时英国新教传教士马礼逊正在马六甲编纂《汉英辞典》。与英国一直矛盾不断的法国人认为在这件事上无论如何不能让英国人抢占了先机，于是 1808 年 10 月 22 日，拿破仑下令由著名东方学家德金（Joseph de Guignes, 1721—1800）的儿子、曾任法国驻广州领事的小德金（Chrétien Louis Joseph de Guignes, 1759—1845）担纲在三年内完成词典的编纂。小德金有长期在中国生活的经历，1784 年在广州主持法国在华事务，通晓中文。他的父亲德金是法国享有盛名的汉学家。小德金利用独享进入王室图书馆中国藏书区的特权，攫取了叶尊孝的成果，编纂了仅以其单独署名的《汉法拉大词典》。1813 年，该词典由法国巴黎皇家印务局刊印出版。该词典重达 12 千克，高 45 厘米，宽 30.5 厘米，大开本，印制精美，装帧豪华，收有汉语、法文、拉丁语等条目，很受欢迎。但不久，法国汉学家雷慕沙（Jean Pierre Abel Rémusat, 1788—1832）和柯恒儒（Julius Klaproth, 1783—1835）等人经过考证发现，小德金词典的内容并非原创，而是基本上原封不动地抄袭了叶尊孝的《汉字西译》，他只是把叶尊孝以拉丁文释义的词典略加修改补充，加上法文注释，便成功地移花接木。他们揭穿了小德金的骗局，但尽管争议重重，小德金还是当选了法兰西科学院院士和法兰西文学院院士。不过之后的欧洲图书馆书目还是把这部词典归到叶尊孝名下。

1814年3月1日，被流放到厄尔巴岛的拿破仑趁反法同盟内讧之机，率兵出逃，登陆法国南部港口昂蒂布。3月9日，抵达东南部城市格勒诺布尔。他在图书馆里看到了精美的《汉法拉词典》，非常骄傲，认为别人空喊了一百年都没有办成的事，他一道谕旨，三年就完成了。据说，这部字典印制了一千五百册，法国的每所大学都有一册。

二、叶尊孝的汉学成就与贡献

叶尊孝的汉学成就主要建立在他在南京时编纂的汉语—拉丁语词典《汉字西译》上。根据学者杨慧玲对叶尊孝词典手稿的实地考证，其第一部汉语—拉丁语词典，即《汉字西译》的完成时间应在1694年之前，该词典收词7000条左右。第二部汉语—拉丁语词典的主体内容最早在1698年完成，其修订工作应在1700年之前。意大利汉学家白佐良认为是在1699年。[①] 该词典收词9000条，质量很高。1694年按部首排序的词典，包括功能检索表（Index）、正文和带有百科性质的附录。正文从"一"部开始，每个字都有拉丁语字母注音和拉丁语解释。有些词条中增补了简明汉

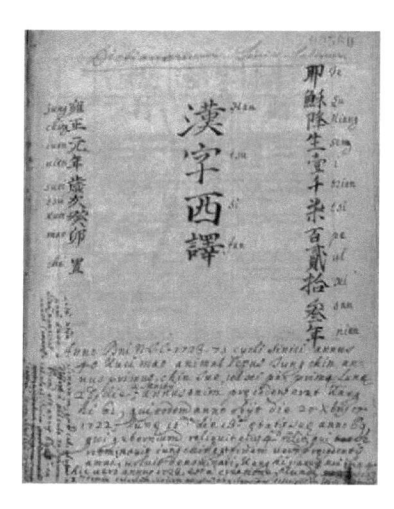

《汉字西译》扉页

字释义和同义字词。附录里收录了一些汉语词汇的应用实例，如第一附录中的"相反之字"部分，收录了"早、晚""暂、永"等反义词；第二附录有常用汉字的组词举例，如"打"字下方有"打杂"

---

① ［意］白佐良：《意大利汉学：1600—1950》，李江涛译，载朱政惠主编《海外中国学评论》，上海：上海辞书出版社，2008年，第261页。

"打坐"等词语；第三附录收录了一些汉语量词。

第二部按注音排序的词典，也可以通过正文后的汉字部首和笔画总表检索，兼顾了按字形检索注音查阅词典的需要。① 叶尊孝选用将拉丁语与汉语对照的方式，因为拉丁语当时是教会的第一官方语言，具有普遍性，更适合传教士使用。

杨慧玲认为这部词典的不足之处在于其释文过于简单，如第一部词典的释文，大多是在汉字词目后列出了相应的拉丁文注音和几个对应的拉丁文单词，偶尔也有拉丁文注音的例词。第二部词典的释文包括汉字的各种写法及其拉丁文注音，但缺少汉语形式的例词或例句，这不可不谓一大遗憾。②

尽管尚不完善，但作为世界上第一部大型汉外词典，它在汉学史上有着划时代的意义，也给传教士们学习中文带来了一定的便利。尤其是对初到中国的西方人，如果听到发音而不明其义，部首检索法就很难操作。这时，按字母排序的词典就更为实用。叶尊孝的《汉字西译》很好地适应了这种需要。因此，在很长一段时期内，该词典都是欧洲汉学家以及学习中文的传教士不可或缺的工具书。但由于经费问题，该词典未能出版，一直以手抄本的形式流传，直至上面提到的1813年。

叶尊孝《汉字西译》的手稿目前存于意大利佛罗伦萨梅迪奇—拉乌莱芝纳图书馆和梵蒂冈图书馆内。此外，上海徐家汇藏书楼也仍存有该词典的手稿抄本。

第九节　德西德里探索西藏

罗马教会派出的传教士大部分从澳门进入中国内地，他们当然没

---

① [意]白佐良：《意大利汉学：1600—1950》，李江涛译，载朱政惠主编《海外中国学评论》，上海：上海辞书出版社，2008年，第261页。
② 参阅杨慧玲：《叶尊孝的〈汉字西译〉与马礼逊的〈汉英词典〉》，载《辞书研究》2007年第1期。

有遗忘西藏。西藏地处中国西南的青藏高原，平均海拔4000米左右，空气含氧量仅为平原地区的百分之六七十，气候恶劣，且交通闭塞。更值得注意的是，西藏当地有着强大的传统宗教信仰，天然地存在着对外来教派的阻隔和敌视，这就给西方传教士入藏传教造成了很大的困难。因此，西藏的特殊地理环境和特定的传统文化势力，使一般的欧洲传教士望而生畏。根据意大利著名藏学家图奇（Giuseppe Tucci，1894—1984）在《西藏宗教之旅》西藏大事年表中的记载，我们可以知道，从1624年起葡萄牙耶稣会士安夺德（Antonio de Andrade，1580—1634）及零星个别的嘉布遣教会传教士陆续进入西藏传教，但结果都不太理想。① 有些传教士因病半途而返，有些则在抵达目的地之后无法适应高原生活而被迫选择离开。只有极少数传教士驻藏艰难地开展传教活动。1624年，入藏耶稣会士建立了西藏历史上第一座天主教堂。但由于当地喇嘛的坚决反对，教士们遭到驱逐，甚至降格为奴隶。十多年后，先后又有多批天主教会士陆续入藏，但传教活动均以失败告终。直至18世纪初，随着清朝政府对中原内地教案的平反，外国传教士在中国的传教自由得以恢复。趁这个机会，曾就职于北京天文台的奥地利籍教士白乃心（John Grueber，1623—1680）和比利时籍教士吴尔铎（Albertus d'Orville，1622—1662）受罗马耶稣会指派，进藏探寻入藏的陆路通道。1661年他们带着各种测量仪器，从北京出发，经过青海湖，抵达拉萨。然后从后藏的聂拉木出境，经尼泊尔和印度返回欧洲。他们一路上收集了大量沿途情况，并作了详细梳理和记录。途中吴尔铎在印度阿格拉去世，白乃心于1664年3月回到罗马。这次行程，开创了欧洲人从中国内陆经西藏、尼泊尔、印度到达欧洲之先例，他们的笔记为日后教士进出西藏提供了有效的路线指引，也为基歇尔撰写《中国图说》提供了许多关于西藏的第一手资料。几年之后，意大利籍耶稣会士德西德里入藏，传教工作得以恢复。

---

① ［意］图齐:《关于西藏的名著 西藏宗教之旅》,耿昇译,北京:中国藏学出版社,1999年,第371页。

一、德西德里生平及传教活动

德西德里于 1684 年 12 月 21 日出生于意大利北部的毕斯托亚（Pistoia）的一个医生家庭，家境优裕。1700 年加入罗马耶稣会并在罗马学院学习哲学和文学，那时他就立志于西藏教会的重建工作。1712 年 8 月，28 岁的德西德里向耶稣会总会提出去西藏传教的请求并被批准。9 月 27 日他与同伴从罗马出发，先乘船到里斯本，然后跟着葡萄牙船队东行，于 1713 年 9 月 21 日到达印度果阿。在果阿短暂停留期间，他会见了果阿的耶稣会长，提出要去中国西藏传教的愿望。1713 年 11 月 12 日和 15 日，他两次给罗马耶稣会总会长写信，告诉他自己被选定去中国西藏工作，并请会长给他一份正式的委任状。11 月 20 日，德西德里离开果阿，随一个几千人的大商队前往莫卧儿帝国首都德里。1714 年 9 月 23 日，德西德里和一位名叫弗雷勒（Manuel Freyre）的葡萄牙神父一起赴藏。10 月 9 日二人到达拉合尔。11 月 13 日，抵达克什米尔首府。在那里两位神父被大雪阻隔半年之久，直至第二年 5 月冰雪融化，道路恢复通行时他们才重新踏上进藏之旅。1715 年 6 月 20 日，他们抵达拉达克首府列城，并于 8 月 7 日继续前往卫藏（德西德里称之为"第三西藏"）。1716 年 3 月 18 日，他们终于到达拉萨。弗雷勒神父因为气候不适等原因被迫取道尼泊尔返回印度。德西德里只好独自一人留在拉萨，语言不通，人生地不熟。于是他沿用利玛窦时代以来耶稣会士们一直惯用的上层路线和本土化策略，带着礼物谒见清政府委派治理西藏的蒙古和硕特部首领拉藏汗（该首领受清廷册封为"翊法恭顺汗"），希望得到他们的庇护。拉藏汗亲自接见了德西德里，对他的到来表示欢迎，承诺给予保护，并建议他学习藏语，以方便交流。不久，德西德里用欧洲带来的药治好了拉藏汗和另一位高官的病，由此获得了当地人的好感，也受到了拉藏汗的器重。

按照拉藏汗的要求和安排，德西德里开始学习藏文、藏族历史和藏传佛教。他的藏语进步很快，1716 年底，他就用藏语写作了一本名为《黎明驱散黑暗，预示旭日东升》的书。这本书的写作目的，用他自己的话来说，就是要"解释我们神圣的信仰，驳斥他们宗教的谬误"①。他将此书认真抄写了一遍，题上献词，表明是专门献给拉藏汗的。拉藏汗给予他很高的评价。1717 年 3 月，拉藏汗召见德西德里，让他好好研究藏传佛教，以便与喇嘛、法师等展开辩论。为了精心准备这场辩论，他先后在小昭寺和藏传佛教格鲁派三大寺之一的色拉寺学习佛教，并用心研究了佛教的空性学说。通过一段时间的刻苦钻研，他对藏传佛教有了深刻的了解，用藏语写了一部《白头喇嘛 Ippolito 向西藏贤者请教宿世和空性的见地》（Mgo dkar gyi bla ma I po li do zhes bya bay is phul ba'i bod kyi mkhas pa mang la skye ba snga ma dang stong pa nyid kyi lta ba'i sgo nas zhu ba）的论著，长达五百多页，汇集了他研习藏传空性学说的重要成果，该著作至今仍收藏于罗马耶稣会档案馆里。后来，由于蒙古准噶尔部叛乱，侵扰西藏并杀死了拉藏汗，德西德里失去了庇护。虽然清政府很快平息了叛乱并许诺继续保护教士，但由于教会内部的安排，1721 年德西德里被召回意大利。原本设想的与喇嘛和法师的辩论之事最后不了了之。1728 年回到罗马的德西德里撰写了包括《西藏报告》在内的大量作品，尤其是《西藏报告》经多次易稿而成，里面包含有关西藏历史、文化和宗教等问题的许多第一手资料。但由于教会内部矛盾升级，他被禁止就西藏传教问题发声。1733 年，德西德里去世，年仅 49 岁。

二、德西德里对西藏的研究及其评价

与罗明坚、利玛窦等首批入华会士一样，身为耶稣会士的德西德里不断地以书信、报告及著作等方式，将自己在传教地的所见所闻写成书面文件报告给耶稣会上级。他在西藏的报告和著作中，对藏传佛教有较为客观和深度的介绍，可惜当时他的报告和著作被禁止出版，直至 1875 年才被人重新发现并得到重视。意大利现代著名藏学家伯戴克（Petech

---

① ［意］依波利多·德西迪利：《德西迪利西藏纪行》，菲利普·德·费立比编，杨民译，拉萨：西藏人民出版社，2004 年，第 61 页。

Luciano，1914—2010）将德西德里的数十件书信和报告，一并收录在《赴西藏和尼泊尔的意大利传教士文献》第五册中。伯戴克在其他册里还收集了德西德里用意大利语撰写的有关西藏及其沿途各方面情况的详细记述。菲利普·德·费立比（Felippo de Felippi）把德西德里的几种手稿加以统合和精简，编译为英文版的《西藏纪事，1712—1721年耶稣会士毕斯托利的意波利托·德西德里的旅行》（*An Account of Tibet, The Travels of Ippolito Desideri of Pistolia*，S. J. 1712—1721），该书于1932年在伦敦出版，同时编者还添加了153条共五万多字的详细注释。这本书也由此成为记录德西德里在西藏文化交流活动的集大成式的著述，是研究这位汉学家的主要依据。该书汉译版已于2004年由西藏人民出版社出版，题名为《德西迪利西藏纪行》①，共分四卷。第一卷详细记述了德西德里从罗马到拉萨的旅行及其在拉萨的传教活动；第二卷记述了西藏地区风俗、政治体制及权力斗争，包括当时他所亲身经历的准噶尔叛乱事件；第三卷是德西德里对西藏宗教的谬误及特点所做的述评；末卷则主要记述他的返欧行程。

长期深入西藏腹地的德西德里，以传统耶稣会士的钻研精神，从多方面对西藏的情况进行广泛而深入的了解，其深度和广度令许多学者惊叹。他对西藏各地的范围和具体的细节描写基本是符合事实的。德西德里对西藏的切分比较独特，他把西藏分为第一西藏（小西藏，原书意大利文为Piccolo Thibet）、第二西藏以及第三西藏。其中第三西藏也叫大西藏，包括阿里、卫藏和康区。

他对西藏人的来源颇为关注，书中讲述了在西藏地区流传极广的西藏人起源的故事：

《德西迪利西藏纪行》封面

---

① 德西迪利即为德西德里，后者为较通行的译名。

在某些藏文书籍里，有一个最为奇异的故事。说的是藏人如何起源，这个第三和主要的西藏，或者 Butant，又是如何开始有人居住的。这里的人都非常相信这一故事。书中说，在南部地区，在印度斯坦和西藏的闷域交界的地方，有一个女子在群山中走路时迷了路，她绝望地痛哭，大声地叫喊哎！哎！（痛苦！痛苦！）随后，她得到了一个大猴子的救助，这种猴子用葡萄牙语说是莫诺种属。这猴子显得非常高兴，带给了她一些野果。他们非常友好地在一起过了一段时间，女子为他生了几个儿子。据说他们在大山中行走的时候，她走到了一座石山下，这座石山后来叫布达拉，是靠近后来建立了拉萨城的地方。在山上，她遇见了一个叫坚热希（Cen-ree-zij [Chen-re-zi；Avalokitesvara]，观音菩萨）的人。他告诉她说，他是那个地区的守护人。坚热希给了她一些麦种、稻种、大麦种以及其他各种蔬菜种子，要求她以及随她一起的儿子种植它们，一部分谷类则用来作为食品，其余的留种庄稼。许多年过去了，西藏就由她的这些后代子孙定居下来了；但是他们粗俗，没有文字，也没有文化或者宗教，这种状态一直未变，直到一位叫做赤松德赞（Sri-Kiong-teüzen）的藏王到来。……①

根据德西德里的考证，他发现大量的书籍中都把藏人说成猴子的子孙后代。这让他感到非常惊讶。

他介绍了西藏的气候和物产。他的很多描述细致而具体。如"五月里，天气比较暖和，六、七、八月，由于太阳从裸露的岩石和山峦上折射下来，天气会热得让人难以忍受，但是因为下雨，使得当地的民众感到清爽，庄稼也得以生长成熟。九月，雨水一般就停止了，气候温和，一直到十月都是这样。"② 书中类似描述不胜枚举。只有真正

---

① [意]依波利多·德西迪利：《德西迪利西藏纪行》，菲利普·德·费立比编，杨民译，拉萨：西藏人民出版社，2004年，第83页。
② [意]依波利多·德西迪利：《德西迪利西藏纪行》，菲利普·德·费立比编，杨民译，拉萨：西藏人民出版社，2004年，第88页。

在西藏实地生活过较长时间并用心观察过的人才能对气候和物候有如此深切的体会和形象的描述。

西藏的物产是德西德里介绍得较多的部分，比如金银。他说："康区有优质的金子和银子。在西藏，到处可以发现金子，但是这里没有矿井，人们仅仅使用一种方式从土壤和沙中提取金子。"他还不厌其烦地介绍西藏人提取金子的方法步骤及提取之后还得给当地长官献上少量的金子等细节。①

除了金银，西藏还有大量的盐。还有一种叫普多阿（Putoa）、可以使茶变得像红酒一样的白色粉状物。说到硫黄的时候，他讲述了藏人们通过泡含硫矿泉以治疗风湿病的理疗法。他还介绍了西藏两种"极其有用"的药草——大黄根和姜黄。

西藏有许多种类的动物，有的独具高原特色。德西德里在书中着重介绍了麝、马、貂、老鹰、牛、狗以及牦牛等许多动物。其中，西藏的狗（实际上是藏獒）让他觉得很不寻常，令人吃惊。因此他着重进行了描述：

> 它们一般是黑色，毛很长，体形硕大，强壮，它们的叫声很吓人。这里每家每户的门口常常有一两条狗，如果客人来了，又没有仆人过来招呼，那么他们就得冒很大的危险。商人远行，用各种动物驮运货物，如果有这么两条狗跟随，那么就足以保护他们全部的东西了。这些狗都喂养得很好，给它们吃肉能使它们长得强壮，给它们牛奶可以使吠声更加粗糙。藏民常常用僵硬的红皮革给它们做颈圈，所以狗脖子四周都好像有一种火焰，凡此，加上它们天生的野性，都可以增加它们所产生的吓人程度。②

德西德里还详细介绍了卫藏的首府拉萨。通过他的介绍，我们知

---

① [意]依波利多·德西迪利：《德西迪利西藏纪行》，菲利普·德·费立比编，杨民译，拉萨：西藏人民出版社，2004年，第89页。
② [意]依波利多·德西迪利：《德西迪利西藏纪行》，菲利普·德·费立比编，杨民译，拉萨：西藏人民出版社，2004年，第95、96页。

道当时拉萨除了有大量当地居民外，也有许多来自中原内地的人，以及俄罗斯、亚美尼亚、克什米尔、印度、尼泊尔等地的外地人。整个城市商业发达，人们的住房条件一般颇佳。每个家庭都有一个小祷告室。拉萨的市中心广场每天拥挤不堪，广场的西边是拉章神庙。西藏大喇嘛居住在布达拉宫里。这个美丽壮观的宫殿有相当大的部分都是巨大的岩石。在他看来，除了宫殿的两侧不太协调外，这个宫殿从外表看是极其完美而均衡的。宫殿里有难以估量的财富。在第七、八章，他介绍了拉萨的周边地区和西藏的主要区域。其中色拉寺是一座非常大的寺庙兼大学，住着许多喇嘛、经师和博学者，还有几千名僧侣。

德西德里还花了很多篇幅谈及西藏的历史沿革及一些重大的政变事件，其中有的是他亲身经历的。最后的结果他认为是积极的——"从1720年10月开始，西藏又重新归入了中国版图。"① 因为这样，卫藏地区结束了多年的骚乱和灾难。

谈完清廷收复西藏后，他开始谈论西藏的政务。具体管理西藏政务的是藏王和四位驻藏大臣，所有的法令和裁决公文都用鞑靼文、中文和藏文三种语言写成。他称赞西藏的司法管理认真而有效。因为西藏是一个和平的地区，所以军队人数很少。

德西德里注意到西藏人的服饰与其他民族不同。他详细地介绍了男人和女人的不同服饰，还特别详细地介绍了他们的帽子。他说藏人们戴的帽子形状像蘑菇，用黄色的羊毛做成，有两层。帽顶上垂下一些长长的线，像头发一样。如果他们不出门办事，不走访他人，在屋内就总是戴一顶像欧洲人帽顶的黄帽子，但是两边和后面都有垂饰。他们一般是把这些垂饰翻上去，只是在天气冷的时候，为了保护耳朵和脖子，他们才将垂饰放下来。而女人的帽子是用又轻又薄的树木做的，里面很有光泽，外面嵌有一排排的小珠，顶部用金子装饰，上面嵌了一些彩石。说到饮食，他指出西藏人饮食上没有忌讳，但总是避

---

① [意]依波利多·德西迪利:《德西迪利西藏纪行》，菲利普·德·费立比编，杨民译，拉萨:西藏人民出版社，2004年，第126页。

免吃幼小的动物。他认为这是西藏人具有同情心的表现。①

在西藏，无论是宫廷寺庙，还是寻常百姓人家，喝茶早就成为日常生活的重要习惯，他们甚至把喝茶当作日常唯一的休息。藏人们做茶和喝茶的方法也很独特，德西德里对此作了详细描述：

> 他们全都喝茶，一天喝上好几次。这种茶不是欧式或者中式的，他们的方法是在土罐子里（在经院和尼姑庵中一般是使用大铜锅）放上一定的茶叶，加上一点水，再加上一点布多阿（pu-toa）。布多阿我以前说过，是白粉状的盐土，对茶不会增加什么味道，但是能使茶变成红色，像酒一样。茶一直煮到水开始减少，这时就用一把小刷帚搅拌，就像我们做巧克力一样，一直搅到上面起了一层泡沫，然后再过滤，再加水，再烧，直到水煮开。水煮开以后，加上鲜牛奶以及带一点盐的优质黄油。茶煮好以后要放到另外一个干净的容器中，再次搅拌，然后轻轻地倒入一个木制的饰有铜边的茶壶里，每个茶壶都配有三四个茶杯。最后一个茶杯只放一点点茶，一般还要加少许融化了的黄油、糖、酥油（ciura [chura]）和大麦面。酥油很像是磨细的奶酪。把它们揉和到一起，自己吃或者给牲口吃。茶杯确实都洗得干干净净。茶就是这样，几乎整天都备放在那里，留做自己饮用，客人来了也总是给他们品尝。②

这些关于茶的制作过程和藏人喝茶习俗的描述非常详细。我们也可以从中看出历史上藏人对于喝茶的重视。关于藏语，他认为由于西藏人思维敏捷，聪明能干，因此他们的语言"也是很特别的"。除了藏语字母、拼写和语法以外，他还介绍了藏人们的印书方法。总的来说，他认为学习藏文非常困难，因为除了发音的字母以外，藏人们也

---

① [意]依波利多·德西迪利：《德西迪利西藏纪行》，菲利普·德·费立比编，杨民译，拉萨：西藏人民出版社，2004年，第156—158页。
② [意]依波利多·德西迪利：《德西迪利西藏纪行》，菲利普·德·费立比编，杨民译，拉萨：西藏人民出版社，2004年，第158、159页。

写许多前缀和后缀,或者在其他一些字母的前面和后面放上不发音的字母。①

除了上述所举的例子以外,他对西藏的农业生产、狩猎活动,以及婚礼、丧葬等习俗也都作了较为详细的阐述。可以说,德西德里对于西藏生活的介绍几乎是多角度、全方位的。

在第三卷中,德西德里批判了西藏宗教的谬误并总结了西藏宗教的特点。因为他在寺庙中学习过藏语,并深入研究过藏传佛教,所以他对藏传佛教的教义有深刻的了解,而且他很努力地纠正以往传教士对藏传佛教的错误理解和不实报道。比如他对西藏宗教有这样的评价:

> 西藏人是异教徒,是偶像崇拜者,但是他们所相信的教义与亚洲(意思是印度)的其他异教徒却非常不同。他们的宗教确实是起源于古代印度斯坦,现在通常叫做莫卧儿,但是一方面随着时间的推移,往昔的宗教已经废弃不用,新的传说代之而起,另一方面因为西藏人很有才智,善于思索,抛弃了宗教信条中许多令人难以理解的东西,仅仅保留了那些具有真和善的内容,所以这两个地区的宗教信仰就很不一样了。②

与一百多年前的利玛窦一样,他对灵魂转世说十分反感。他将此视为西藏宗教谬误产生的根源。③

从《西藏纪行》的内容而言,该书堪称西藏生活的一部百科全书。菲利普·德·费立比在序言中评价德西德里对西藏的总体描述前所未有也非常准确。德氏对于西藏的植物群、动物群、农产品、居民以及藏人们所特有的风俗习惯、家庭组织、红白喜事、社会组织等均

---

① [意]依波利多·德西迪利:《德西迪利西藏纪行》,菲利普·德·费立比编,杨民译,拉萨:西藏人民出版社,2004年,第163—165页。
② [意]依波利多·德西迪利:《德西迪利西藏纪行》,菲利普·德·费立比编,杨民译,拉萨:西藏人民出版社,2004年,第217页。
③ [意]依波利多·德西迪利:《德西迪利西藏纪行》,菲利普·德·费立比编,杨民译,拉萨:西藏人民出版社,2004年,第217页。

有详细介绍。他废寝忘食地学习并掌握了藏语，故而他能详细而完整地阐述西藏当地的喇嘛教教义。此外，德西德里还揭示了西藏佛教的学术特征及其复杂的辩证逻辑。① 菲利普将德西德里与 19 世纪中叶的霍奇森（B. H. Hodgson）和杜乔马（A. Csoma de Koros）进行了比较，指出后两者都只是对西藏文献的一些不完全的概述，是一些单一著作和章节的翻译而已。他认为德西德里的著作相比于其他同类作品，显得完整、精确，有确定的判断，客观而冷静，具有最为重要的科学价值。②

德西德里在西藏这样的苦寒之地生活了五六年时间，对西藏当地的民风民俗和各种情况的了解和叙述基本上都依据于直接观察得到的第一手材料，具有较强的真实性、可靠性和生动性，比起道听途说、间接得来的材料自然真实得多。加上他的写作风格较为简洁、明快而平实，自觉排除了许多主观臆测成分，较前人的记述更为翔实可靠，因而其著述有着显而易见的重要史料价值，也成为当时欧洲人认识和了解西藏的主要来源，他也因此被欧洲人称为西藏"最伟大的发现者"③。欧洲最负盛名的探险家、瑞典地理学家斯文·赫定（Sven Anders Hedin，1865—1952）对德西德里给予了高度评价，认为他的《西藏纪行》"是关于西藏最好的、最可信的文字之一"④。文中许多第一手资料，也为我们今天了解和研究西藏历史的真实情况提供了宝贵的资料。但客观而言，他对于不少问题的了解还是流于表面，甚至不乏错误之处。

---

① ［意］依波利多·德西迪利:《德西迪利西藏纪行》，菲利普·德·费立比编，杨民译，拉萨:西藏人民出版社,2004 年,第 50 页。
② ［意］依波利多·德西迪利:《德西迪利西藏纪行》，菲利普·德·费立比编，杨民译，拉萨:西藏人民出版社,2004 年,第 50 页。
③ 参阅范稳:《大地雅歌》,北京:北京十月文艺出版社,2010 年,第 189 页。
④ S. Hedin: *Trans-Himalaya*, *Discoveries and Adventures in Tibet* vol. III. London: MacMillan and Co.. 1909—1913:125.

第三章

意大利汉学巅峰时期转向之研究

第一节 意大利汉学的多重转向

意大利汉学中期的末尾阶段在18世纪，这个阶段没有延续十六七世纪的繁华鼎盛，相反却走入逐步衰退的末路，这有一个相当长时间的渐进过程，可以称之为转向时期。这个转向，有其历史必然性。除了时移世易，特别是中国最高统治者对于传教士态度的不同之外，从一定意义上说，更与罗马教廷对利玛窦文化适应传教策略在态度上的180度转变有着直接的关联。正是由于利玛窦采取了适应中国国情的柔性传教策略，才使得天主教在中国的传播得以顺利开展。利玛窦广交朋友，感化了徐光启、李之藻及杨廷筠等朝廷大臣，还在宣武门附近为耶稣会置办了房产，建立了教堂。他身后备享哀荣，由万历皇帝御赐墓地，这实际上肯定了教会和天主教在中国的合法地位，可以想见彼时天主教事业在中国的盛况。当时的来华传教士中，除了为数最广的葡萄牙人，就数意大利籍人数多、比例大。十六七世纪的汉学传播主要由传教士主导,这是意大利汉学兴盛的根本原因。而到了马国贤(Matteo Ripa,1682—1745)所处的康、雍时期,"中国礼仪之争"已经到了白热化的程度,宽松的传教气氛也已不在,罗马教廷派出的人员大减,意大利汉学自然是后继乏人,无法续旺薪火,慢慢就呈现了衰退之象。于是,意大利汉学由十六七世纪的群星璀璨逐步转向 18 世纪的一枝独秀,马国贤毫无疑问是这个时期的一位标志性人物。他恰恰被动地处于转向的关键时期。但从另一个角度看,他是以一人之力,推动了意大利汉学的转向,甚至促进了世界汉学的转向。

这一"转向"的内涵有二:一方面是汉学活动主体由以往的传教士转为了学院派人士,马国贤就是一身二任的转向式人物。他本是入华传教士,回国后开创了学院式汉学研究的新风;另一方面汉学活动阵地也发生了根本转移,由原先的中国转到意大利本土,其标志性事件就是马国贤于 1732 年创立中华书院(也被称为"中国学院")。这个学院后来逐渐发展演变为意大利汉学的一所重镇,这一汉学传播的固定基地引导了汉学由异域传播向本国传播、由零散传播向集中传播的转向。同时,培养造就了一批来自中国、意大利、土耳其等国的传教人士、文化人士甚至商贸人士,标志着汉学传播主体由纯粹的宗教人士承担,向宗教人士、学术人士甚至商贸人士等各类人士共同承担转向。

马国贤创办的中华书院,成为后世教会书院的滥觞和样板,许多教会人士在东南亚及中国创办了各种书院。如 1818 年英国伦敦会教士马礼逊与米怜(William Milne,1785—1822)合作在马六甲创办英华书院(Anglo-Chinese College),1823 年新加坡传教士创办新加坡书院(Institute of Singapore),1839 年传教士在巴达维亚创办中国书院(The Chinese Seminary)。在 1842 年,马礼逊又在香港创办了马礼逊书院,从此开始了教会书院中国本土化的进程。据统计,从 1818 年开始到 1929 年,教会在香港、澳门、广州、福州、宁波、上海、北京、沈阳、天津等 30 座城市建立了 97 所教会书院。[①]

---

① 邓洪波:《中国书院史》(增订版),武汉:武汉大学出版社,2012 年,第 597—605 页。

因此，可以看出，马国贤所引领的意大利汉学转向，其意义是非同小可的。

如果再转换角度，放眼整个世界汉学史，我们不难发现这个"转向"还有另外一层意思，即世界汉学的中心由意大利转向了法国。在 18 世纪之前，意大利无疑是世界汉学的中心或中心之一，而此后情况就发生了根本转变。笔者根据法国籍耶稣会士费赖之在《在华耶稣会士列传及书目》一书中所收录的入华耶稣会士情况做过国别人数统计，发现 16 世纪至 17 世纪上半叶，入华意籍耶稣会士共 20 人，法籍耶稣会士仅 5 人；从 17 世纪下半叶开始，法籍耶稣会士人数明显增加，截至 1699 年，入华意籍耶稣会士 28 人，法籍耶稣会士 31 人；而 18 世纪入华意籍耶稣会士仅 17 人，法籍耶稣会士 64 人。他们的汉学著作也基本与国别人数的此消彼长呈正相关。这或许也从一个角度反映了这种根本性变化的重要原因。毫无疑问，从 17 世纪后期开始，世界汉学重镇的接力棒已经传递到了法国人手里，这或许就是意大利汉学真正意义上的一个转向。

这个时期没有贡献特别显著的意大利汉学家出现，可圈可点的人物实在不多。马国贤算是其中较为耀眼的一位。他的汉学贡献主要有三个方面：一是创办了中华书院；二是用意大利文撰写了回忆录《中国圣会和中华书院创办记事》，后经人节选编为《清廷十三年》；三是把中国园林风格介绍到欧洲，促进了 18 世纪欧洲的中国园林热。因此，就是他，也只能是他，作为本章的主角了。

第二节　处于转向节点的马国贤

成立于 1732 年的那不勒斯中华书院标志着意大利的汉学活动由传教士的个体行为转向学院派的正规教育。实现这一历史转折的就是曾任康熙皇帝宫廷御用画师的意大利传教士马国贤。

一、马国贤生平及主要经历

1682 年 3 月 29 日出生于意大利那不勒斯南部萨来诺（Salerno）的马国贤是一位天主教罗马传信部教士。1707 年 10 月他与山遥瞻（Guillaume Bonjour，1670 — 1714）、庞克修（Joseph Ceru，1674 — 1750）、任掌晨（Don Gennaro Amodei）、潘如（Domenico Perroni）等传教士受罗马教皇克莱孟十一世派遣来到中国，为教皇特使多罗（Carlo Tornmaso Maillard de Tournon，1668 — 1710）携带枢机礼冠。1710 年 1 月他们到达澳门时，多罗正处于被监禁状态，马国贤等前往看望，跪呈小红帽。在多罗的要求下，马国贤答应奉诏进京。1711 年马国贤进京，由于擅长绘画和雕刻，很快得到康熙赏识，成为供职清廷的第一批非耶稣会士。作为康熙的宫廷画师，他经常随皇帝去各地巡视，到过中国许多地方，在一些必要的场合还兼任翻译之职。他还用雕刻铜版技术制作了中国第一套铜版画作品——《避暑山庄三十六景图》（又叫《热河三十六景图》）。避暑山庄位于河北承德市北部，又名承德离宫或热河行宫，是清代皇帝夏天避暑之地。该园林与颐和园、拙政园和留园并称中国四大名园。整个园林山中有园、园中有山，布局上因山就势，保留自然野趣，格调上以素雅取胜，宫殿与自然景观和谐地融为一体，具有符合自然而又超越自然的特点。在避暑山庄修成之后，康熙就其中的三十六景咏诗题词。1713 年，康熙命宫廷画师沈源以其曾题咏的承德避暑山庄的三十六景为题材，画成三十六景图。马国贤受康熙之命负责将这些画作镌刻成铜版画。康熙对这套铜版画非常满意，下令大量复制，分赐给皇子皇孙和一些亲王。看到马国贤带来的欧洲铜版画技术这么成熟精湛，康熙下令他用同样的方法雕刻全国地图，于是马国贤就与其他一些欧洲传教士一起在 44 块铜板上印制了中国地理学史上第一部以经纬线分幅的地图《皇舆全览图》。马国贤把刚印好的地图和原图一起呈献给康熙。康熙看后非常高兴，并且惊讶于复制品那么完美无瑕，竟和原图一样，而原图一点也没受到损坏。这是康熙第一次见识完全不同于中国木版雕刻法的铜版雕刻。中国人雕刻的方法是把绘出来的地图固定在木制的版面上，用雕刀把图和版一起雕琢出来。受康熙之命，马国贤将铜版雕刻技术传授给了中国工匠。这是铜凹版印刷术第一次传入中国。

1722年12月20日康熙驾崩，雍正即位。新皇帝实行更为严厉的禁教政策，这自然导致了传教士们巨大的危机感。马国贤感到进退两难，决定离开中国。按照康熙皇帝的规定，作为领取了内务府红票的西洋人，马国贤是很难获准离开中国的。但他巧妙地利用了中国人普遍遵守的守制礼仪。所谓守制，指的是父母或祖父母死后，儿子或长孙在家守孝二十七个月，在此期间，不可任官、应考、嫁娶等。于是他以亲人相继过世为由向雍正的十六弟请求回国。雍正皇帝考虑到他在宫廷服务多年，批准了他的请求，并赐予厚礼。于是马国贤带着四名中国学生和一位名叫王雅敬的中国老师于1723年11月15日离开北京，踏上了回国之路。公元1724年4月他终于回到意大利那不勒斯。在那不勒斯，他克服了种种困难，于1732年7月25日创办了中华书院。这是西方第一个专门培养中国学生的教学机构。该学院培养了许多中国及东方的传教人员，对于中西文化交流起到了一定的促进作用。

晚年时马国贤应传信部和那不勒斯大主教的强烈要求，以意大利语撰写了他在华十三年的回忆录。1832年他的这部三卷本回忆录以《中国圣会和中华书院创办记事》（*Storia della Fondazione della Congregazione e del Collegio dei Cinesi*）为名出版。后来英国福特纳特·普兰迪爵士（Sir Fortunato Prandi）到那不勒斯时，得到了这本珍贵的回忆录。他回到英国后选译了其中的一些章节，1844年以 *Memoirs of Father Ripa, during Thirteen Years Residence at the Court of Peking in the Service of the Emperor China*（《清廷十三年：马国贤在华回忆录》）为名由伦敦John Murray出版社出版。

1745年11月22日，马国贤去世。

二、马国贤的主要汉学贡献

如前所述,马国贤的汉学活动主要体现在创办中华书院、撰写在华回忆录和介绍中国园林等三个方面,这里分别加以具体介绍。

(一) 中华书院

马国贤之所以回意大利创办中华书院,是有极其深刻的历史背景的。从16世纪80年代利玛窦在中国实行文化适应传教策略以来,入华传教士基本上都遵守他所创立的"利玛窦规矩",因而也有了天主教在中国发展的蓬勃之象。据《中国天主教传教史》统计,到1700年在华天主教徒多达30万人。[①] 但一百多年来教会内部的"中国礼仪之争"却从来没有停止过。虽然每次争议都得以暂时平息,但问题的根源还是未得到彻底解决,多年来罗马教廷对这一问题的态度反反复复、举棋不定。1693年3月26日"巴黎外方传教会"主教颜珰在福建教区向所有教徒发出7条禁约。如统一用"天主"称呼唯一真神,不能用"陡斯""天"和"上帝"等叫法;废除卫匡国呈请圣职部批准的礼仪案;禁止每年两次祭孔祭祖的隆重典礼;废除为亡者立牌位的做法;学校教科书不该混入无神思想和异端邪说的书籍等。1694年,他又派人赴罗马上书教皇,将礼仪之争再次推到教皇面前。1704年11月13日教皇克莱孟十一世最终作出了禁止中国礼仪的决定,并派多罗到中国交涉,要求康熙皇帝令天主教徒遵守该禁约。[②] 1705年,多罗抵达中国。到中国之初,多罗绝口不提教皇禁令,所以还受到了康熙优待。过后,多罗就向在京传教士颁布了教皇禁令。1706年初,多罗不顾耶稣会士的劝谏,召颜珰进京协助他工作。颜珰抵京后,受到康熙召见。颜珰只会闽南方言,不会官话,觐见时由法国耶稣会士巴多明(Dominique Parrenin, 1663—1741)担任翻译。康熙问

---

① 《文献》丛刊编辑部编:《文献》第9辑,北京:书目文献出版社,1981年,第258页。
② 参阅郭福祥、左远波:《中国皇帝与洋人》,北京:时事出版社,2002年,第198页。

颜珰是否认得中国字,并指着御座后的 4 个字当面考问,颜珰只认得其中之一。康熙对他十分反感,第二天就批示他连汉字都不认识,竟然妄论中国之道。进而又谕示多罗:"颜珰既不认字,又不善中国语言,对话须用翻译,这等人敢谈中国经书之道,像站在门外,从未进屋的人,讨论屋中之事,说话没有一点根据。"① 年底,康熙下令将颜珰驱逐出境。对于颜珰"目不识丁",完全不懂中国文章道理,却妄议中国理之是非,康熙十多年耿耿于怀、深恶痛绝。1706 年 6 月 29 日,康熙第二次接见多罗,跟他解释中国祭祖意义,多罗并未被说服。1706 年冬,康熙颁发谕令,实行"领票"制度——凡是在中国的传教士都要向内务府申请印票,表明"永不返回西洋",并要声明自愿遵行利玛窦规矩。没有申领印票的不能留在中国。② 1707 年 2 月,多罗在南京宣布教皇禁令,警告传教士,如不遵守禁令,将被开除教籍。康熙一气之下,下令驱逐多罗,将他押送到澳门,交给葡萄牙人看管。1710 年多罗死于狱中。

1720 年,教皇使节嘉乐(Carolus Mezzabarba)带着教皇禁令出使清廷,再次向清政府提出禁止中国天主教徒祭天、祭祖、祭孔的要求。对这种赤裸裸的干涉中国传统信仰和内部事务的行为,康熙大为恼怒,他在看到被译为中文的教皇禁令后,随即下令禁止西洋人在中国传教。他批示道:"览此告示,只可说得西洋人等小人,如何言得中国之大理。况西洋人等,无一人同(按:通)汉书者。说言议论,令人可笑者多。今见来臣告示,竟是和尚道士,异端小教相同。此乱言者莫过如此。以后不必西洋人在中国行教。禁止可也。免得多事!"③ 从此以后,康熙对天主教采取了禁止传播的严厉政策。

因此,马国贤入华之时,正值康熙拘押多罗于澳门、罗马教廷与清廷的"中国礼仪之争"白热化之际,康熙曾下令将一切不遵守利玛窦规矩的传教士驱逐出境,会技艺的也只能留下来修道而不可传教。

---

① 参阅方豪:《中国天主教史人物传》中册,北京:中华书局,1988 年,第 324 页。
② 参阅方豪:《中西交通史》,上海:上海人民出版社,2015 年,第 872 页。
③ 参阅张维华:《明清之际中西关系简史》,济南:齐鲁书社,1987 年,第 152 页。

马国贤目睹传教环境日益恶化，心中着急，多次找机会向康熙谏言，但效果不佳。他非常担忧事态进一步发展，认为应该多培养中国本土神父，一方面能使中国教会继续得以存续，另一方面也可为人手有限的教会补充新鲜血液。

　　实际上，他对教会人手不足这一问题早有清醒的认识。他后来在回忆录里写道："我很清楚这个辽阔的国度是多么地缺乏人手，而欧洲又不能提供。从1580年到1724年，欧洲送到这里来的传教士数量不足500人。"① 人手不够，自然给传教工作带来了很多限制，传教士们往往在一年内无法巡视完所有的会口。因为没有时间公开做大的礼拜仪式，只能做一些小的弥撒。马国贤知道，中国人一向喜欢盛大壮观的场面，传教士不举行大的礼拜仪式，天主教就难以给中国人留下深刻的印象，那么所能归化的人数也就有限。而且，人数有限的在华传教士还遇到一个天然的难题，即语言障碍问题——"无论欧洲传教士是多么多，多么热情，但因为语言上难以克服的障碍，不能产生令人满意的结果。"② 尽管传教士们一进中国就开始学习中文，但外语学习对成年人来说，在时间、精力及智力等方面都是极大的考验，大部分传教士中文学习效果不佳。由于传教士们对中文的掌握程度有限，无法在大庭广众之下演讲，身边只有几个能充任翻译的信徒。这样就无法了解中国的老百姓，也无法了解其他信仰的教徒及其信仰，甚至也无法跟他们交往。由于语言问题造成沟通不畅，自然影响传教效果。③ 对此，马国贤不无自豪地说道："在我之前，还没有人能够克服这障碍，让大部分的中国人都听得懂他说的话。"④

---

① ［意］马国贤：《清廷十三年：马国贤在华回忆录》，李天纲译，上海：上海古籍出版社，2013年，第83页。
② ［意］马国贤：《清廷十三年：马国贤在华回忆录》，李天纲译，上海：上海古籍出版社，2013年，第82页。
③ 参阅夏泉、冯翠：《传教士本土化的尝试：试论意大利传教士马国贤与清中叶中国学院的创办》，载《世界宗教研究》2010年第3期。
④ ［意］马国贤：《清廷十三年：马国贤在华回忆录》，李天纲译，上海：上海古籍出版社，2013年，第83页。

在这样的情形下，马国贤萌生了开办学校、培养中国本土传教士的念头。其实，传教士本土化培养方案并非马国贤的首创。早在元代，意大利圣方济各会教士孟高维诺在中国期间，就有类似做法。孟高维诺曾在给同会会士的信中写道："余初来京，大遭异教之妒忌，……余收养儿童一百五十人，教以拉丁文及希腊文，又为彼等抄录圣咏、圣歌及大日课，其中十一人已熟悉圣咏，余为之组织唱咏班，按时唱咏，……"① 这可以算作神学院的最早雏形。1580 年罗明坚曾在澳门建立"圣玛尔定经言学校"。1589 年，耶稣会士在澳门创办"中华神职班"，选择品学兼优之壮年学者入学，其中钟鸣仁和黄明沙于 1591 年入耶稣会，成为中国教会的第一批神职人员。② "中华神职班"较孟高维诺的唱咏班更接近于神学院。1674 年殷铎泽第二次回到中国时，曾在杭州创办过耶稣会士初学院，培养了几名中国初学修士。17 世纪末，葡萄牙传教士曾建议设立一所神学院，培养中国年轻人学习拉丁语，然后送他们到澳门深造，以此作为保障葡萄牙保教权的一个重要措施。但传教士们清楚地意识到培养中国年轻人所面临的多重困难——不仅很难找到培养对象，而且培养费用很高，容易引起风波。更为现实的问题是，在当地要找到一个学成之后愿意放弃婚姻的人简直难于上青天。③ 这也是马国贤多年只收到几个学生的主要原因。虽然不容易，但马国贤始终没有放弃努力。1714 年，为了给教会培养后续力量，他曾在古北口带走过一个孩子（后取名为殷若望）。1719 年 6 月，像往年一样马国贤随康熙皇帝去热河，在途中，还是在古北口，他又收了另外三个男孩。他带着这四个孩子到了热河，住在一套有五个房间的房子里，给孩子们请了一位教导中国语言和知识的老师，自己则亲自教他们天主教教义。他把每天的时间分为

---

① 参阅胡慧莲:《罗光哲学思想研究》,哈尔滨:黑龙江人民出版社,2013 年,第 23 页。
② 罗文达:《在华天主教报刊》,广州:暨南大学出版社,2013 年,第 71 页。
③ 参阅金国平、吴志良:《早期澳门史论》,广州:广东人民出版社,2007 年,第 592、593 页。

祈祷、谈心和学习等。他觉得这个机构更像是一个修道院而非学校。① 不过，这可以被视为马国贤办学的尝试阶段。他说："在这一时期，事实上我除了想组建一个学校外，没有更高的目标，并想以此来结束我在中国的生活。"② 办学所需的资金，则来自朋友的帮助，他的兄弟们和其他欧洲朋友们听说了他想从事中国年轻人教育事业的意图后，赠给了他一大笔钱，解决了他资金上的后顾之忧。马国贤将朋友资助的资金进行房产投资，收到的租金足够支付他每年的花费，这样就解决了每年学校的开支问题。③

除了资金上有了保障以外，他还得到了来自罗马的支持。在办学期间，马国贤收到了罗马教皇颁发的两个文件，授予他"教廷学院院士"（Apostolical Prothonotary）的头衔以及米雷托教区亚勒纳城圣老楞佐堂的奉金，还给了他佩戴主教桂冠和使用权杖的特权。④ 这也给了他极大的精神鼓舞。

但是，马国贤的办学努力还是遇到了种种阻力，既有来自中国人的，也有来自欧洲人的。尤其是1722年康熙驾崩后，雍正继位。雍正本人信仰佛教，尤其亲近喇嘛教，所以对传教士的斥佛行为和言论十分反感，对来华传教士们更增加了许多行动上的限制。马国贤很快就感觉到了这一点，他意识到中国并不是他想要建立一所成功而繁荣的学校的理想之处。⑤ 因此他打定主意要离开中国，回意大利去培养中国学生。经过几番周旋后，他的请求得到了批准。他在回忆录里写

---

① ［意］马国贤：《清廷十三年：马国贤在华回忆录》，李天纲译，上海：上海古籍出版社，2013年，第83页。
② ［意］马国贤：《清廷十三年：马国贤在华回忆录》，李天纲译，上海：上海古籍出版社，2013年，第82、83页。
③ ［意］马国贤：《清廷十三年：马国贤在华回忆录》，李天纲译，上海：上海古籍出版社，2013年，第83页。
④ ［意］马国贤：《清廷十三年：马国贤在华回忆录》，李天纲译，上海：上海古籍出版社，2013年，第83页。
⑤ ［意］马国贤：《清廷十三年：马国贤在华回忆录》，李天纲译，上海：上海古籍出版社，2013年，第83页。

道:"克服了不用细说的种种障碍之后,1723 年 11 月 15 日,我终于带着我的四个学生和他们的老师,离开了这座'巴比伦'城市——北京。"① 1724 年年初,马国贤一行从广州乘一条英国船前往伦敦,途中历经颇多周折和惊惧,终于在 9 月初到达目的地。马国贤和他的"五个中国孩子"的到达引起了伦敦的轰动,当时的英国国王乔治一世(George I of Great Britain,1660—1727)以及撒丁尼亚公使亲自接见了他,并赠予他 50 英镑。11 月初,马国贤与他的中国学生们抵达意大利那不勒斯。

马国贤在那不勒斯办学的计划最初遭到了罗马传信部的反对。经过长达 7 年的奔波呼吁之后,他终于获准在那不勒斯按照他的意愿建校。他的办学设想是学校应该由一所学院和一个教团组成。学生主要是年轻的中国人和印度人,用学校的钱款作经费,把他们培养成合格的职业传教士。教团则由教士们组成,他们要给学院的学生提供必要的指导,但没有任何金钱上的报酬。学生会被要求发五愿:第一,安贫;第二,服从尊长;第三,加入圣会;第四,参加东方教会,听从传信部的调遣;第五,毕生为罗马天主教会服务,不得进入任何其他社群。②

1732 年 7 月 25 日,中华书院正式创办。他在回忆录里写道:"那一天我们的教团和学院开张了,到处是欢乐和喜庆。"③ 在学院成立之初,主要的办学目的就是培养中国本土化传教士(神职人员),方式是向中国学生讲授宗教和天主教教义,赋予他们回中国传播和发展天主教的使命。这是当时西方最早的一所培养中国学生的学院。第一批学生就是马国贤从中国带过去的四名中国学生,即殷若望、顾若望、谷文耀和吴露爵。

学院规模一直不大,因为中国实行严厉的禁教政策,使得从中国

---

① [意]马国贤:《清廷十三年:马国贤在华回忆录》,李天纲译,上海:上海古籍出版社,2013 年,第 116 页。
② [意]马国贤:《清廷十三年:马国贤在华回忆录》,李天纲译,上海:上海古籍出版社,2013 年,第 131 页。
③ [意]马国贤:《清廷十三年:马国贤在华回忆录》,李天纲译,上海:上海古籍出版社,2013 年,第 113 页。

招收学生变得极为困难，因此学院也从暹罗、荷属马六甲、印度和中国澳门等地招收学生，为此，学院更名为"东方学院"。在校学生一般要学习10年左右的拉丁文、神学、西方哲学及科学技术等课程，教师以拉丁语授课，学生在完成学业后，通过传信部的考试可晋升为司铎，然后被派往中国从事教务工作。在他们前往中国以前，都会被画一幅肖像留在学院里。1734年首批学生殷若望、顾若望结业后晋升为司铎，同年返回中国。1735年10月，殷若望遭遇意外离开人世。顾若望则在四川、河北等地履行传教职责。自他们返华传教后，中华书院本土传教士的培养规模渐渐扩大。学院不仅培养中国青年学生，同时也招收了一些有志于去中国传教的欧洲人、印度人等。后来还吸引了一些对中国问题怀有兴趣并立志进行研究的意大利传教士。1747年学院规模进一步扩大，学院也开始接受来自奥斯曼帝国的学生，包括阿尔巴尼亚人、塞尔维亚人、黑山人、保加利亚人、希腊人、黎巴嫩人和埃及人等，为他们的国家培养传教人员。由此，该学院的国际化性质日益得到加强。

到了后期，出于财务上的考虑，也为了得到当时那不勒斯国王卡洛六世（Carlo VI d'Asburgo，1685—1740）的保护和支持，中华书院进一步扩大了办学宗旨，不仅仅为中国、印度和东欧等国家和地区培养本土化传教人员，同时也提供培养和训练汉语口译专家的服务，以利于当时设立在中国的Ostend公司（奥地利皇家东印度贸易公司）的贸易活动，为该公司提供与远东国家之间开展贸易活动所需的服务人员。

学院后来还教授汉语口语和写作等课程，并出版了汉语字典和欧洲最早的中文教材，重心渐渐偏向汉学研究，甚至一度成为欧洲汉学研究中心。马国贤也由此被誉为欧洲汉学研究的里程碑人物。

马国贤去世一百多年后，1868年12月，随着国家的最终统一，意大利政府将东方学院接收合并，并将其更名为皇家亚洲学院。当时还有三名中国学生被转往宗座传信大学继续学业。在这个时期，学院又注入了新的元素，即非宗教部门的发展。这样学院就由两个部分组成，一是传统的宗教部门，二是新开辟的东亚语言教育部门，针对乐于学习东亚语言的世俗青年，为他们提供商业方面的教学内容，即

"活的东方语言"。后来意大利与清政府建立了外交关系，初期所雇佣的翻译、清海关的意籍雇员、意大利在中国的外交官等大部分都毕业于该学院。学院的宗教特色渐渐淡化，非神职人员掌管了校务工作。后期学院陆续增设了阿拉伯语、俄语、海地语、波斯语和现代希腊语等外语教学科目。

1888年12月，意大利政府宣布将亚洲学院改名为东方学院，将之逐渐转型为教授东方语言和培养商贸人才的机构。原本培养中国司铎为主的中华书院彻底变成了一所世俗大学，并成为闻名于世的那不勒斯东方大学，主要以研究东方语言文化而著称，被公认为是全欧洲最早教授汉语和东方语言的学校。

该学校培养的传教士以及大量的翻译人员、外交官等，在某种意义上成为中西方文化交流的媒介，为中西方文化交流作出了一定的贡献。

（二）回忆录

除了中华书院以外，马国贤在汉学史上的贡献还在于他以回忆录的方式详细记录了他在清廷供职的情况和他在往返中国和意大利途中的所见所闻以及创办中华书院的历程。回忆录作于马国贤晚年时期，1844年该书英文节译本出版。在回忆录的首页，马国贤即阐明了要旨："我不描述我看到的城市的数量，行省的面积，各国的边界，规章制度及交通状况，因为这些东西在很多游记中已经反复被谈到。我要确切地描述我旅

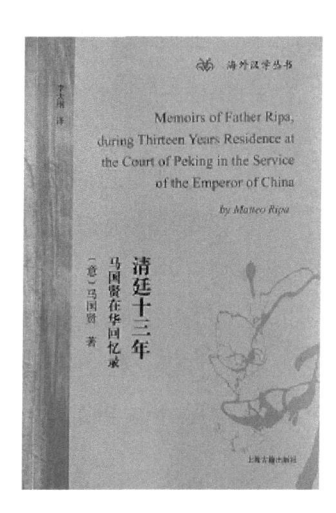

《清廷十三年》封面

行中的所见所闻及建立那不勒斯中国学院的经过。"[1] 从这里我们也可

---

[1] Matteo Ripa: *Storia della Fondazione della Congregazione e del Collegio dei Cinesi*, Parte Prima, Napoli, 1832, p. 7.

以了解到，马国贤的回忆录不同于一般的走马观花或猎奇式游记，作者要表达的主题有明确的限定，加上他所处环境和时间节点的特殊性，使这部回忆录富有史料价值。

如前所述，马国贤入华之初，正是"中国礼仪之争"白热化时期。在他来中国之前，多罗完全不顾康熙的解释和感受，在中国礼仪问题上坚持顽固立场，一再发布教皇对于中国礼仪的禁约，终于激怒了康熙而遭到拘禁，完全失去了人身自由。接下来就是前文所述的一幕——1710 年 1 月，马国贤和山遥瞻等新入华教士偷偷拜见了多罗，给多罗呈献了小红帽。之前多罗为了保住中国这块传教领地，曾向康熙举荐马国贤为画师进京为康熙服务。虽然马国贤很不愿意以画家身份而非传教士身份进京，但在多罗的劝导下，他还是作了让步。仅仅从马国贤入华进京的背景上看，他在立场上也不可能认同利玛窦的文化适应传教策略。作为宫廷画师，他又不能立场坚定地表明自己的观点，可想而知当时他的欲语还休的心境，在《清廷十三年：马国贤在华回忆录》里他终于有机会一吐为快。在这本回忆录里，他详细记述了"中国礼仪之争"之始末及这场冲突的许多细节，并表明了自己的立场观点。

此外，马国贤的回忆录对中国清朝初期的外交、民俗、宫廷生活、皇位更替等情况都进行了细致入微的讲述。如详细记录了他作为全程参与人与见证人，所看到的俄罗斯公使伊斯梅洛夫伯爵（Count Ismailov）访华期间与清廷官员以及康熙皇帝所发生的一些礼仪上的抵牾。最后，俄公使终于屈服，行跪拜礼向皇帝呈交了沙皇的国书。在马国贤的笔下，俄公使下跪交国书时的细节非常生动。马国贤写道：

> 当初对伊斯梅洛夫伯爵显示过宽厚仁慈的皇帝，现在想到正好可以羞辱他一下，就让他在这个特殊的姿势上停留了一段时间。骄傲的俄罗斯人对此待遇感到屈辱，他用力把头撇向一边，加上一些嘴部动作的方式，发出了明确的愤怒讯号，这些动作在这样的场合之下是不合适的。陛下严肃地要求公使本人可以把信

拿给他，伊斯梅洛夫伯爵跪下照办了，他亲手接过了国书。①

关于俄罗斯公使在北京的活动，马国贤还有许多类似的记载，无不栩栩如生，令人有身临其境之感。另外，由于有很多近距离观察康熙的机会，他对于康熙的为人及其真实生活状况，甚至连康熙的卧榻及其床褥铺设、与嫔妃们的追逐嬉戏等细节，都有细致描述，为后人留下了具有较高史料价值的第一手资料。在有坚定信仰的马国贤看来，康熙认为在嫔妃和太监的簇拥嬉闹下度过闲暇时光是"最为堕落的生活方式之一，尽管全世界都把这看做是最高的幸福"②。这种观点与早他一百多年的利玛窦认为万历皇帝妻妾成群，拥有各种消遣项目是荒淫可耻的观念如出一辙。在回忆录的第二十二、二十三章里，他记录了康熙之死、葬礼过程以及赵昌和勒什亨两个高官的被惩。对于赵昌的悲惨下场，马国贤表现了极大的欣慰，因为他认定赵昌"是铎罗（注：即多罗）枢机主教和所有天主教的公敌"③。由于马国贤常常跟随在康熙身边，际遇独特，有机会近距离观察重要历史人物及重大历史事件，有时间、精力和能力对此进行整理和分析，因而这些记载的史料价值也是不可低估的。

正是因为其较高的史料价值，该书被作为欧洲汉学的一部重要著作，在西方流传甚广，一百多年来对西方人认识中国产生了重大而深刻的影响，很多西方大学的中国课程将之列为重要参考书目。可以说马国贤在中意乃至中欧文化交流史上都起到了一定的作用。学者夏泉、冯翠认为马国贤的回忆录是18世纪中西关系和中西文化交流史的重要记录，特别是其中关于俄罗斯使节访华及罗马教皇特使嘉乐访华的记载，保留了他作为第三者的亲身见证；在基督教入华传播史方

---

① ［意］马国贤：《清廷十三年：马国贤在华回忆录》，李天纲译，上海：上海古籍出版社，2013年，第96页。
② ［意］马国贤：《清廷十三年：马国贤在华回忆录》，李天纲译，上海：上海古籍出版社，2013年，第102页。
③ ［意］马国贤：《清廷十三年：马国贤在华回忆录》，李天纲译，上海：上海古籍出版社，2013年，第106页。

面,马国贤所创办的中华书院及其所写的回忆录为学界对这一时期基督教在华传播研究提供了珍贵史料。① 这样的评价颇为中肯。

(三) 把中国园林风引入欧洲

马国贤的汉学成就还体现在第三个方面——把中国园林介绍到了欧洲。他对中国园林非常推崇:"我敢说中国园林师法自然,品位高雅,这样的园林在那不勒斯根本见不到。可以说,中国园林的本质就是师法自然。"② 中国园林的这种师法自然的特点正好迎合了当时英国人的需求。欧洲传统的园林以规则和对称为特色,园林在设计和装饰上都要求整齐划一,讲究对称。中国园林则讲究浑然天成和自然淳朴,并不强求刻板的互相对称。有研究者认为:"欧洲园林在经历了长久的发展后渐渐厌倦了整齐对称之风,渴望在风格上有所变化。"③ 中国园林的自然清新之风恰恰符合了此时欧洲人园林艺术审美趣味上的嬗变。其实,欧洲人对中国园林并不陌生,马可·波罗在游记里就曾记述了中国园林的一些情况,卫匡国对中国园林的介绍更为详细,从中国回去的其他欧洲人也常常向人们讲述中国园林之美。英国作家兼政治家、外交家威廉·坦普尔爵士退出政坛后,对中国园林非常感兴趣,他从很多到过中国的欧洲人那里了解到不少关于中国园林的情况。1685 年,他撰写了《论伊壁鸠鲁的园林》一文,对中国园林艺术作了较为详细的介绍。1709 年,英国著名哲学家、自然论者沙夫茨伯里伯爵三世(3rd Earl of Shaftesbury,1671—1713)撰文指出,中国园林更接近自然,更能扣人心弦,皇家园林也不足以比拟。④ 1712年,英国散文家艾迪生(Joseph Addison,1672—1719)在《旁观者》

---

① 夏泉、冯翠:《传教士本土化的尝试:试论意大利传教士马国贤与清中叶中国学院的创办》,载《世界宗教研究》2010 年第 3 期。
② Matteo Ripa, *Storia della Fondazione della Congregazione e del Collegio dei Cinesi*, Parte Prima, Napoli, 1832, p. 402.
③ 严建强:《十八世纪中国文化在西欧的传播及其反应》,杭州:中国美术学院出版社,2002 年,第 131、132 页。
④ 参阅国风:《中国园林的西传》,载《人民日报》2003 年 11 月 5 日。

杂志上撰文将英国园林与中国园林作了对比，对中国园林倍加推崇。1724年，马国贤在回意大利途中经过伦敦，受到了英国国王乔治一世的热情接见。国王对马国贤的中国经历十分感兴趣，宾主相谈甚欢。《中国造园艺术在欧洲的影响》的作者陈志华猜想："他跟伦敦上层社会广泛接触，很可能会谈到中国皇家园林。"① 马国贤还见到了伯灵顿勋爵（Lord Burlington），勋爵本人对中国园林很感兴趣。他有一座坐落于英国伦敦西区泰晤士河边的别墅"Chiswick House"正在设计中，该别墅于1725年开工，1729年竣工。而被称为英国自然风景式园林创始人的威廉·肯特（Willian Kent，1685—1748）当时正在为勋爵设计别墅中的花园，有"20世纪系统介绍中国现代美术的西方第一人"之称的英国学者苏立文（Michael Sullivan，1916—2013）推测马国贤与肯特应该见过面，并一起谈论过有关中国园林的情况。② 马国贤回意大利前，还赠送给伯灵顿勋爵一整套《避暑山庄三十六景图》的风景铜版画画册。这些可能对伯灵顿勋爵的别墅园林乃至伦敦的园林风格都产生了一定的影响。苏立文认为："他的描述证实了坦普尔对于中国园林的想象。"③ 在欧洲逐渐兴起的中国园林热中，形象直观的资料极为缺乏，以往欧洲人对于中国园林的知识大多得自书本或口耳相传。而"一图胜千言"，马国贤带回的《避暑山庄三十六景图》适时地给他们带去了中国园林鲜活的第一手资料。可以说，马国贤给欧洲人带回的不仅仅是可作参照的中国园林的具体图景和样范，更是把中国人独特的美学理念带给了欧洲。因此，苏立文认为尽管马国贤不是一位受过专业训练的画家，但还是被留在宫廷画室里，根据皇帝的命令作画，在英国园林理念的变革方面，他是一个起过推进作用的关键人物：

---

① 陈志华：《中国造园艺术在欧洲的影响》，济南：山东画报出版社，2006年，第168页。
② ［英］苏立文：《东西方美术的交流》，陈瑞林译，南京：江苏美术出版社，1998年，第114页。
③ ［英］苏立文：《东西方美术的交流》，陈瑞林译，南京：江苏美术出版社，1998年，第114页。

马国贤是一个关键的人物，他把西方艺术介绍到中国来，但更多的是把中国审美观念传递到欧洲。他出于对中国园林的热爱，尤其是对热河避暑山庄的爱好，为避暑山庄制作了一组铜版画，其精美程度远胜于中国人的木版画原作。1724 年他将这组画带至伦敦，证实了劳特·布林顿（L. Burlington）与威廉·肯特（W. Kent）的思想，即在设计中运用中国园林的自然天趣与非对称性，这样的观点曾由威廉·坦普尔（W. Temple）提出过，但不够有说服力。总之，这些画推动了英国园林设计的革命，并带来了图像式观念的产生。①

威廉·肯特后期在设计园林时摒弃了英国人模仿法国园林的对称和规则风格的传统，提出"自然憎恶直线"（Nature abhors a straight line）的响亮口号，认为应该以环境的内在逻辑为线索，突出园林的自然特点并使之富于变化。这些理念极有可能源自马国贤及其带去的铜版画的影响。

目前，马国贤的铜版画《避暑山庄三十六景图》存世仅七套，分别存于梵蒂冈图书馆、巴黎国家图书馆、伦敦大英博物馆、北京故宫博物院、辽宁省博物馆和台湾省图书馆，以及法国学者乔治·洛埃尔（Gerges Loehr）之手。洛埃尔收藏的那一套较为特别，因为画中不仅有中文标题，而且标题还由马国贤翻译成了意大利语。马国贤在每一幅画上都亲笔添加了注释。如"附注描述了那里的风景以及康熙前来商议国事或与其皇后嫔妃们度过一段时间的楼阁""许多河流以及吹拂松树的风""在这些房间的三间中居住着为宫廷服务的欧洲人"等②。这些都为后人研究当时清朝宫廷生活、清代园林等方面提供了珍贵的史料。

综上所述，马国贤在意大利汉学史上的贡献是多方面的，他不仅

---

① [英]苏立文：《明清时期中国人对西方艺术的反应》，载黄时鉴主编《东西交流论谭》，上海：上海文艺出版社，1998 年，第 326、327 页。
② 参阅[法]安田朴、谢和耐：《明清间入华耶稣会士和中西文化交流》，成都：巴蜀书社，1993 年，第 301、302 页。

创办了西方历史上第一所培养中国学生的教育机构，而且将他在中国清朝宫廷工作、生活 13 年的亲身经历作了详尽的记录并保存下来。同时，他对中国园林的情有独钟和大力推崇，连同带回欧洲的直观可鉴的铜版画画册，在一定程度上促进了中国园林理念的西传，推动了欧洲传统园林风格的改变。

结语

意大利汉学的贡献

若将意大利汉学置于中外文化交流和中外语言交汇的历史长河中加以观照，意大利汉学之于西方汉学的发展、中意文化及中欧文化的深度交流、中国历史及东亚历史的史料抉发、对外汉语学习与教学规律研究等诸多方面，都有显著贡献。

首先，意大利汉学对于西方汉学研究具有开路之功。意大利汉学是西方汉学的发轫者，从13世纪开始，意大利汉学即呈现出萌芽状态。柏朗嘉宾、马可·波罗与鄂多立克等人的中国之行及其记述，无意中为意大利汉学的创立起了很好的铺垫作用。自16世纪中叶到17世纪中叶这一百年间，意大利传教士汉学更是群星璀璨。范礼安制订了入华先学中文的策略，罗明坚、利玛窦和卫匡国等一大批意大利传教士从学习中文和中国文化入手，进而研究中国文化，传播中华文明，谱写了意大利汉学史上最为绚丽的篇章。罗明坚编写的词典和对四书的译介、利玛窦二十多种中文著作及大量的书信报告、卫匡国对中国历史和地理情况的介绍等，源源不断地向欧洲传达鲜活的中国信息，讲述生动的"中国故事"。他们的榜样作用又引领了各国在华传教士的汉学活动，使越来越多的传教士加入学习中文、研究中国文化、用中文著述和翻译的队伍中。正是利玛窦等人的汉学活动，带动了法、德等欧洲国家的汉学发展。虽然入华传教士们自身没有清楚地意识到他们所从事的活动对于汉学发展的意义，但正是这批富有钻研精神的传教士，对中国文化进行了深入研究与广泛传播，掀起了西方汉学史上第一个汉学活动的高潮。可以说，意大利早期汉学拉开了西方汉学史的真正序幕，意大利行旅者和传教士成为西方汉学活动的先行者。瑞士著名历史学家雅各布·布克哈特（Jacob Christoph Burckhardt，1818—1897）在其《意大利文艺复兴时期的文化》里曾说："近代国家中间，意大利最早出现了文明生活习惯，他们讲究礼貌，重视言辞，举止娴雅，服装整洁，居所舒适，注意教育和体育。他们是欧洲的老师。"[1] 在汉学方面，意大利人也称得上是欧洲的老师。

其次，意大利汉学拓宽并深化了中意文化及中西文化交流。从马可·波罗到利玛窦、马国贤，他们以书信、报告、回忆录、翻译、著述等各种方式，表达了他们站在"他者立场"上对于中国文化的认知和解读。与此同时，他们在中国的活动也直接或间接地向中国植入了西方文化，为中国文化注入诸多异域元素，从而使自己成为中意文化及中西文化交流会通的桥梁和纽带。他们所从事的汉学活动本身就是中意文化及中西文化交流的重要组成部分，对中意和中西文化交流起到了卓有成效的推动作用。

再次，意大利汉学为中国历史和东亚历史研究提供了许多珍贵史料和有益补充。无论是柏朗嘉宾、马可·波罗、鄂多立克等最早的汉学先驱，还是罗明坚、利玛窦和马国贤等明清入华传教士，他们留下的种种关于东方见闻的书信、报告、日记和回忆录等书面文字，涉猎极为广阔，内容极为丰富，而又由于年代、身份、东行目的、知识储备和观察视角等不尽相同，可能注意到了许多中国人所习焉不察的事物，保存下了不见于官方正史的名人逸事，记载了许多历史长河中的偶发事件。这些事物和事件本来好像雪泥鸿爪，了无痕迹地湮没于历史深处，但在他们有意无意的记录中，却保存着历史原貌，勾画了历

---

[1]［瑞士］雅各布·布克哈特：《意大利文艺复兴时期的文化》，北京：商务印书馆，1983年，第381页。

史脉络，交代了历史原委。这些历史留存，于后来人的研究而言，往往提供了弥足珍贵的原始佐证。

最后，意大利汉学在促进世界语言观发展和国际中文教育研究等方面有着较高的价值。对于作为人类活动的重要内容和工具之一的语言的研究，是西方学界的一个重要传统。但他们在相当长的时间内对远东语言状况的了解极为有限。直到16世纪，大批耶稣会士陆陆续续进入中国，率先开始学习中文，并将他们对中文的了解和认识点点滴滴地反馈到欧洲，欧洲语言学界才渐渐对遥远东方的中国语言文字有了较为全面的认知。许多对汉语有较深认识和贡献的入华耶稣会士正是意大利人。他们将这样一种与罗曼语系全然不同的方块字、单音节、四声等元素构成的汉藏语系里的独特语言介绍给欧洲人，迫使欧洲学者重新审视世界语言面貌，引发了学界对于语言问题的各种讨论甚至争议，促进了全新的世界语言观和语言哲学观的建立。日本学者小野文说："回顾一下历史，从传教士开始接触中国的16世纪起，欧洲人研究汉语的关注点，就已经落到这个'与什么都不相似的语言'与其他诸语言持有怎样关系这个问题上了。他们把汉语同'原始语言'、古埃及语、'哲学语言'等相联系，激发了众多思想及想象。"[①]实际上，除了思想与想象之外，还有各种论辩。如19世纪初德国语言学家洪堡特（Baron von Wilhelmvon Humboldt，1767—1835）与法国汉学家雷慕沙就关于如何看待汉语问题进行了讨论。[②] 我国学者姚小平认为，明末东来的传教士的汉语学习活动，有三方面的意义：一是为后继者认识汉语开启了方便之门；二是为欧洲学术界带去一种全新的语型，引发了欧洲学者观察语言世界的视角的质变；三是对于中国语言学的发展及汉语本身的进步，无论是语法和标音体系的建立，

---

① ［日］小野文：《作为例外的汉语——威廉·冯·洪堡特〈致阿贝尔·雷慕沙的信〉之考察》，载日本关西大学亚洲文化交流研究中心编著《亚洲语言文化交流研究》，上海：上海辞书出版社，2009年，第154页。

② ［日］小野文：《作为例外的汉语——威廉·冯·洪堡特〈致阿贝尔·雷慕沙的信〉之考察》，载日本关西大学亚洲文化交流研究中心编著《亚洲语言文化交流研究》，上海：上海辞书出版社，2009年，第154页。

抑或是词汇与句法的丰富，都有积极的作用和深远的影响。[1] 这些从事汉学活动的明末传教士多数是意大利籍耶稣会士，此论亦可作为对意大利汉学之于语言学贡献的概论。此外，历史上意大利汉学家们学习中文的动机之于学习中文的方式、方法及效果的关系等，对于我们今天的国际中文教育与研究，也有着深刻的启迪和有益的借鉴意义。

---

[1] 姚小平:《欧洲汉语教育史之缘起——早期传教士的汉语学习和研究》，载《长江学术》2008 年第 1 期。

附录

人名译名对照

说明：

1. 本表以中译名首字的汉语拼音为序；拼音相同者，按声调顺序排序；声调相同者，则按第二字排序，依次类推。

2. 为避免重复，本书正文中涉及的所有外国人名均以中文译名形式出现（引文除外）。除生卒年不详及一部分作品中人物名外，其余尽量列出生卒年份。教皇则多注明其在位时间。

3. 同一人有多个中文译名的，以常用译名出条，不常用的放在括注内，如"柏朗嘉宾（Giovanni de Piano Carpine，1182—1252，亦译作普兰·迦尔宾）"。

中文名	外文名及生卒年份
A	
阿尔瓦莱兹	Giovanni Alvarez
阿夸维瓦	Claudio Acquaviva，1543—1615
阿利俄斯托	Lodovico Ariosto，1474—1533
艾迪生	Joseph Addison，1672—1719
艾尔卡纳·塞特尔	Elkanah Settle，1648—1724
艾儒略	Giolio Aleni，1582—1649

续表

中文名	外文名及生卒年份
安德利亚·波罗	Andrea Polo
安夺德	Antonio de Andrade,1580—1634
安文思	Gabriel de Magalhães,1609—1677
B	
巴多明	Dominique Parrenin,1663—1741
巴尔托利	Daniello Bartoli,1608—1685
巴范济	Pasio Francesco,1554—1612
巴耶	T. S. Bayer,1694—1738
白乃心	John Grueber,1623—1680
白佐良	Giuliano Bertuccioli,1923—2001
柏朗嘉宾	Giovanni de Piano Carpini,1182—1252,亦译作普兰·迦尔宾
柏应理	Philippe Couplet,1623—1693
贝凯	Dom Jean Becquet
本笃十二世	Benedictus PP. XII,约1280—1342
毕方济	Francesco Sambiasi,1582—1649
波尼法契奥·波罗尼亚尼	Bonifacio Bolognani
波赛维诺	Antonio Possevino,1533—1611
伯灵顿勋爵	Lord Burlington
伯希和	Paul Pelliot,1878—1945
卜弥格	Michel Boym,1612—1659
C	
查理四世	Charles IV,1316—1378
晁俊秀	François Bourgeois,1723—1792
D	
达·芬奇	Leonardo da Vinci,1452—1519
达·伽马	Vasco da Gama,1469—1524
达妮埃尔·叶利谢耶夫	Danielle Elisseff,亦译作艾丹妮、艾利西夫
戴密微	Paul Henri Demiéville,1894—1979
但丁	Alighieri Dante,1265—1321

续表

中文名	外文名及生卒年份
道森	Christopher Dawson
德金	Joseph de Guignes, 1721—1800
德礼贤	Pasquale D'Elia, 1890—1963
德西德里	Ippolito Desideri, 1684—1733, 亦译作德西迪利
邓恩	George H. Dunne, 1905—1998
迪亚士	Bartholmeu Dias, 1450—1500
杜赫德	Jean Baptiste du Halde, 1674—1743
杜乔	Duccio di Buoninsegna, 1255—1319
杜乔马	A. Csoma de Koros
多罗	Carlo Tornmaso Maillard de Tournon, 1668—1710
E	
鄂本笃	Bento de Goes, 1562—1607
鄂多立克	Odorico da Pordenone, 1265—1331, 亦译作和德理
恩理格	Christian Herdtricht, 1624—1684
F	
法拉利	Enzo Ferrari, 1898—1988
范礼安	Alessandro Valignano, 1538—1606
方济各·本奇	Francesco Benci
菲利普·德·费立比	Felippo de Felippi
菲利普二世	Felipe Ⅱ, 1527—1598
费赖之	Louis Pfister, 1833—1891
费南德	Gaspar Fernandes
汾屠立	Pietro Tacchi Venturi, 1860—1956
冯秉正	J. de Moyriac de Mailla, 1669—1748
伏尔泰	Voltaire, 1694—1778
弗朗西斯·伍德	Frances Wood, 亦译作吴芳思
弗雷勒	Manuel Freyre
福特纳特·普兰迪爵士	Sir Fortunato Prandi
富尔纳里	P. Martino de Formari, 1547—1612

续表

中文名	外文名及生卒年份
傅海波	Herbert Franke, 1914—2011, 亦译作福赫伯
富里伽蒂	Giulio Fuligatti
G	
高麦斯	Pedro Gomez
高一志	Alfonso Vagnoni, 1566—1640
哥伦布	Cristoforo Colombo, 1451—1506
格列高利十世	Gregory X, 1020—1085
郭栋臣	Giuseppe Maria Kuo, 1844—1922
郭居静	Lazzaro Cattaneo, 1560—1640
郭纳爵	Ignatius da Costa, 1599—1666
郭奇	Angelo Cocchi
H	
海格尔	J. W. Haeger
韩百诗	Louis Hambis, 1906—1978
亨利·玉尔	Henry Yule, 1820—1889
洪堡特	Baron von Wilhelmvon Humboldt, 1767—1835
霍尔巴赫	Paul Heinrich Dietrich Holbach, 1723—1789
霍奇森	B. H. Hodgson
J	
基歇尔	Athanasius Kircher, 1602—1680
吉洛拉莫·科斯塔	Girolamo Costa
加尔西亚·德·萨	Garcia de Sa
加莱格尔	Louis J. Gallagher
嘉乐	Carolus Mezzabarba
伽利略	Galileo Galilei, 1564—1642
江浦拉	Giovanni Blaeu, 1596—1673
蒋·巴蒂斯塔·罗曼	Juan Bautista Román
金尼阁	Nicolas Trigault, 1577—1628
京生	Anthony Jenkinson, 1529—1610

续表

中文名	外文名及生卒年份
K	
卡尔洛·斯戈隆	Carlo Sgorlon, 1931—2010
卡洛六世	Carlo VI d'Asburgo, 1685—1740
柯恒儒	Julius Klaproth, 1783—1835
克拉维乌斯	Christophoro Clavius, 1537—1612
克莱孟六世	Clemente VI, 1342—1352 在位
克莱孟十世	Clemente X, 1670—1676 在位
克莱孟十一世	Clemente XI, 1700—1721 在位
克莱孟五世	Clemente V, 1305—1314 在位
克雷格·克鲁纳斯	Craig Clunas, 亦译作柯律格
克里斯丁·门泽尔	Christian Mentzel
孔斯脱曼	F. Kunstmann
L	
拉斐尔	Raffaello Sanzio, 1483—1520
拉塞尔·弗里德曼	Russell Freedman
莱布尼茨	Gottfried Wilhelm Leibniz, 1646—1716
莱姆森	G. Lamson
赖麦锡	Giambattista Ramusio, 1485—1557
兰乔蒂	Lionello Lanciotti, 1925—2015
雷慕沙	Jean Pierre Abel Rémusat, 1788—1832
黎玉范	Jean Baptiste Moralès, 1597—1664
李希霍芬	Ferdinand von Richthofen, 1833—1905
利安当	Antonio de Sante Maria Caballero, 1602—1669
利类思	Lodovico Buglio, 1606—1682
利玛窦	Matteo Ricci, 1552—1610
龙华民	Nicolo Longobardi, 1559—1654
鲁日满	Franois de Rotagemont, 1624—1676
鲁斯蒂恰诺	Rusticiano
路多维科·马赛里	Ludovico Maselli

续表

中文名	外文名及生卒年份
陆商隐	Luisa Paternicò
路易十四	Louis XIV, 1638—1715
罗德里哥·文森斯	Rodrigo Vincens
罗明坚	Michele Ruggieri, 1543—1607
罗萨多	Eugenio Lo Sardo
M	
马丁·瓦尔德泽米勒	Martin Waldseemuller, 1470—1521
马尔第诺·德·弗尔纳里	Martino de Fornari
马菲奥·波罗	Mafio Polo
马国贤	Matteo Ripa, 1682—1745
马可·奥里略·安敦尼	Marcus Aurelius Anonius, 公元前82—公元前30
马可·波罗	Marco Polo, 1254—1324
马黎诺里	Giovanni de Marignolli, 约1290—1357?
马礼逊	Robert Morrison, 1782—1834
马西尼	Federico Masini, 1960
麦安东	António de Almeida, 1556—1591
麦古里安	Everardo Mercuriano, 1514—1580
麦哲伦	Fernando de Magallanes, 1480—1521
梅尔基奥尔·努内斯·巴雷托	Melchior Nunes Barreto, 1520—1571
梅纳特	J. G. Meinert
梅谦立	Thierry Meynard
孟德斯鸠	C. L. de S. Montesquieu, 1689—1755
孟德卫	David E. Mungello, 1943
孟高维诺	Giovanni da Montecorvino, 1247—1328
孟三德	Duarte de Sande, 1547—1599
米开朗琪罗	Michelangelo di Lodovico Buonarroti Simoni, 1475—1564
米怜	William Milne, 1785—1822
莫里斯科·利思	Maurice Collis, 1889—1973
N	

续表

中文名	外文名及生卒年份
拿破仑	Napoléon Bonaparte, 1769—1821
那坦	Nathan
南怀仁	Ferdinand Verbiest, 1623—1688
尼哥罗·康梯	Nicolo Conti, 1395—1469
尼古拉斯四世	Nicholas Ⅳ, 1288—1292 在位
尼柯罗·波罗	Nicolo Polo
聂伯多	Pierre Canevari, 1594—1675
O	
欧几里得	Euclid, 约公元前 330—公元前 275
欧塞比奥·基尼	Eusebio Francesco Gino, 1645—1711
P	
潘国光	Francesco Brancati, 1607—1671
潘如	Domenico Perroni
庞迪我	Diego de Pantoja, 1571—1618
庞克修	Joseph Ceru, 1674—1750
裴化行	Henri Bernard, 1889—1975
佩格洛蒂	Francesco Balducci Pegolotti, 约 1280—1347
菩雅多	Matteo Maria Boiardo, 1440—1494
普契尼	Giacomo Antonio Domenico Michele Secondo María Puccini, 1858—1924
Q	
乔托	Giotto di Bondone, 1266—1337
乔瓦尼·薄伽丘	Giovanni Boccaccio, 1312—1375
乔瓦尼·卡博托	Giovanni Caboto, 1450—约 1499
乔治·洛埃尔	Gerges Loehr
乔治一世	George I of Great Britain, 1660—1727
R	
任掌晨	Don Gennaro Amodei
儒莲	Stanislas Julien, 1797—1873

续表

中文名	外文名及生卒年份
瑞克贝	Riquebourg Trigault
瑞维茨基伯爵	Charles Reviczky
若望·保禄二世	Sanctus Ioannes Paulus PP. II
S	
沙夫茨伯里伯爵三世	Anthony Ashley Cooper, 3rd Earl of Shaftesbury, 1671—1713
莎士比亚	William Shakespeare, 1564—1616
沙勿略	Francis Xavier, 1506—1552
山遥瞻	Guillaume Bonjour, 1670—1714
圣奥斯丁	St. Augustine, 354—430
圣方济各	San Francesco di Assisi, 1182—1226
圣依纳爵·罗耀拉	S. Ignatius de Loyola, 1491—1556
史惟贞	Pierre Van Spiere, 1584—1628
斯塔夫里阿诺斯	Leften Stavros Stavrianos, 1913—2004
斯坦因	Mark Aurel Stein, 1862—1943
斯文·赫定	Sven Anders Hedin, 1865—1952
苏格拉底	Σωκράτης, Socrates, 公元前469—公元前399
苏立文	Michael Sullivan, 1916—2013
苏如望	Jean Soerio, 1566—1607
T	
汤若望	Johann Adam Schall von Bell, 1592—1666
图奇	Giuseppe Tucci, 1894—1984
托克维尔	Alexis-Charles-Henri Clérel de Tocqueville, 1805—1859
W	
威廉	Gulielmus de Solagna
威廉·肯特	Willian Kent, 1685—1748
威廉·琼斯	Willian Jones, 1746—1794
威廉·坦普尔	William Temple, 1628—1699
卫匡国	Martino Martini, 1614—1661
魏若望	John W. Witek, 1933—2010

续表

中文名	外文名及生卒年份
沃尔夫	Christian Wolff, 1679—1754
吴尔铎	Albertus d'Orville, 1622—1662
X	
西塞罗	Marcus Tullius Cicero, 公元前 106—公元前 43
席勒	Johann Christoph Friedrich von Schiller, 1759—1805
小德金	Chrétien Louis Joseph de Guignes, 1759—1845
谢拉	Tommaso Serra
熊三拔	Sabbatino de Ursis, 1575—1620
徐日升	Thomas Pereira, 1645—1708
Y	
雅各布·布克哈特	Jacob Christoph Burckhardt, 1818—1897
亚伯拉罕·奥特柳斯	Abraham Ortelius, 1527—1598
亚历山大七世	Alexander Ⅶ, 1655—1667 在位
亚美利哥·维斯普齐	Amerigo Vespucci, 1454—1512 ①
颜珰	Charles Maigrot, 1652—1730
阳玛诺	Emmanuel Diaz, 1574—1659
叶尊孝	Basilio Brollo, 1648—1704, 亦译作叶宗贤
伊本·白图塔	Abu Abdullah Muhammad Ibn Battuta, 1304—约 1377
伊壁鸠鲁	Ἐπίκουρος, 公元前 341—公元前 270
伊大仁	Bernardo Della Chiesa, 1644—1721
伊伦斯特	Landgrave Ernst of Hessen Rheinfels
伊斯梅洛夫伯爵	Count Ismailov, 亦译作伊斯迈罗夫
殷铎泽	Prospero Intorcetta, 1625—1696
英诺森十世	Innocent X, 1644—1655 在位
英诺森四世	Innocent Ⅳ, 1243—1254 在位
余宜阁	Giovanni Francesco de Nicolais
约·彼·马吉多维奇	J. P. Magidovich, 1889—1976

续表

中文名	外文名及生卒年份
Z	
曾德昭	Alvare de Semedo,1585—1658,曾用名谢务禄
张诚	Jean François Gerbillon,1654—1707

①《利玛窦中国札记》中译者序言中的何兆武引文里显示亚美利哥·维斯普齐出生于1451年,但所查阅大部分资料显示其出生于1454年。故而此处存疑。

后记

本书是对《意大利汉学史》的修订和深化，陆陆续续也写了几年时间，其间恰逢新冠疫情，在家静心收集资料，形成一些观点，修改文稿，使这段时间倍感充实，丰富了生命片段。

其实，在《意大利汉学史》出版之时，心里是有些遗憾的，比如对意大利早中期的几位汉学大家的认知还是过于抽象化、线条化和表面化，总感觉还有大量的东西需要看，还有些需要深入挖掘和琢磨。写完这本书，也算是对自己的一个交代吧。

在这里，我要诚挚感谢阎纯德教授的激励，本书中的个别章节在他主编的《汉学研究》上已经见诸文字，给了我莫大的鼓舞。

我还要衷心感谢学苑出版社编辑杨雷老师，在冬日和煦的普希金餐厅，热情豪爽的杨老师给了我许多宝贵建议，使我决心投入更多的精力完善本书。

我还要感谢家人的支持和鼓励，每次我想放弃时，总是给予我继续写作的信心和力量。

由于才疏学浅，文中难免挂一漏万，甚至有错误之处，恳请各位方家不吝赐教。

张永奋
2024 年 3 月 30 日